中国传统海洋文明丛书·孙关龙　宋正海　刘长林　主编

郑和航海与人类海洋世纪

郑一钧　郑闻天　著

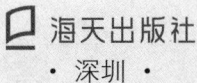
海天出版社
· 深圳 ·

图书在版编目（CIP）数据

郑和航海与人类海洋世纪 / 郑一钧, 郑闻天著. —
深圳 : 海天出版社, 2019.12
（中国传统海洋文明丛书 / 孙关龙, 宋正海, 刘长
林主编）
ISBN 978-7-5507-2751-9

Ⅰ.①郑… Ⅱ.①郑… ②郑… Ⅲ.①郑和下西洋—
研究 Ⅳ.①K248.105

中国版本图书馆CIP数据核字（2019）第205753号

郑和航海与人类海洋世纪
ZHENGHE HANGHAI YU RENLEI HAIYANG SHIJI

出 品 人　聂雄前
项目负责人　韩海彬
责任编辑　何旭升　韩海彬
责任技编　梁立新
责任校对　万妮霞
装帧设计　深圳斯迈德设计 smart 0755-83144228

出版发行　海天出版社
地　　址　深圳市彩田南路海天大厦（518033）
网　　址　www.htph.com.cn
订购电话　0755-83460239（邮购、团购）
排版制作　深圳市斯迈德设计企划有限公司（0755-83144228）
印　　刷　深圳市新联美术印刷有限公司
开　　本　787mm×1092mm　1/16
印　　张　17.25
字　　数　230千
版　　次　2019年12月第1版
印　　次　2019年12月第1次
定　　价　62.00元

目录

第一章　郑和下西洋概述

第一节　郑和第一次下西洋概述

　　永乐三年（1405）六月，郑和奉命第一次下西洋，这年十二月初从南京龙江关出发，于永乐五年（1407）九月回京复命。这次出使主要访问了占城（今越南中南部沿海地区）、爪哇（今印度尼西亚之爪哇岛）、苏门答剌（在今印度尼西亚苏门答腊岛西北端萨马郎阿［Samalanga］一带）、南渤利（即《爪哇史颂》所记印度尼西亚苏门答腊岛古国名 Lamuri 的译音，《马来纪年》作 Lambri。故地在苏门答腊岛北部班达亚齐［Banda Aceh］一带）、满剌加（今马来西亚之马六甲）、旧港（今印度尼西亚苏门答腊岛东南部之巨港）、锡兰（今斯里兰卡）、古里（今印度南部西海岸之科泽科德［Calicut］）等国家和地区。出使期间，除对诸国宣诏，行封赏赐，开展贸易，其所经历大事，有下列各端。

一、与爪哇西王进行交涉

　　爪哇即今印度尼西亚的爪哇岛，地处热带，物产丰饶，在南洋地区是一个比较强大的国家。在明朝建立时，爪哇国内已分为东西两部，由东王和西王分别管辖。在洪武十年（1377）时，东王勿院劳网结、西王勿劳波务，曾各遣使朝贡中国。永乐四年（1406）正月癸卯（十二日），爪哇西王都马板遣使来中国贡珍珠、珊瑚、空青等物，东王孛令达哈亦于正月己未（二十八日）遣使来明朝廷贡马。永乐四年（1406）六月底郑和船队来到爪哇，正碰上爪哇西王与东王相攻杀，东王战败被杀，所属之地为西王所并。当时，郑和船队经过东王属地，官军登岸进行贸易，突然遭到西王士兵的袭击，郑和的官兵一百七十余人被杀。郑和得知这一消息后，十分震怒，但因事出突然，且关系到南洋地区局势的稳定，郑和冷静处置，没有立即发兵反击，而是一方面将此事紧急奏报朝廷，一方面调集部队准备在有必要时进行讨伐。西王听闻郑和将要兴师问罪的消息后又惊又怕，马上遣使向明朝认罪。明成祖朱棣除谴责都马板滥杀无辜，又擅灭东

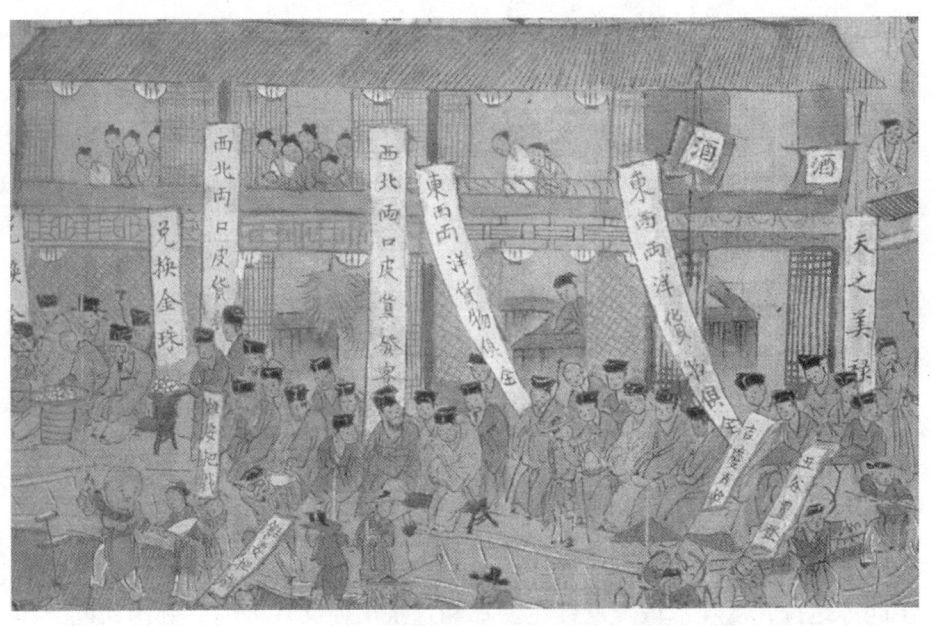

图 1　《南都繁会图卷》（局部）

　　在明初农业复苏和获得较大发展的基础上，永乐时期的工商业也发展得很快，工商业的振兴，促进了中小城镇向大城市的转化。作为全国商业集散中心的三十三个大城市，在永乐年间开始形成，全国各地商业贸易日趋繁荣。这幅《南都繁会图卷》的一个局部，充分展现了当时南方都会繁荣的商品交易场面。但更令人瞩目的是两条红黑大字标语——"东西两洋货物俱全"，这与郑和下西洋促进了中国与东西洋各国的贸易往来无疑是分不开的。

王而据其地，还令其赔偿死者黄金六万两。郑和因为爪哇西王都马板已表示服罪，便取消了进行讨伐的计划。郑和在爪哇国访问期间，对部下一百七十余人在爪哇国内讧中被爪哇西王所杀害的严重事件，能够冷静、正确地加以处置，从而避免了一场大规模的流血冲突。这不仅对南洋地区局势的稳定，而且对郑和第一次下西洋按计划顺利进行，都具有重要的意义。

二、访问苏门答剌、南渤利

苏门答剌古名须文达那，为今印度尼西亚苏门答腊岛西北部一小国，其地在元明之际为东西洋海上交通的汇聚之地，素有"西洋要会"之称，为明初东西洋分界的国家。郑和使团重要成员马欢在《纪行诗》中说："苏门答剌峙中流，海舶番商经此聚。"①可见其地位的重要。明成祖朱棣即位之初，就很重视发展中国与苏门答剌国之间的友好关系，以即位诏谕其国。永乐二年（1404），又遣副使闻良辅、行人宁善赐其酋长织金文绮、绒锦纱罗，以招徕之。中官尹庆使爪哇，顺道再次前往其国访问，其酋长宰奴里阿必丁便遣使随尹庆来中国进贡本土特产。在明朝初年，南洋群岛诸国中，以爪哇国最为强盛，常为患于邻国。洪武末年，爪哇已吞并邻近的三佛齐国，进而就要危及苏门答剌国了。宰奴里阿必丁遣使随尹庆来中国向明成祖朱棣面陈这一危急的形势。所以明成祖朱棣即诏封宰奴里阿必丁为苏门答剌国王，赐以印诰、彩币、袭衣，以示苏门答剌与爪哇处于同等地位，爪哇不得随意侵犯。郑和这次出使又往苏门答剌国访问，明成祖便让苏门答剌使者随郑和船队归国。郑和一行到苏门答剌后，对宰奴里阿必丁正式举行了封王仪式，并赠送珍贵礼品，进一步加强了中国与苏门答剌之间的友好关系。这样，爪哇国就不能不有所顾忌，收敛其企图吞

---

① 郑鹤声、郑一钧：《郑和下西洋资料汇编》（增编本）上册，第535页，海洋出版社，2005年。

并苏门答剌的野心了。

南渤利是只有千余户人家的小国，其国上下全信仰伊斯兰教。在南渤利国西北海中有一大平顶峻山，名帽山，在当时是作为东西洋分界标志的一座岛屿；帽山之西的大海，是为西洋；帽山以东的大海，则属东洋的范围。当时凡西来过洋的船只收帆，俱望此山为准，作为进入东洋航程的开端。南渤利国既是伊斯兰教徒集中的地方，又为东西洋海上交通的枢纽之地，对明朝发展东西洋海上交通，加强与伊斯兰世界的联系，有着重要战略意义。郑和第一次下西洋，即特别重视这个小国，对之进行了正式的友好访问，赐给其国王玺书以及彩币等贵重礼物，以示大小国家同等看待，令南渤利国对中国心悦诚服，正是出自利于中国与中西洋各国交通的长远发展来考虑的。

三、在古里国起建碑庭

古里国是西洋诸国中较大的国家，为古代印度半岛西岸一大商港，是中世纪著名的东西方贸易中心，自宋元以来，即号称"西洋大国"。明成祖朱棣即位以后，开展与海外诸国的邦交，古里是一个重要的国家。永乐元年（1403）十月，朱棣即命中官尹庆奉诏抚谕古里，赠以彩币等礼品。古里国酋长沙米的即派遣使臣随尹庆到中国访问，并进献本国特产，于永乐三年（1405）到达南京。明成祖朱棣对古里使臣不远万里来访，感到非常高兴，给予盛情的接待，封沙米的为古里国王，赐印绶及文绮诸物。郑和第一次下西洋，对古里的访问可以说是重中之重，这是由古里在东西方贸易中所处的重要地位所决定的。永乐五年（1407），郑和来到古里国，向古里国国王沙米的宣读了明成祖朱棣所颁的敕书，并赐给其诰命银印；对沙米的手下各位大臣，也分别赠送了丰厚的礼品，并"升赏"带有封爵性质的"品级冠带"。郑和特别要同古里国国王及各级官员缔结密切的关系，一个重要的目的是，要在印度半岛为船队建立航海贸易基地，使此地

既可为大艅船队候风转航的交通中间站，又可为分艅作扇形远航的始发基地和集结港，同时又便于郑和船队疏通和加强与南洋群岛及印度半岛之间的海上贸易。为纪念这次富有成效的访问，郑和特意在古里国起建碑庭，立石勒碑，碑文说：

"其国去中国十万余里，民物咸若，熙皥同风，刻石于兹，永示万世。"[1]

碑文字里行间洋溢着中国人民与古里人民之间的深情厚谊，昭示着郑和船队这次难忘的古里之行，在中印友好关系史上，的确是一段可以永示万世的佳话。

四、消灭陈祖义海盗集团

旧港位于马六甲海峡的东南端，是中国从东南亚通过马六甲海峡进入印度洋的海上交通孔道，地理位置十分重要。洪武年间，广东人陈祖义在家乡触犯刑法，携全家畏罪潜逃到三佛齐（即旧港），逐渐成为一支五千余众的海盗集团的首领。陈祖义十分贪婪凶狠，不仅在海上劫持过往商旅和各国使节，阻断中国的海外贸易和与海外国家间的正常交往，而且在旧港一带称王称霸，骄横不可一世。

郑和第一次下西洋即着手解决海寇陈祖义"为盗海上"的问题。虽然拥有强大的军事力量，但郑和起初还是想以和平方式争取陈祖义等改邪归正，先对陈祖义等进行招谕。陈祖义表面上愿意受招，而内心却在盘算着如何发兵劫掠郑和船队。陈祖义等海盗头目认为，郑和舟师远道而来，航途劳顿，趁郑和官兵深夜熟睡之际袭击，定可得手。在陈祖义一伙磨刀擦枪，忙着准备劫掠郑和船队之时，旧港华侨头领施进卿秘密潜至郑和船队，向郑和报告了陈祖义凶横狡诈，预谋发兵邀劫郑和船队的种种情状。

---

① 郑鹤声、郑一钧：《郑和下西洋资料汇编》（增编本）上册，第566页，海洋出版社，2005年。

这使郑和有所戒备，于是"深机密策，若张网获兽而殄灭之"[①]。这是郑和航海以来所发生的第一次战役。关于战斗的经过情形，无史料可查。我们只知道，战斗起于陈祖义"来犯我舟师"[②]，是陈祖义率海盗船队来偷袭郑和船队，从而在旧港一带海面发生的一场大规模的海战。据《明成祖实录》记载，当陈祖义率众来劫时，"和出兵与战，祖义大败，杀贼党五千余人，烧贼船十艘，获其七艘，及伪铜印二颗，生擒祖义等三人"[③]。陈祖义的海盗船队长期称霸海上，凶横强悍，不可一世。郑和舟师能够一举歼灭这股顽敌，可见其海战能力之强。永乐五年（1407）七月，郑和将陈祖义等三名贼首械押回京，明成祖朱棣下令一律斩首。

明朝为便于管理边远地区少数民族，设立土官宣慰使，全权负责处理边远地区少数民族的各项事务。在肃清陈祖义的势力后，明朝廷设旧港宣慰使司，命施进卿任宣慰使之职，对旧港地区实施管辖。永乐五年（1407）在旧港设立宣慰使司以后，旧港与明朝的关系，较之其他海外番国更进一层，带有"内属"的性质，其宣慰使一职，必须由明朝廷任命。陈祖义海盗集团被剿灭后，旧港宣慰使司的设立，保障了旧港一带海路畅通，奠定了东南亚安定的局面。

---

①② 费信：《星槎胜览》前集《旧港》。

③ 《明成祖实录》卷 52。

第二节　郑和第二次下西洋概述

永乐五年（1407）九月，郑和奉命第二次下西洋，其年冬末或次年春初扬帆出海，永乐七年（1409）夏季回京复命。这次出使主要访问了占城、暹罗（今泰国）、爪哇、旧港、满剌加、苏门答剌、南渤利、锡兰、加异勒（今印度南部东岸的卡异尔［Cail］镇）、甘巴里（今印度西南部哥印拜陀［Coimbatore］）、阿拨把丹（在今印度之艾哈迈达巴德［Ahmedābād］）、小葛兰（今印度南部西岸的奎隆［Quilon］）、柯枝（今印度南部西岸的科钦［Cochin］）、古里等国。出使期间，除对诸国宣诏，行封赏赐，开展贸易，其所经历大事，有下列各端。

一、布施金银供器等于锡兰山佛寺

锡兰山国即古之狮子国，又称僧伽罗国或无忧国，为南印度的佛教圣地，有不少佛教胜迹。相传佛祖释迦牟尼曾化名僧伽罗，来此传教，"诸德兼备，国人推尊为王，……于是建都筑邑，化导是方，宣流正教，示寂留牙，在于兹土"[①]。由于锡兰山曾是释迦牟尼佛"宣流正教"的圣地，又有"佛牙精舍"供奉着释迦牟尼圆寂后所遗留的牙齿，便成为佛教徒们仰慕敬礼的地方，他们无不向往来此敬心诚意地参拜佛牙，祈祷恳请，以获吉祥。如在郑和第一次下西洋的前夕，即在"1405年，有中国佛教徒一

---

① 玄奘：《大唐西域记》卷11《僧伽罗国》，明末嘉兴府楞严寺刊本。

队，来锡兰献香火于佛齿圣坛"①。

　　明成祖朱棣信奉佛教，自然知道锡兰山为佛教圣地，理所当然地借郑和访问锡兰山之机，对佛祖有所供奉；所以郑和每至锡兰山，必至佛寺进行佛事活动，代表明成祖朱棣礼敬佛祖，并祈保下西洋往返平安。郑和第一次下西洋至锡兰山国，在锡兰山佛寺进行佛事活动时，曾受明成祖朱棣的委托，奉香华经到锡兰山佛寺供养。郑和第二次出使来到锡兰山时，为彰显佛祖的功德，同时崇扬明成祖朱棣治理天下的功绩，向锡兰山佛寺布施的礼品更加丰富，"总计布施锡兰山立佛等寺供养金一千钱，银五千钱，各色纻丝五十匹，织金纻丝宝幡四对：红二对，黄一对，青一对。古铜香炉五个，戗金座金朱红金香炉五个，金莲花五对。香油二千五百斤，蜡烛一十对，檀香一十炷"②。同时于永乐七年（1409）二月初一日刊立《布施锡兰山佛寺》石碑，刻以中文、泰米尔文、波斯文三种文字，以记其事。由于锡兰山国人民多信仰佛教，并以本国有着悠久的佛教文化历史而自豪，所以郑和这次访问锡兰，特别崇扬佛祖的功德，对锡兰山佛寺布施丰厚的香礼，对中锡两国人民的友谊也起到了促进的作用。又由于锡兰山佛寺是各国香客、商人、使者荟萃之地，郑和一行布施锡兰山佛寺之举，既可让各国人士目睹中国外交使团对锡兰山国宗教信仰的尊重，事佛之虔诚，又向各方显示了中国的富有和精美的佛具，无形中扩大了中国在海外的影响。尤具有深意的是，郑和当时立石碑以记其事，以永其传，是刻上中文、泰米尔文、波斯文三种文字，其中泰米尔文是当时南洋地区通用文字，波斯文是西亚地区通用文字，这两种文字在南亚和东南亚地区流行较广，当地居民和过往商旅容易读懂，能更好地收到纪念和宣传的效果。

---

① 张星烺：《中西交通史料汇编》第 6 册，第 150 节注（二）引 Yule, Cathay I、9、76。

② 郑鹤声、郑一钧：《郑和下西洋资料汇编》中册（下），第 944—945 页，齐鲁书社，1983 年。

二、调解暹罗与占城、苏门答剌、满剌加等国的纠纷

永乐五年（1407），暹罗与占城、苏门答剌、满剌加诸国之间发生了严重的纠纷：先是占城遣使来中国访问，回国途中，在海上遭遇飓风，舟漂至彭亨国（在今马来西亚的彭亨［Pahang］州一带）。时暹罗恃强欺凌彭亨，且向彭亨索取占城使者，羁留不遣，使者不得归国。此事尚未了结，明朝政府又收到苏门答剌和满剌加的投诉："苏门答剌及满剌加国王并遣人诉暹罗强暴，发兵夺其所受朝廷印诰，国人惊骇，不能安生。"[①]暹罗国自恃强大，肆意欺凌四周邻国，甚至连明朝颁给其邻国的印诰也敢公然发兵抢夺，搞得占城、彭亨、苏门答剌、满剌加诸国之人皆受其苦，不得安生。这种地区霸权行径，与安南黎氏父子侵扰邻境的所作所为十分相似，不能不引起明朝政府的关切。所以，当永乐五年（1407）十月暹罗国王昭禄群膺哆罗谛剌遣使臣奈婆郎直事剌等来中国进贡方物时，明成祖朱棣即以安南黎氏父子的覆灭为例，敕谕昭禄群膺哆罗谛剌道："占城、苏门答剌、满剌加与尔，均受朝命，比肩而立，尔安得独恃强，拘其朝使，夺其诰印？天有显道，福善祸淫，安南黎贼父子覆辙在前，可以鉴矣！其即还占城使者及苏门答剌、满剌加所受印诰，自今安分守礼，睦邻境，庶几永享太平。"[②]永乐六年（1408），郑和来到暹罗，奉敕切责，昭禄群膺哆罗谛剌自知理亏，经郑和晓以大义，遵照敕谕一一改过，并遣使来明朝贡方物，表示认错诚服。郑和此行圆满解决了暹罗与诸邻国的纠纷和冲突，促进了这一地区的和平与安宁。

---

①② 《明成祖实录》卷53。

第三节　郑和第三次下西洋概述

永乐七年（1409）九月癸酉（初四日），明成祖朱棣正式下诏，命郑和出使古里、满剌加、苏门答剌、哑鲁（在今印度尼西亚苏门答腊岛德利［Deli］河流域）、加异勒、爪哇、暹罗、占城、柯枝、阿拨把丹、小葛兰、南渤利、甘巴里等国。[①]第三次下西洋的命令下达后，因为离冬季已经不远，郑和接着就率领一支主要由四十八艘宝船组成的船队于永乐七年（1409）十月己亥（初一）从南京启航，先到江苏太仓与驻泊在那里的官兵会合。这次出使，组建了由四十八艘宝船和其他类型海船，共一百余艘巨型海船组成的船队；统领官兵两万七千余人，加上其他各类人员，使团成员在两万八千人左右。这年十二月，郑和船队扬帆出海，于永乐九年（1411）六月十六日回京复命。在太仓准备出海期间，郑和一方面征调这次出使所需各种物资，一方面选拔下西洋所需人才。郑和使团的重要成员费信，就是这次入选为船队翻译，第一次随郑和出使海外诸国。出使期间，除对诸国宣诏，行封赏赐，开展贸易，其所经历大事，有下列各端。

---

① 《明成祖实录》卷 59 记载为"永乐六年九月癸酉"下诏，这里"永乐六年"应为"永乐七年"之误，因为永乐六年时郑和还在海外各国访问。

一、占城国的盛情欢迎

　　占城是郑和这次出使第一个访问的国家。当时，由于明朝政府制止了安南黎氏政权对占城的侵略，使其免遭安南的兼并，又帮助其收复为安南所占的大片失地；郑和前两次出访海外诸国，都首先访问占城国，又进一步促进了中国与占城之间的传统友谊，所以占城举国上下感激中国，热烈欢迎郑和使团再次来访。当郑和宝船驶抵占城新州（今越南义平省归仁港）港口时，占城国王骑着大象，王公大臣和将领们都乘马离开王宫，到港口迎接郑和使团。占城国王头戴三山金花冠，身穿彩色礼服，披锦花手巾，臂腿四腕都戴金镯，足蹬玳瑁鞋，腰束八方宝带，如妆塑金刚一般庄严。在占城国王的四周，五百余士兵前呼后拥，有的手执锋刀短枪，有的舞着皮牌，有的捶着大鼓，有的吹起椰笛，向郑和使团表达敬意。当郑和向占城国王宣读永乐皇帝的诏书，并对占城国王及其属臣进行赏赐时，占城国王翻身下象，匍匐膝行，奉上献给永乐皇帝的贡品。占城国对郑和使团的盛情欢迎，其对中国感恩不迭、竭诚拥戴之情，由此表现得淋漓尽致。将郑和一行接到王宫以后，占城国王又在宫内举行盛大隆重的欢迎宴会。占城国是一个喜好宴饮歌舞的国度，在这个国家，由于气候常热如夏，国中之人，从国王到普通老百姓，每天不到后半夜不睡，这样就不到中午则起不来，因为睡得晚，每天晚上一有月亮，就对月饮酒歌舞，尽情享受生活的乐趣。该国造酒，先将米和药丸封于瓮中，日久酿熟待饮。饮酒时，宾主或五人，或十人，大家团团围坐在酒瓮旁边，用一根三四尺长的小竹筒插入瓮中，根据饮酒人数而加入适量的水，依次轮流吸竹饮酒，吸干后再添水，直到饮之无味为止。占城国王不但喜好宴饮歌舞，而且喜欢美女，每当上朝之际，都要有三十个美女侍从。在招待郑和一行的宴会上，占城国喜好宴饮歌舞的风气更给宾主带来许多喜庆的气氛，按照当地风俗，大家围着酒瓮开怀畅饮，侍从美女们在管弦钟鼓等乐器奏响的美妙音乐声中，低声吟唱，翩翩起舞。席间宾主畅谈友情，品尝美酒佳肴，欣赏歌舞音乐，欢乐情景胜过节日。郑和航海之为明初盛事，由占城国对郑和使团欢迎的隆重热烈程度上，可以得到很好的诠释。正因为郑和使团所执行的睦邻友好的外交政策，符合海外各国人民利益，郑和使团才能受到海外国家如此盛情的欢迎，没有这个基础，郑和航海中任何"盛事"也不会发生的。

二、交涉遣返逃犯何八观

郑和船队结束对占城的访问后，向西南方顺风行驶七昼夜，至新门台（在今泰国湄南［Mae Nam］河口一带）海口入港，便来到暹罗国。郑和这次来到暹罗国，除了送暹罗国使节坤文琨等回国、进行常规性访问之外，主要还是敦促暹罗国王昭禄群膺哆罗谛剌遣返畏罪潜逃至暹罗国的何八观等人。当时，广东人何八观等在国内犯下严重罪行，为逃避惩罚，流亡到海外，屯聚在海岛，成为海外与明朝政府相抗衡的敌对势力之一。郑和航海，负有肃清活跃于海外与明朝为敌的反抗力量和遣返海外逃犯的使命，何八观等属于应被遣返的逃犯。因郑和舟师之来，何八观等在海岛站不住脚，便又逃入暹罗。为此，朱棣因暹罗使者回国，当面让他回去转告暹罗国王昭禄群膺哆罗谛剌，请昭禄群膺哆罗谛剌立即遣返何八观等，不要接纳从中国流亡去的逃犯，以免得罪中国。但对暹罗国王昭禄群膺哆罗谛剌是否能即行遵谕将何八观等遣还，朱棣并没有完全的把握，所以又命郑和趁护送坤文琨等回国之际，敦促暹罗国王昭禄群膺哆罗谛剌遣返何八观等人。这样，郑和第三次出使，在永乐八年（1410）再次来到暹罗，所负使命之一，是要与暹罗国交涉，促使暹罗国王昭禄群膺哆罗谛剌立即遣返何八观等。郑和前两次下西洋，先后数次拜访暹罗国王昭禄群膺哆罗谛剌，都得到昭禄群膺哆罗谛剌愿同中国发展友好关系的承诺，这次不单是由坤文琨等传达了明成祖朱棣的谕令，又有郑和前来当面交涉遣返何八观

之事，昭禄群膺哆罗谛剌自然不能违背对中国的承诺。所以，暹罗国王昭禄群膺哆罗谛剌即遵谕，在当年（1410）遣使来中国贡马及方物，同时遣返何八观等。明朝政府之所以对何八观等叛逃海外一事穷追不舍，也是为了杀一儆百，以防此类事件一再发生。洪武时期流亡海外岛屿的反明势力，经过明成祖朱棣多方招抚或镇压，在郑和第一次下西洋归国时，已基本肃清。何八观等为永乐时期逃亡海外的"南海叛民"，是在南海岛屿上新出现的一股反明势力，也就格外引起明成祖朱棣的关切。他亲自过问这件事，必将何八观等归案而罢休。这一方面警告了国内的不法分子，不要以为海外岛屿和国家可以成为犯罪后的避难所，因而可以在国内为所欲为，然后逃之夭夭，逍遥法外。另一方面，又警告了海外诸国不得容纳中国逃犯，否则中国将穷追到底。明朝政府这样做当然是为了巩固皇权统治，而这样做之所以能收到预期的效果，全在于郑和舟师数年来连续下南洋所显示出的威慑力量。

三、主持满剌加国王封王典礼

离开暹罗后，郑和又对爪哇国进行了访问，下一站便来到满剌加国，主持满剌加国王的封王典礼。在郑和第一次下西洋之际，满剌加尚未建国，由酋长拜里迷苏剌掌管。满剌加从发展海外贸易中获得很大的利益，引起暹罗国的垂涎，于是向满剌加提出每年要向暹罗国进贡四十两黄金的要求。如果拜里迷苏剌拒绝支付这笔贡金，暹罗便不时出兵侵扰满剌加，致使满剌加国人惊骇，不能安生。拜里迷苏剌只得寻求明王朝的庇护，找到靠山，摆脱暹罗的侵扰。为了进一步显示中国重视与满剌加之间的友好关系，使满剌加国的主权不再受暹罗等邻国的侵犯，郑和这次来到满剌加，为满剌加酋长拜里迷苏剌正式举行封王仪式。

在满剌加国的历史上，这是极为重要的一天，这天郑和代表明朝政府敕封拜里迷苏剌为满剌加国王并举行敕封满剌加国镇国之山的典礼，分别在满剌加王宫和满剌加国西山隆重举行。在装饰一新的满剌加王宫里，彩旗飘扬，锣鼓喧天，处处洋溢着喜庆的气氛。年轻的满剌加国王拜里迷苏剌怀着激动的心情，在郑和宣读完敕封他为满剌加国王的诏书后，从郑和手中接过明成祖赐给他的两枚银印，一顶王冠，两条金镶玉带，四袭蟒袍。拜里迷苏剌戴上王冠，穿好蟒袍，腰间再系上金镶玉带，就一改原先的寒碜样，不再是地方上的土酋长，而别有一番国王的气派了。封王典礼完成后，郑和与拜里迷苏剌一行来到满剌加国西山，举行敕封满剌加国镇国之山的典礼。又高又大的满剌加国镇国之山碑耸立在西山之上，由明成祖朱棣撰写的碑文，在炙热的阳光下显得格外醒目。进行了敕封满剌加国镇国之山的典礼，接着又进行了正式封王城为满剌加城的封城典礼，从此拜里迷苏剌掌管的原来叫做"五屿"的这块地方，被正式命名为满剌加国。封王、封山，又封城立国，郑和这次来满剌加访问，通过这一系列的方式，向海外各国显示了中国非常重视发展与满剌加国的友好关系，就在海外各国中大大提升了满剌加国的地位，此后暹罗再不敢侵扰满剌加国。在郑和这次访问之后，满剌加国在中国的支持下，获得独立发展达117年之久。

四、锡兰山国王的废立

郑和第三次下西洋的重要任务之一，是要争取解决锡兰山国王亚烈苦奈儿在南亚地区称霸一方的问题。亚烈苦奈儿是一个暴君，"崇礼外道（外道，谓不信吠陀中的哲学，而别树一帜者——引者注），不敬佛法，暴虐凶悖，靡恤国人，亵慢佛牙"[1]；"又不辑睦邻国，屡邀劫其往来使臣，诸番皆苦之"[2]。永乐七年（1409）明成祖朱棣命郑和第三次出使西洋时授给郑和敕谕海外诸国的诏书，其中特别强调了"尔等祗顺天道，恪

[1] 玄奘：《大唐西域记》卷11《僧伽罗国》，明末嘉兴府楞严寺刊本。
[2] 《明成祖实录》卷77。

守朕言，循理安分，勿得违越；不可欺寡，不可凌弱"①。这显然是针对解决锡兰山问题或类似问题而言的。郑和这次来到锡兰山，遵照明成祖朱棣的旨意，照例对国王亚烈苦奈儿进行赏赐，宣读诏书，告诫他不可欺寡，不可凌弱，与各国和睦相处。但亚烈苦奈儿不仅不听郑和好言相劝，反而派他的儿子向郑和索要金银宝物，被郑和断然拒绝。恼羞成怒的亚烈苦奈儿于是大动干戈，出兵五万人，砍伐林木，阻塞交通，切断郑和一行归路；又分兵去抢劫郑和船队的钱粮船只。正在此时，亚烈苦奈儿的部下预先泄露了其抢劫船队的计谋，郑和等得悉后，想即刻就返回船队，但是归路已被林木阻绝。在这种严峻的情势下，郑和临危不惧，经过一番深思熟虑，对部下们说："贼大众既出，国中必虚，且谓我客军孤怯，不能有为，出其不意攻之，可以得志。"②于是从带着的三千官兵中拨出一千人，令这些官兵秘密地另择路径至船队，配合留在船上的官军，一起迎击来犯之敌。郑和则亲自率领二千官兵，在夜幕的掩护下，秘密地由一条近道，在夜半之际攻入王城，将酣睡中的亚烈苦奈儿及其家属、王室成员等一举俘获。初战告捷之后，郑和随即率官兵坚守王城。郑和做好守城的防御部署不久，那些前去抢劫郑和船队的锡兰兵闻讯急忙撤回，会同国内其他军队，从四面八方来攻，将王城合围数重，攻战六日，都被郑和官兵击退。在第七天的凌晨，郑和率领部众，押着亚烈苦奈儿一班俘虏，打开城门，突破重围，伐木取道，且战且行五十余里，苦战到暮色降临，方才从王城退到别罗里港口，回到船上。

永乐九年（1411）六月，郑和回到国内，将亚烈苦奈儿等送至京城。大臣们历数亚烈苦奈儿的罪行，一致要求像处置陈祖义那样，将其斩首。明成祖朱棣命令予以释放，供给衣食，对亚烈苦奈儿等被俘人员采取了宽

---

① 郑鹤声、郑一钧：《郑和下西洋资料汇编》（增编本）上册，第42页，海洋出版社，2005年。

② 《明成祖实录》卷77。

大优待的政策，让他们暂时住在中国，同时命礼部在亚烈苦奈儿的亲属中选择比较贤能的人立为新国王。经过在锡兰山国人中调查，都说耶巴乃那为人贤明。于是在永乐十年（1412）七月丙申（十三日）明成祖朱棣遣使赍诏及诰印往锡兰山封耶巴乃那为国王，亚烈苦奈儿同时被遣送回国。

锡兰山及其附近岛屿以前即多海盗，在郑和航海时代，亚烈苦奈儿拥有重兵，称霸南亚，又对内实行苛政，逼民铤而走险，海盗由是极为横行。郑和在生擒陈祖义之后，继之又俘获亚烈苦奈儿，极大地震慑了锡兰山地区的海盗，抑制了这一带的海盗活动，使长期悬而难解决的锡兰山问题终于妥善地得到解决，"海道由是而清宁，番人赖之以安业"[①]，"自是海外诸蕃，益服天子威德，贡使载道"[②]，"来者日多"[③]。史籍中这些记载表明，郑和第三次下西洋时被迫反击而发生的锡兰山战役，虽然获胜，却未占别国一寸土地，未掠他人一分财富，而是致力于建立了区域间和平和安定的新局面，从而极大地提高了中国在海外的威信，并为海外诸国来中国访问铺平了道路。

锡兰山战役的性质，看起来似乎是一场自卫反击战，但往深处分析，同旧港战役一样，具有打击海盗的性质。海盗的主要特征之一，就是对海上船舶及其人员和财产进行暴力掠夺，锡兰山战役爆发的原因，是"阿烈苦奈儿谋劫钱粮船只"[④]，"欲图害使者。用兵五万人，刊木塞道，分兵以劫海舟"[⑤]。虽然此役不是在海上进行，但此役的焦点"劫海舟"，"谋劫钱粮船只"，与海盗行为没有什么区别，实施反击的也是郑和舟师，此

---

① 郑和：《娄东刘家港天妃宫石刻通番事迹碑》，转引自郑鹤声、郑一钧：《郑和下西洋资料汇编》上册，第 40 页，齐鲁书社，1980 年。

② 《明史》卷 326《锡兰山传》。

③ 王鸿绪：《明史稿》列传第 178《宦官上·郑和传》。

④ 《南京静海寺郑和下西洋残碑》，转引自郑鹤声、郑一钧：《郑和下西洋资料汇编》上册，第 202 页，齐鲁书社，1980 年。

⑤ 玄奘：《大唐西域记》卷 11《僧伽罗国》，明末嘉兴府楞严寺刊本。

役取得的主要成果是"海道由是而清宁",与世界上打击海盗所取得的效果一致。另外,亚烈苦奈儿利用锡兰山位居东西方海上交通孔道的地理位置,"屡邀劫其往来使臣,诸番皆苦之"①,其行径与陈祖义如出一辙。综合以上各种因素来考究,此役具有打击海盗的性质。

① 《明成祖实录》卷77。

第四节　郑和第四次下西洋概述

　　永乐九年（1411）六月郑和第三次下西洋回国后，没有像以前出使那样，回国不久，当年就又奉命再下西洋。郑和第四次下西洋所肩负的使命，与前三次有所不同。前三次下西洋，在发展海外贸易之外，主要为结束东南亚和南亚沿海地区动乱不安的局面，恢复和发展中国与东南亚、南亚各国之间的睦邻友好关系。经过三下西洋，特别是经过锡兰山战役之后，这一目标基本实现。第四次下西洋，郑和船队就要经过南洋群岛，取道阿拉伯海、波斯湾，穿越红海，访问西亚和非洲沿岸各国；或者由印度西南海岸横渡印度洋，直接访问遥远的非洲沿海诸国。因为出访的国家和地区比前三次扩大了许多，又是第一次在这么广大的范围内开展航海贸易和国事访问活动，当然需要用一定的时间来做好有关人才选用、船舶和应用物资等方面的准备工作。

　　第四次下西洋，动用宝船六十三艘，加上其他类型的海船，组建了由一百余艘巨舶组成的庞大船队。参加的人员有"官校、旗军、勇士、通事、民稍、买办、书手通计二万七千六百七十员名。官八百六十八员，军二万六千八百名。指挥九十三员，都指挥二员，千户一百四十员，百户四百三员，户部郎中一员，阴阳官一员，教谕一员，舍人二名，医官医士一百八十员名，余丁二名，正使太监七员，监丞五员，少监十员，内

图 2　郑和船队图（电脑制作）

郑和下西洋组建了前所未有的世界上最庞大的远洋船队。郑和使团每次远航，一般由六十三艘（一作六十二艘）大、中号宝船组成船队主体，加上其他类型船只，共"乘巨舶百余艘"，其中以第一次下西洋乘船二百零八艘，为我们目前所知七下西洋中动用船只最多的一次。

官内使五十三员"①。若按所举官、军、指挥等的具体人数，累加起来，则参加这次出使人员总计二万八千五百六十八人，是我们目前所知七下西洋中调动人员最多的一次。这次出使，于永乐十一年（1413）冬扬帆出海，永乐十三年（1415）七月初六日回京复命，主要访问了占城、爪哇、彭亨（在今马来西亚的彭亨［Pahang］州一带。其古代港口一说为今彭亨河口的北干［Pekan］，一说指关丹［Kuantan］）、急兰丹（在今马来西亚的吉兰丹［Kelantan］州一带，其港口为吉兰丹河下游的哥打巴鲁［Kota Bahru］）、满剌加、苏门答剌、南渤利、锡兰、加异勒、甘巴里、柯枝、古里、忽鲁谟斯（为 Hormuz 之对音，属于伊朗。位于波斯湾与阿

① 马欢：《瀛涯胜览》卷首，明钞说集本。

曼湾之间，霍尔木兹海峡之内，原旧港为鹤秣城，郑和航海时期的忽鲁
谟斯为建于岛上的新港）、祖法儿（今阿拉伯半岛阿曼西部沿岸的佐法尔
［Dhufar］，临卡马尔湾）、剌撒（旧说在索马里西北部的泽拉［Seylac］
一带，近人认为剌撒是阿拉伯语 Ra's 的对音，在今也门共和国之伊萨角
［Ra's'Isā］）、沙里湾泥（一说在今也门共和国东南部沿海舍尔伟恩角
［Ra's Sharwayn］，一说在今印度西海岸之坎纳诺尔［Cannanore］一
带）、阿丹（今南也门首都亚丁）、木骨都束（今索马里首都摩加迪沙）、
卜剌哇（今索马里东南岸巴拉韦）、麻林（今肯尼亚东岸的马林迪，一
说为今坦桑尼亚基尔瓦基西瓦尼）、比剌（今莫桑比克港）、孙剌（今索
法拉港）、溜山（今印度洋中的马尔代夫）等国。出使期间，除对诸国宣
诏，行封赏赐，开展贸易，其所经历大事，有下列各端。

一、擒获苏门答剌"伪王"苏干剌

　　苏门答剌是东西洋海上交通的要道，是郑和分䑸船队作扇形远航的
始发基地之一，郑和船队在那里设有"官厂"，储存船队与各国贸易的物
资及船队所需的各种备用物品，还设有船队的船舶修造厂，对保障船队向
印度洋沿岸诸国续航有着重要的作用。明成祖朱棣登基以来，因为苏门答
剌所处位置重要，很注意与苏门答剌建立良好的关系，多次派遣使者前
往访问，使两国间的友好关系逐步得到加强。郑和每次出使，一般也都
要访问苏门答剌，而苏门答剌一般隔年就遣使来中国进贡，两国保持着
密切的交往。可是在永乐五年（1407）以后，苏门答剌国内政治局势复杂
起来，导致郑和在第四次出使时发生擒获苏门答剌"伪王"苏干剌的事
件。在苏门答剌的西邻有一个小国，叫做那孤儿（即印度尼西亚苏门答
腊岛上古国 Nagur 的译音，其故地在今实格里［Sigli］）附近），其国王
脸上剌有花纹，所以又叫花面王。永乐五年（1407）苏门答剌国王宰奴里
阿必丁遣使来中国朝贡后不久，那孤儿花面王发兵侵略苏门答剌。宰奴

里阿必丁率军迎战，中毒箭而死，其有一子幼小，不能为父报仇，宰奴里阿必丁之妻当众发誓说："有谁能为我报杀夫之仇，收复失地，我愿做他的妻子，共同管理国事。"刚说完，本地有一位渔翁，奋勇表达自己的志愿说："我能为你报仇！"于是率领众士兵一马当先打败花面王，为宰奴里阿必丁雪耻复仇。花面王被杀后，其部众服输并退回本土，不敢再来侵扰。前国王的妻子于是不负以前的盟约，即与渔翁结为夫妻，称他为"老王"①。此"老王"在永乐七年（1409）曾遣使来中国朝贡，明成祖朱棣赐其使钞币、金织袭衣等，以示嘉奖。永乐十年（1412），宰奴里阿必丁之子锁丹罕难阿必镇长大成人，发动宫廷政变，杀死了已成为他义父的

① 马欢：《瀛涯胜览·苏门答刺国》。

图3　御制弘仁普济天妃宫之碑

御制弘仁普济天妃宫之碑是为纪念郑和第四次下西洋胜利归来而建，这次出使首次对非洲东岸各国进行了成功的访问，为纪念这次具有里程碑意义的航行，经明成祖朱棣批准，特于永乐十四年（1416）春在南京仪凤门外狮子山下兴建了一座金碧辉煌的天妃宫以资纪念，并在宫后刊立"御制弘仁普济天妃宫之碑"，碑文为明成祖朱棣于永乐十四年（1416）四月初六日所撰。该碑现保存于南京静海寺《南京条约》史料陈列馆院内，是国内已发现现存最大的郑和下西洋石刻，也是郑和首次访问非洲的历史见证。

老王，夺取王位。老王虽然被杀，但他的势力并没有被完全消灭，他的儿子苏干剌率领余众逃往山林之中，不时发兵攻打锁丹罕难阿必镇，一心要为父报仇，并夺回王位。已当上苏门答剌国王的锁丹罕难阿必镇为了确保王位，剪除苏干剌这一心腹之患，便趁自己新即位，急欲得到明朝政府承认，于永乐十年（1412）九月派遣使者到中国，一方面向明朝政府报告自己已即苏门答剌国王之位的消息，请求明朝政府正式封王，赐给印诰；另一方面，则请求明朝政府帮助平息苏干剌的反叛。明成祖朱棣于是命郑和在第四次下西洋访问苏门答剌之际，给予锁丹罕难阿必镇以必要的帮助。郑和这次来到苏门答剌后，赐给锁丹罕难阿必镇印诰、彩币等物，苏干剌"怒使臣赐不及己，领兵数万邀杀官军。和率众及其国兵与战，苏干剌败走，追至南渤利国，并其妻子俘以归"。永乐十三年（1415）九月壬寅（初八），郑和回京后，将苏干剌等"献于行在。兵部尚书方宾言：'苏干剌大逆不道，宜付法司正其罪。'遂命刑部按法诛之"[1]。

郑和舟师协助锁丹罕难阿必镇清除了苏干剌的威胁，这使锁丹罕难阿必镇对明朝政府感戴万分。若干年后，郑和使团成员巩珍在追记此事时说道：经过苏门答剌之役，"王子位始固，以此感恩义，常贡方物"[2]。这场战役顺应苏门答剌国的国情民意，结束了该国动乱的局面，维护了南洋地区局势的稳定，进一步提高了中国在海外的威望。这场战役属自卫反击的正义之举，往深层分析，此役的直接起因，是因为苏干剌"怒使臣赐不及己"，即没有得到明朝政府给予的财物，所以为得到财物向郑和船队发起攻击，其行为也是要对海上船舶及其人员和财产进行暴力掠夺，是一种海盗行为。郑和舟师这场反击苏干剌的战役，保护了郑和航海的海上船舶及海上人员，保护了船队所载大量财产，所以也具有打击海盗的性质。

---

① 《明成祖实录》卷 97。

② 巩珍：《西洋番国志・苏门答剌国》。

二、麻林国访华献"麒麟"

这次出使远至阿拉伯及东非遥远之国，以当时对世界地理的知识水平，沿东非海岸南下所访问的一系列国家，似乎囊括了极远的海外国家。这些极远的国家纷纷遣使随郑和船队来中国访问，愿意接受明初的对外方针政策，基本实现了明初对外的终极目标。永乐十三年（1415）十一月壬子（十九日），麻林国（今肯尼亚的马林迪一带）因郑和使团的来访，遣使来中国贡献"麒麟"（长颈鹿），当时被认为是体现了明初对外方针已初步实现的重大事件。长颈鹿在非洲只是寻常动物，在中国却自古被视为瑞兽"麒麟"，历来被赋予神秘色彩，只有在天下太平、老百姓安居乐业

图 4　郑和出使麻林国（想象图）

麻林国是郑和使团所访问的非洲东岸诸国中距中国较远、较靠南方的国家，郑和第四次下西洋期间麻林国使者来中国访问并贡献"麒麟"，成为中非友谊史上的一段佳话。

的时代才会出现，是吉祥与瑞和的象征。更由于这"麒麟"来自遥远而神秘的麻林国，显示出在历史上中国官方首次对东非沿岸诸国所进行的访问取得了圆满成功，成为明朝兴盛时期在对外关系上取得重大进展的重要标志。由于具有如此重大的意义，当年麻林国来中国敬献长颈鹿，引起明朝宫廷的轰动。明成祖朱棣率领诸位大臣亲往奉天门主持隆重的欢迎仪式，接受麻林国进献"麒麟"，为中非关系史上的一大盛事。"长颈鹿的故事"作为中国与肯尼亚友好往来历史上的一段佳话，在肯尼亚也广为流传，成为中肯友谊源远流长的一个象征。当时在明朝政府供职的文臣们纷纷写诗作赋，为之歌功颂德，抒发自己对麻林国来献"麒麟"，四海太平、远方归心的祥和氛围的感受。通过隆重迎接献"麒麟"这件事，也向亚非诸国传递了这样一个信息：中国君臣对发展与海外国家之间的良好互动关系极其重视。当时在亚非国家中产生了很大的反响。

第五节　郑和第五次下西洋概述

永乐十四年（1416）十二月丁卯（初十），郑和奉命第五次下西洋，经过一年的准备，在永乐十五年（1417）冬季扬帆出海，永乐十七年（1419）七月戊午（十五日）回京复命。这次出使主要访问了占城、爪哇、满剌加、彭亨、急兰丹、苏门答剌、南渤利、锡兰山、甘巴里、柯枝、古里、溜山、忽鲁谟斯、剌撒、沙里湾泥、阿丹、木骨都束、卜剌哇、麻林等国。这次出使期间，除对诸国宣诏，行封赏赐，开展贸易，其所经历大事，有下列各端。

一、西域远国献珍禽

据郑和等《娄东刘家港天妃宫石刻通番事迹碑》记载："永乐十五年（1417），统领舟师往西域，其忽鲁谟斯国进狮子、金钱豹、西马。阿丹国进麒麟，番名祖剌法，并长角马哈兽。木骨都束国进花福鹿，并狮子。卜剌哇国进千里骆驼，并驼鸡。爪哇国、古里国进麋里羔兽。各进方物，皆古所未闻者。"[1]西域远国使者纷至沓来进献各类奇兽珍禽，是郑和第五次下西洋中的一大特色。这次出使之后，西域远国纷纷来献珍禽异兽，步调如此一致，绝非偶然，而是有一定的时代背景的。永乐十四年（1416）

---

[1]　郑鹤声、郑一钧：《郑和下西洋资料汇编》（增编本）上册，第18页，海洋出版社，2005年。

九月，在郑和第四次下西洋回国后不久，明成祖朱棣即有意迁都北京，曾亲自去北京巡视，预作筹划，同年十一月，明成祖自北京还，决定迁都北京。北京即着手营建新都，新建宫廷内需增添大量奇珍异宝以摆设，新建内苑需大批珍禽异兽来充实，这就要靠郑和航海到海外去寻求。这些珍禽异兽在中国闻所未闻，见所未见，在海外诸国却纯属自然物品，无须花很大代价便能获得，拿来献进中国，却能得到丰厚的回报，还能进一步加强与中国的友好关系，何乐而不为。于是，借明朝迁都需要充实内苑的机会，各国纷纷来献珍禽异兽，就是自然而然的事了。

二、苏禄国国王来华访问

苏禄国在今菲律宾南端之苏禄群岛，永乐十五年（1417）八月甲申（初一），苏禄东王巴都葛叭答剌、西王麻哈剌吒葛剌马丁、峒王之妻叭都葛巴剌卜，各率其亲属及随从头目，组成多达三百四十余人的使团，奉金镂表来朝贡，且献珍珠、宝石、玳瑁等物。这是继渤泥、满剌加国王来访之后，又一次海外国家的首脑人物亲自率领使团来中国进行友好访问；这次访问，也是苏禄国对郑和使团来访所进行的一次回访。明朝政府很重视苏禄国贵宾的来访，给予热情友好的接待，对三王正式封以王爵，并赐诰命及袭衣、冠服、印章、鞍马、仪仗。随从头目及亲属三百余人，各赐冠带、金织文绮、袭衣等。苏禄国贵宾在北京生活期间，受到最高规格的接待，出入有仪仗侍卫，一切用具皆为宫廷所用贵重生活用品，经常出席各种盛宴，被安排与明朝上层头面人物会晤，参观名胜古迹，并参加一些有趣的娱乐活动。永乐十五年（1417）九月乙丑（十三日），巴都葛叭答剌南归途经德州时，不幸因病去世。明成祖朱棣闻讣，不胜痛悼，命祭葬如王礼，并派礼部郎中陈士启前往主祭，赐谥"恭定"，在德州为他营建了巍然壮观的陵墓，朱棣又亲自为苏禄东王墓碑撰写了碑文，对巴都葛叭答剌表示了深切的缅怀与悼念之情，高度赞扬了他对中国的"爱戴之意"。

第六节　郑和第六次下西洋概述

永乐十九年（1421）正月戊子（二十五日），郑和奉命第六次下西洋，随即扬帆出海，于永乐二十年（1422）八月十八日回京复命。这次出使，主要访问了满剌加、苏门答剌、哑鲁（在今印度尼西亚苏门答腊岛德利［Deli］河口，即今勿拉湾［Belawan］一带）、南渤利、锡兰山、加异勒、甘巴里、柯枝、古里、溜山、忽鲁谟斯、祖法儿、剌撒、阿丹、木骨都束、卜剌哇等国。出使期间，除对诸国宣诏，行封赏赐，开展贸易，其所经历大事，有下列各端。

一、与祖法儿国人贸易

位于阿拉伯半岛东南海岸的祖法儿国，自古便是著名的商埠，各国商贾云集，在世界著名旅行家马可·波罗、托雷美、伊本·拔图塔等人的游记中，都介绍过这个国家。在郑和前几次出使到阿丹、剌撒等国时，也曾经过此国，但不是正式奉命出使到该国，还没有对祖法儿国王正式"开读诏书"，自然也影响到进一步同祖法儿国开展政治、经济和文化上的相互交流，未能及早地扩大两国间的贸易往来。这次是因为在永乐十九年（1421）祖法儿随同阿丹、剌撒等国来华进贡，所以明成祖朱棣命郑和正式赍玺书，对祖法儿国王进行宣谕赏赐，以为报答。随着两国友好关系的进一步加强，在祖法儿国王，及其他头目倾心帮助之下，郑和船队同祖法儿人民进行了十分广泛的贸易活动。马欢曾记述郑和第六次下西洋宝船到达祖法儿国时情景说："中国宝船到彼，开读赏赐毕，其王差头目遍谕国人，皆将乳香、血竭、芦荟、没药、安息香、苏合油、木别子之类，来换易纻丝、瓷器等物。"[①]郑和船队这次与祖法儿国开展贸易，有一个显著的特点，就是并不注意寻求为国内封建统治阶级上层所需要的珍宝奇玩等奢侈品，而着眼于用纻丝、瓷器等生活用品，换易乳香、血竭、芦荟、没药之类香料和药物；这次贸易又是"遍谕国人"之后进行的，从贸易货物到贸易方式，都具有"民间贸易"的特色。

二、在阿丹国采办珍宝

郑和第六次下西洋的领导人员，有孔和卜花、唐观保、杨庆、洪保、李恺、杨敏、周满等。这次出使设置了七名正使太监，除郑和以外，洪保、孔和卜花、唐观保、杨庆、李恺、杨敏等都以正使太监的身份，在这次下西洋中发挥了重要的作用。郑和船队在护送各国使节回国的途中，访问了满剌加、哑鲁等国后，李恺率一支分綜来到苏门答剌国，在此处李恺又令内官周满等率领由三艘宝船组成的分綜往阿丹国访问。阿丹国即今也门民主人民共和国之亚丁，正当红海南口，是古代西亚重要的国际贸易港口，从古里国西行，顺风二十二昼夜可至。永乐十四年（1416），其国因郑和船队来访，曾遣使奉表来中国进贡方物；使者归国时，明成祖又命郑和赍敕及彩币，偕往赏赐。阿丹国气候温和宜人、常如八九月，土地肥沃，不但适于多种农副产品的生长，也利于各种珍禽异兽的繁衍，所以其国物产资源颇为丰富。阿丹国的手工业和商业也较发达，"凡国人打造钑细金银首饰等项生活，甚精妙，绝胜天下。又有市肆、混堂（即澡堂——

---

① 马欢：《瀛涯胜览·祖法儿国》，转引自郑鹤声、郑一钧：《郑和下西洋资料汇编》（增编本）上册，第443页，海洋出版社，2005年。

引者注），并熟食丝帛书籍诸色什物铺店皆有。"①周满率领的分舰到阿丹国后，对国王及大小头目开读诏敕，进行赏赐，然后开展贸易活动。"国王即谕其国人，但有珍宝许令卖易。"在阿丹国王全力支持下，周满一行"在彼买得重二钱许大块猫睛石，各色鸦姑等异宝，大颗珍珠；珊瑚树高二尺者数株。又买得珊瑚枝五柜，金珀、蔷薇露、麒麟、狮子、花福鹿、金钱豹、驼鸡、白鸠之类而还"②，为"他国所不及也"③。郑和船队一支分舰竟能与阿丹这样物产资源丰富、商业发达的国家举国进行贸易，并且不论其有何等值钱的珍宝，都可以面无难色地进行采购，最后买得这么多贵重的异宝珍禽，可见这支分舰所带货币和中国特产之多，采购能力之强。郑和第六次出使期间，仅内官周满就采办来十余种罕见的珍宝异禽，而未见记载的，还有其他使团成员所购各色珍宝异物，郑和船队在海外从事贸易活动能量之大，由此可见一斑。

---

①② 马欢：《瀛涯胜览·阿丹国》，转引自郑鹤声、郑一钧：《郑和下西洋资料汇编》（增编本），上册，第444页，海洋出版社，2005年。

③ 《明史》卷326《阿丹传》。

第七节　郑和第七次下西洋概述

宣德五年（1430）六月戊寅（初九），郑和奉命第七次下西洋，于当年十二月初六日从南京龙江启程；宣德八年（1433）四月上旬，郑和在古里逝世，船队在王景弘统领下，在当年七月初六日回京复命。这次出使主要访问了忽鲁谟斯、锡兰山、古里、满剌加、柯枝、卜剌哇、木骨都束、南渤利、苏门答剌、剌撒、溜山、哑鲁、甘巴里、阿丹、祖法儿、竹步（今索马里的朱巴河［Giuba］口一带）、加异勒等二十国及旧港宣慰使司。出使期间，除对诸国宣诏，行封赏赐，开展贸易，其所经历大事，有下列各端。

一、整修天妃庙宇

郑和航海是人类历史上一项空前宏伟的海上事业，其所遭遇的来自自然界和人为的各种障碍和风险，有些是人力所难以克服的。然而郑和航海事业毕竟在战胜种种困难的过程中向前发展，持续几达三十年之久。郑和航海创造了这一奇迹，然而当时船队成员却不能以科学的眼光来看待它，对天妃的信仰，使他们把航海上的成功，或者说把自己航海事业中所出现的"奇迹"，都归之于天妃之神保护船队的"神功"。为了祈保平安和感谢天妃的庇佑之功，每值出航和海外归来，他们都要在国内主要港口南京、江苏太仓刘家港和福建长乐太平港的天妃宫祭告天妃。永乐二十二

年（1424）七月明成祖朱棣去世后，继位的明仁宗朱高炽于同年八月诏令停止下西洋，到这次再度出使，相隔五六年，各港岸为郑和航海兴建的天妃庙宇都已颓圮荒芜，难为官军祈报之所。所以，郑和出国之前先对沿途所经天妃庙宇进行修葺，使之宏伟壮观胜过往昔。太仓刘家港天妃宫重修后，郑和撰《娄东刘家港天妃宫石刻通番事迹碑》，刻石刊立于天妃宫内，以为纪念。长乐太平港天妃宫修葺完工后，立碑刊刻郑和所撰《天妃之神灵应记》，以作纪念。在娄东碑和长乐碑的碑文中郑和对以往下西洋的往返岁月，对下西洋的事业，作了一番回顾和总结，反映出郑和对下西洋伟大壮举的基本立场。郑和一行这次在长乐期间，还来到天妃林氏女的家乡福建湄洲岛，修整天妃宫庙宇，对天妃之神进行祭祀。

二、调解满剌加与暹罗的纠纷

永乐年间郑和使团数访满剌加、暹罗，帮助满剌加赢得独立，使暹罗不敢肆意欺凌满剌加国。自洪熙元年（1425）郑和船队停航以后，中国对海外诸国的影响随之减弱，暹罗又故态复萌，并阻止满剌加国王及使臣来中国朝贡。满剌加国王不堪欺凌，令使臣三人秘密搭乘苏门答剌国贡舟，于宣德六年（1431）二月抵京，向明宣宗朱瞻基陈诉暹罗肆意欺凌等状，要求给予制止。明宣宗便令郑和赍敕谕暹罗国王"恪遵朕命，睦邻通好，省谕下人，勿肆侵侮"①。郑和在宣德七年（1432）七月初八到达满剌加，先送巫宝亦纳等回国复命，然后前往暹罗宣读明宣宗朱瞻基的敕书。朱瞻基的敕书只是表明了明朝政府对解决满剌加与暹罗之间纠纷的基本态度和立场，而问题的实际解决还要靠郑和具体去落实。这次为了调解两国关系，使之和睦相处，郑和忙了一个月，直到八月八日才离开满剌加。

---

① 《明宣宗实录》卷76。

三、部分成员访问天方国

郑和率领大綜船队到古里后，适逢该国差人到天方国，船队领导成员洪保便派遣通事七人，随古里国船只前往天方国访问。天方国是西域著名的伊斯兰大国，是伊斯兰穆圣穆罕默德最先传教的圣地。因其国为伊斯兰教的发祥地，每年从世界各地来此朝圣的信众众多，便建有宏伟壮丽的清真寺，以供朝拜瞻礼。天方国物产丰富，商业贸易发达，所以这次洪保主要是抱着向天方国采办奇货异宝的目的，派通事等七人携带麝香、瓷器等中国特产前往贸易。天方国雄伟瑰丽的天方礼拜寺强烈地吸引了中国使者，所以他们在买到各色奇货异宝、麒麟、狮子、驼鸡等物之余，也不忘画天方图真本回京，将这一世界名胜奏报朝廷，并向国内进行介绍。郑和使团部分成员这次对天方国进行的友好访问，对加强中国与这个重要的伊斯兰国家之间的友好关系，起了重大的作用。其国王双手合掌举起放在额头顶上，以表示感激中国的恩德，并以本地特产、狮子、麒麟贡献于朝廷。与天方邻境的默德那国，亦因郑和使团来访，派遣使者与天方国使者一道来中国访问。当宣德八年（1433）八月辛巳（初一）天方国国王遣头目沙瑯等来朝贡献麒麟、象、马诸物之际，明宣宗朱瞻基亲自到奉天门迎接，十分高兴地接受了天方国的献礼，给予天方国王以及沙瑯等格外丰厚的赠礼。

四、郑和在古里逝世

郑和奉命第七次下西洋之时，已是年届六旬的老人。郑和率领庞大的船队，远涉重洋，要很好地完成明朝政府交付的使命，发展中国与海外诸国之间政治、经济、文化各方面的友好关系，并不是一件轻而易举的事。出使过程中，无论是与各国交往，还是船队本身，都有大量的事务要处理，都有各种问题须妥善解决，不将诸事考虑得当，一旦出现漏洞或弊端，所造成的严重后果，往往是无法补救的。郑和受命在海外总揽一切，深感所肩负使命之神圣，所系责任之重大，不得不事无巨细、策划周详而后为之。作为一位六旬老人，他在风涛颠簸之中，日夜为下西洋方方面面的事务操劳，呕心沥血，终因劳累过度，于宣德八年（1433）四月初旬在古里逝世。郑和这次率领大𦨶船队来到古里，他以身殉职后，"大𦨶船回洋"①，便由王景弘率领返回祖国。郑和在古里逝世以后，下西洋事业失去了最重要的领导者，庞大的船队失去了主帅，所以，船队这次回国后，便不能再像永乐年间那样连续出使。随着郑和在第七次下西洋中途以身殉职，郑和航海的伟大壮举，顿成绝响。

---

① 祝允明《前闻记》，转引自郑鹤声、郑一钧：《郑和下西洋资料汇编》（增编本）上册，第 598 页，海洋出版社，2005 年。

第二章　郑和航海的社会基础与人类海洋世纪

　　郑和航海为明代海外交通和中外关系史上的一件大事，在中国和世界航海史上也占有非常重要的地位。中国人民所创造的这一光辉业绩，使中华民族的声望远播于海外，激发起中国人民的爱国热情和民族自豪感。史称："自和后，凡将命海表者，莫不盛称和以夸外番，故俗传三保太监下西洋，为明初盛事云。"①郑和航海前后持续了二十八年，取得了多方面的成就，成为一代盛事，首先在于这一盛举具有广泛的国内外社会基础。

---

① 张廷玉等：《明史》卷三百四《宦官·郑和传》，转引自郑鹤声、郑一钧：《郑和下西洋资料汇编》（增编本）中册，第1132页，海洋出版社，2005年。

第一节　郑和航海的国内社会基础

郑和航海得到了国内各个社会阶层的认可和支持，从统治阶级上层、郑和船队广大官兵到其他社会阶层，都积极参与其事，因而具有广泛而坚实的社会基础。

一、最高决策与统治阶层的支持

郑和航海得以启动和持续进行，首先由于明成祖朱棣的最高决策。明成祖朱棣即位以来，在大力发展社会经济的同时，政治上继续实行中央集权，消除诸王的割据势力，使封建皇权进一步强化，并从各个方面加强了对边疆地区的经营管理。在文教方面，明成祖朱棣兴学校，办教育，阐扬传统文化，不遗余力，在历史上做出了重大的贡献，其主要标志，就是卷帙浩繁的《永乐大典》的纂修。所有这些，充分说明明成祖朱棣不愧为中国历史上比较英明的、具有雄才大略的君主。正因为如此，在洪武以来国内较好的经济基础上，凭借着明帝国的强大实力，明成祖朱棣高瞻远瞩，有志于追溯历代盛世中帝王的业绩，进而向往到海外树立威望，享有盛名。他期待在临御之年，国家能出现历代所未有的"万邦来朝"的太平盛世。为实现这一宏图，明成祖乃命郑和下西洋，而有郑和航海之举。永乐十四年（1416）四月初六，为纪念郑和第四次下西洋归来，明成祖朱棣为刚落成的南京天妃宫纪念碑撰写了碑文，开宗明义，向世人道出了其发展与海外诸国关系的宏愿就是："恒遣使敷宣教化于海外诸番国，导以礼义，变其夷习。"[1]15 世纪初期的中国是世界上社会文明程度较高，文化科技高度发达的国家。永乐盛世下的中国，在世界范围内，把东方的物质文明与精神文明提升到一个新的高度，成为当时世界文明的一个重心。在当时的中国，成熟的、发达的文教礼仪，是中华文明发展程度较高的一个重要标志。海外诸小国，当时还处于相当落后的社会发展阶段。越是远离亚欧大陆的海外小国，其文明发展的程度相对越低，不少地方还处于未开化的部落状态。处于这种社会形态，是没有什么礼仪可言的。在中国古代的传统观念中，礼仪是文明与野蛮的分界标志，在中国古代有关"礼"或"礼仪"的文献中，有许多这方面的论述。如《曲礼》中讲："鹦鹉能言，不离飞鸟。猩猩能言，不离禽兽。今人而无礼，虽能言，不亦禽兽之心乎？夫唯禽兽无礼，故父子聚麀。是故圣人作，为礼以教人。使人以有礼，知自别于禽兽。"[2]《冠义》中讲："人之所以为人者，礼义也。"[3]这里讲的人与禽兽的分界线，实际就是文明与野蛮的分界线。人如果一直保持自己出世之时的自然状态和天性，则不知礼，也不懂义，虽然能言语、会说话，但也无异于鹦鹉、猩猩一类的禽兽。因此人必须接受教化，从而懂得礼义，让自己的言行符合礼仪与正义，才能脱离原始的自然状态和天性，才能有别于禽兽，成为一个有思想、懂规矩的真正的"人"。中国进入文明社会以来，历代贤明的统治者都倡导诗书之教、礼义之习，非常重视以诗书礼义进行教化的作用，这与他们遵从儒家先师的有关遗训是分不

---

[1]　郑鹤声、郑一钧：《郑和下西洋资料汇编》（增编本）上册，第 533 页，海洋出版社，2005 年。

[2]　《礼记·曲礼上第一》，杨天宇译注：《礼记译注》（上册），第 3 页，上海古籍出版社，2016 年。

[3]　《礼记·冠义第四十三》，杨天宇译注：《礼记译注》（下册），第 987 页，上海古籍出版社，2016 年。

开的，如荀子曾有"修礼者王"①的观点。所以尊崇礼仪成为历代有作为的帝王治国的传统，这种传统更因儒家文化在中国历代封建王朝居统治地位而得以长期传承，由是中国能长期以"礼仪之邦"享誉世界之林。而那些还处于相对较落后的社会发展阶段，远离欧亚大陆世界文明之地的海外小国，"非有诗书之教，礼义之习，好则人，怒则兽，其气习素然"②。

　　作为一代雄主的永乐大帝，高瞻远瞩，认识到中国作为一个先进大国，对相对落后的海外各国，负有教育感化的责任，应以儒家礼教和中华文明影响他们，走到他们中去教化他们，使之懂得礼仪与正义，遵守规矩，能够分辨文明与野蛮的区别，具有选择文明的行为能力，改变其原始的野蛮落后的旧风气旧习俗，以及不公正和不合规矩的行为，与中国共享太平之福，从而令海内外都共享中华社会文明的发展成果。在中国历代有作为的封建帝王中，明成祖强烈地意识到中国应向众多海外落后国家进行教化，以促使其摆脱"其气习素然"的桎梏，改变陋习，向文明靠拢，并不断提高其文明的程度，促进其社会的进步。根据这种思路，郑和航海最高决策者明成祖命郑和下西洋的指导思想，是其在海外"宣德化而柔远人"的范围，"当如天地之大，无不覆载"③，没有预先设置一定的地域，而是"南极溟海，东西抵日出没之处，凡舟车可至者，无所不届"④，表现出了鲜明的开放与开明的思想意识。

　　郑和航海是奉明朝最高统治者明成祖的旨意而成行，具有国家的权威性，更何况这无疑在为海外国家做好事，就顺理成章地得到明朝统治集团高层的支持。当然，这与他们具有较高的文化修养，有较开阔的视野，能够

① 《荀子·王制篇第九》，王先谦：《荀子集解》（沈啸寰、王星贤点校），第153页，中华书局，1988年。
② 《明宣宗实录》卷38，转引自郑鹤声、郑一钧：《郑和下西洋资料汇编》（增编本）上册，第41页，海洋出版社，2005年。
③ 《明成祖实录》卷23。
④ 《明史》卷332《坤城传》。

理解和认同明成祖"敷宣教化于海外诸番国"的深意，也是分不开的。永乐十三年（1415）十一月壬子（十九日），在当时被视为位于"际天极地"①的麻林国，因郑和使团的来访，遣使来中国贡献"麒麟"（长颈鹿），当时被认为是体现了"敷宣教化于海外诸番国"取得重大进展的重要标志。这一成就使明朝统治集团高层进一步认识到向海外落后国家进行教化的意义，当麻林国来中国敬献长颈鹿之际，明成祖朱棣率领诸位大臣亲往奉天门，接受麻林国进献"麒麟"，为郑和航海吸引万邦来朝的一大盛事。时在明朝政府供职的大臣们目睹这一盛况，深切感受到了一种祖国强盛，致力于与海外国家共享太平、增进其民众的福祉，迎来万邦来朝的自豪感，纷纷即兴写诗作赋，抒发对郑和航海所彰显的四海升平、远近毕来的祥和氛围的感受。当时，文武群臣向明成祖朱棣祝贺说："陛下圣德广大，被及远夷，故致此嘉瑞。"②这里所说的"圣德广大"，正是对明成祖朱棣在海外所推行的"宣德化而柔远人"的外交方针的肯定。其"宣德化"就是致力于与海外诸国"共享太平之福"，以此来和谐万邦；其"柔远人"就是践行中国人怀柔远人的天下观，以此来实现利益共享。执行这一外交方针，所要达到的终极目标，是向往实现"东沧海而西昆仑，南雕题而北穷发，无有远迩，莫不尊亲。玉帛会，车书同，兴太平之礼乐"③。郑和航海正是在践行这种协和万邦以冀天下大同的理想，并得到明朝统治集团高层的认同，他们都肯定了只有通过郑和航海，才能实现普天之下共"兴太平之礼乐"。文渊阁大学士金幼孜当时在《瑞应麒麟赋》中曾盛赞郑和航海："驾樯帆于巨海兮，扬旌旆于飞云。川只为之敛浪兮，风伯为之清尘。诏阳侯以先驱兮，役海若而后奔。屏魑魅与魍魉兮，走

① 郑鹤声、郑一钧：《郑和下西洋资料汇编》（增编本）上册，第535页，海洋出版社，2005年。

② 《明成祖实录》卷99。

③ 《明太祖实录》卷30。

蛟鳄与鲸鲲。"[①]字里行间展现出了一幅郑和航海的壮观画卷，又昭示着郑和航海战胜了人世间形形色色的坏人和来自自然界的巨大风险，才获得如此骄人的成就。

郑和第五次下西洋回京后，因远方海外国家纷纷来献珍禽，大臣们在观赏这些珍禽异兽之后，联想国家兴盛，海外向化，天下太平的景况，皆为之欢欣鼓舞，纷纷吟诗作赋，称颂郑和航海在发展海外关系上持续取得的辉煌成就。甚至明朝廷要员中曾对下西洋持有异议、永乐朝历任户部主事、户部尚书的夏原吉，也撰写了《圣德瑞应诗》，对郑和航海促进了中国海外关系的发展，持赞扬和肯定的态度。他在诗中赞颂在当日"普天歌至治"的盛世氛围中，"爰有诸蕃国，能忘万里途"，"渺渺来中夏"，献上麒麟（长颈鹿）、狮子、紫象（紫色的象）、骓骝（骏马）、驼鸡（鸵鸟）、文豹（金钱豹）、福鹿（斑马）、灵羊（羚羊）、霜姿猿、长角兽、奇音鸟、雪色乌、玄龟、山凤等珍禽异兽，既昭示了中华皇帝的功德，"尤足壮神都"[②]，又揭示了郑和航海不仅有助于提高明成祖威仪，而且在国家治理中也发挥出重要作用。当时，又有翰林修撰王直作《西南夷以麒麟狮子诸物来贡，有旨赐观，退而赋此以进诗》诗，描绘了永乐十七年（1419）八月初一日永乐皇帝朱棣亲自在奉天门以西域诸国所进麒麟、狮子、福禄、神羊、马哈兽、狝猴、祥鸟、驼鸡等珍禽颁示群臣的盛况。[③]

永乐时期最高统治者和上层社会对郑和航海的支持，是郑和航海在永乐朝能连续六次成行的重要社会基础。

---

① 郑鹤声、郑一钧：《郑和下西洋资料汇编》（增编本）中册，第746页，海洋出版社，2005年。

②③ 郑鹤声、郑一钧：《郑和下西洋资料汇编》（增编本）中册，第754页，海洋出版社，2005年。

二、郑和船队成员是郑和航海重要的社会力量

郑和船队拥有二万七八千人，组成一支庞大的特定社会群体，既是郑和航海的支柱，又是郑和航海社会基础的一个重要方面。他们来自各个社会阶层，代表着不同的社会群体，都为郑和航海事业做出了各自的贡献。郑和船队的组织系统可分为：

1. 领导成员和行政官员：由正使太监、副使太监、少监、监丞、内监等组成。其中太监官居正四品，少监官居从四品，监丞官居正五品，以上各官，只有内监不进入船队的领导层，而是作为行政官员分布到各船，履行督察之责。郑和船队的主要领导成员，由清一色的宦官担任，有其特殊的社会背景。在靖难之役中，明成祖朱棣曾得到内侍们很大的帮助，所以在夺取皇位之后，对身边宦官视为心腹，加以重用，在外交领域更是如此。在永乐之世，明成祖朱棣身边比较得力的太监，多承担奉使海外的重任，这在郑和船队的领导成员中，表现得尤为明显。

正如《明外史》所总结的那样："帝（指永乐皇帝朱棣——引者注）广通四裔，奉使者多中贵，西洋则郑和、王景弘，西域则李达，迤北则海童，而西蕃多以属显（指侯显——引者注）。"侯显"五使绝域，未尝辱命，威名与郑和亚"。①郑和等船队主要领导成员，作为明成祖朱棣身边的心腹，对皇上的眷顾和信任是极为感恩的，所以能忠诚地遵照永乐帝的意图，尽心竭力地去完成皇上赋予的下西洋的使命。这正如郑和所表白的："和等上荷圣君宠命之隆，下致远夷敬信之厚，统舟师之众，掌钱帛之多，夙夜拳拳，惟恐弗逮。敢不竭忠于国事，尽诚于神明乎！"②

① 《古今图书集成·明伦汇编·宫闱典》卷132《宦寺部·列传》引《明外史·宦官传》。

② 郑和：《天妃之神灵应记》，转引自郑鹤声、郑一钧：《郑和下西洋资料汇编》（增编本）上册，第18页，海洋出版社，2005年。

2. 军事人员：这一部分武装部队，其实就是明代的海军，由都指挥、指挥、千户、百户、总旗、小旗、勇士、力士、军力等组成。都指挥官居正四品，指挥官居从四品，属于高级军官；正千户官居正五品，副千户官居从五品，属于中级军官；总旗和小旗属于下级军官；勇士、力士、军力等为普通军职人员。明制"核诸将所部有兵五千者为指挥使，千人者为千户，百人者为百户，五十人为总旗，十人为小旗"[①]。根据这套军事建制，则郑和船队中的都指挥、指挥、千户、百户、总旗、小旗等职，相当于现代军事建制的师、团、连、班等各级指挥人员。郑和舟师中的军事人员一般在二万六七千人之间，相当于现代武装部队一个军的规模，其有都指挥至小旗各级指挥官，也是与此规模相适应的。郑和舟师中的武装部队是从各个卫所选拔部分精锐来重新组建的，其中除了明朝水师，还有相当一部分系收编的原张士诚、方国珍的水军，具有航行和水上作战的经验，在编入郑和舟师后，再经过郑和的严格训练，最终成为一支训练有素的海上劲旅。在郑和船队中，这部分人员占绝大多数。在郑和航海的过程中，他们肩负起"其寇兵之肆暴掠者，殄灭之"[②]的重任，是维护地区和平与稳定，保障航海安全与航道畅通的中坚力量。

3. 航海技术人员：由火长、舵工、班碇手，铁锚、木艌、搭材等匠，阴阳官、阴阳生，以及余丁、民稍等组成。火长就是"船师"，为一船中指挥航海的船长，郑和船队中还有"番人火长"（番火长），即外籍船长，一般由航海经验比较丰富的阿拉伯民间航海家担任；舵工，按火长指令操舵，控制海船航向；班碇手负责起落船锚；铁锚、木艌、搭材等匠，负责船上各种铁木活计；阴阳官、阴阳生负责天文气象的观测与预报；余丁、民稍负责升帆落篷、摇橹划桨撑篙，以及日常的清洁保养工作。这

① 《明史》卷76《职官志5·各所》。

② 郑和：《娄东刘家港天妃宫石刻通番事迹碑》，转引自郑鹤声、郑一钧：《郑和下西洋资料汇编》（增编本）上册，第17页，海洋出版社，2005年。

部分航海技术人员一部分来自明朝的水军，一部分来自江苏太仓，福建长乐、泉州，浙江宁波，广东广州等主要海外贸易港口的船民。

在航海技术人员中，在船上专门放置指南浮针的针房里工作，负责使用罗盘，按针路簿指挥行船的火长地位最重要。正如张燮《东西洋考》中所说："其司针者名火长，波路壮阔，悉听指挥。"①所负责任尤为重大。对郑和船队而言，火长司针技术的高低，航海经验是否丰富，直接关系到成千上万船队成员和外国来宾的安危，其人选尤为慎重。巩珍曾专门介绍了船队对火长一职人员的选择："始则预行福建广浙，选取驾船民稍中有经惯下海者，称为火长，用作船师。乃以针经图式付与领执，专一料理，事大责重，岂容怠忽。"②可见郑和船队中的火长，大多是从东南沿海地区掌握高超的航海技术，有着丰富航海经验的"驾船民稍"中选拔出来的。有这样一批优秀的民间航海家用作船师，船队就能严格地按照"针经图式"，即航海图中既定的针路，乘风破浪，顺利地驶抵彼岸。所以，广泛分布于东南沿海地区的"驾船民稍"是郑和航海重要的社会基础之一。

郑和船队中阴阳官、阴阳生的任务，主要是在海上航行中占验观测风云的变幻，是船队中负责观察并预报海洋气象的专职人员。明初仿儒学及僧道官之例，设阴阳生。每府正术一员，官居从九品；州典术一员，县训术一员，县训科一员，洪武十七年（1384）置，设官不给禄。③如福建福清人林贵和"通易，善卜筮之说"，即通晓阴阳，在郑和使团中任阴阳官，"永乐间，五从中贵人泛西海，入诸夷邦，往返辄数年"④。郑和每次航海，必选阴阳官生同行，以司日月星辰、风云气色之类天文气象测候之

---

① 张燮：《东西洋考》卷9《舟师考》。

② 巩珍：《西洋番国志》。

③ 《明史》卷75《职官志4·阴阳生》。

④ 吴宽：《封文林郎广东道监察御史林公墓表》，载《吴文定公匏翁家藏集》卷75。又郑鹤声、郑一钧：《郑和下西洋资料汇编》上册，第179页，齐鲁书社，1980年。

事，便于船队掌握海洋气象的变化，对因海洋气象变化不时而至的海上风险有所预防。

舵工、班碇手、铁锚、木舱、搭材等，都是来自社会基层的有一技之长的普通劳动者，在封建社会里他们的社会地位较低，所以史料中迄今没发现这一群体有关个人的记载。他们具有劳动人民勤劳朴实的优点，为保障航海的顺利，在各自的岗位上发挥自己的一技之长，是郑和航海船队中一支重要的社会力量。

明初为防倭寇的侵扰和残余反明势力的内外勾结，实行"海禁"政策，断了沿海地区以贩海为生的民间航海者和船民的生路。郑和航海吸纳了这部分人继续从事航海事业，成为船队航海技术人员，使他们有了新的出路，在远洋航海中重新展现自己的技艺，实现自我价值，也缓解了因实行"海禁"政策而产生的社会矛盾，所以这些民间航海者积极支持和参与郑和航海，扩大了郑和航海的社会基础。

另外，明初整顿漕运，"与海相参"[①]。永乐四年（1406），"定海陆兼运"[②]。由此改变了以前仅靠海运从南方运粮食到北方的办法，就省掉了许多海运船和从事海运的军士。到"永乐九年（1411），漕运直达通州，而海陆运俱废"[③]，更是空出了大批海船和航海人员。郑和航海事业的发展，则很好地解决了他们的出路问题。据《明太祖实录》记载，洪武四年（1371）十二月，所谓藉方国珍旧部与沿海贫户"充船户者，凡一十一万一千七百三十人，隶各卫为军"[④]。这些人很多分配从事海运，在海运停止后则加入郑和航海的队伍。他们有此出路，就不至于利用自己习惯于海上航行，并掌握航海技术的特长，到海上为非作歹，甚至与倭寇勾结为害了。这部分原来从事海运的群体，也是郑和航海的社会基础之一。

---

① 《明史》卷78《食货志3·漕运·永乐元年条》。

②③ 《明史》卷86《河渠志4·海运条》。

④ 《明太祖实录》卷70。

4.外事人员：负责船队的外交与外贸事务，由鸿胪寺序班、买办、教谕、通事等组成。鸿胪寺序班为从九品官，是郑和使团中的职业外交官，负责使团与各国交往中的册封、朝会、宴请等外交礼仪，并教各国使节来华访问须遵行的各种礼节等仪礼之事。买办负责采购船队本身所需物品和带往海外用于赏赐、贸易等物品，以及在海外采购特产；教谕负责在海外传播中国文化，兼文字翻译工作；通事则负责涉外翻译。

郑和船队的通事一般来自城镇或"乡里"的知识分子，他们虽然没有博取到什么功名，也没有在政府部门有个一官半职，然而却精通外语（番语），有文字功底，并深明大义。如费信是江苏省昆山县人，家境贫寒，身居陋室，却自幼"志笃而好学，日就月将，偷时借而习读"，①成为一个学识渊博，富有文采，年轻有为的俊逸之士。洪武三十一年（1398），费信之长兄在太仓卫服役，没有多久便过早地去世，时费信年方十四岁，于是代兄从军。永乐七年（1409），费信二十五岁，正值风华正茂之年，时逢郑和第三次下西洋，需"简文采论识之士，颛一策书，备上清览。信首预选"②。在海外访问期间，费信"每莅番城，辄伏几濡毫，叙缀篇章，标其山川、夷类、物候、风习诸光怪奇诡事，以备采纳，题曰《星槎胜览》""一览之余，则中国之大，华夷之辨，山川之险易，物产之珍奇，殊方末俗之卑鄙，可以不劳远涉而尽在目中矣"③。马欢为浙江会稽（今绍兴）人，在郑和航海船队广招人才之际，马欢以"善通番语，遂膺是选"，"三入海洋，遍历番国，金帛宝货略不私己，而独编次《瀛涯胜览》一帙以归"④。这是马敬对马欢一生人品和事业做出的评价。马敬与马欢是同时代人，对郑和下西洋之事十分关注，也非常了解，他深知作为郑和船队的通事，下西洋来到海外各国，利用语言方面优势，有很多机会

① ② 李传元：《昆新两县续修合志》卷30《文苑一·费信传》。

③ 费信：《星槎胜览·序》四卷本。

④ 马敬：《瀛涯胜览·序》，载马欢《瀛涯胜览》，国朝典故本。

为个人获取"金帛宝货"，可以大发"洋财"。但马欢对此却毫不动心，而是独具匠心，专心致志地将下西洋的见闻整理成《瀛涯胜览》一书。《瀛涯胜览》载占城、爪哇、旧港、暹罗、满剌加、哑鲁、苏门答剌、那孤儿、黎代、南渤利、锡兰、小葛兰、柯枝、古里、溜山、祖法儿、阿丹、榜葛剌、忽鲁谟斯、天方共二十国。《瀛涯胜览》和《星槎胜览》两书对郑和船队所访问国家和地区的位置沿革、重要都会、形胜名迹、山川地理形势、社会制度和政教刑法、生产状况和商业贸易、人民生活状况、社会风俗和宗教信仰，以及气候、物产和动植物等，都作了翔实而生动的叙述。对郑和使团在各国活动的一些情况，也作了重要的记录，是研究 15 世纪初海外诸国基本状况和郑和航海的珍贵史料。《瀛涯胜览》卷首记有宝船尺度以及郑和船队人员组织的详细情况，为目前我们所知唯一由当事人撰写的第一手的有关记载，其重要价值可想而知。两书是研究郑和下西洋的基本史籍之一。明古朴在《瀛涯胜览·后序》中说："今观马君宗道，郭君崇礼，所纪经历诸番之事实，始有以见异域志之所载，信不诬矣。崇礼乃杭之仁和人，宗道乃越之会稽人，皆西域天方教，实奇迈之士也。""二君既事竣归乡里，恒出以示人，使人皆得以知异域之事，亦有以见圣朝威德之所及，若是其远也。崇礼尚虑不能使人尽知，欲锓梓以广其传，因其友陆廷用征序于予，遂录其梗概于后云。"据此序，《瀛涯胜览》一书出于马、郭两氏的合作，但该书自序称"大明永乐十四年（1416）岁次丙申黄钟月吉旦会稽山樵马欢述"，书末称"景泰辛未秋月望日会稽山樵马欢述"等语看来，可知此书的主要执笔人，仍是马欢。至于郭崇礼，其随郑和出使，并且同马欢共事，亦任通事之职，积极参与了《瀛涯胜览》一书的编辑刊印工作，当无问题。马欢、费信、郭崇礼等外事人员，代表着当时一部分具有开放意识，注意放眼看世界的知识分子，他们在"事竣归乡里"之后，将海外见闻整理成书，并辅以口述，向亲友及身边群众介绍海外情况，著书传播加上大众口口相授，"使人皆得以知异域之

事"。由此可见，当时中国人向往打破对海外情况一无所知的闭塞状况，对了解海外国家情况有着浓厚的兴趣，因此也支持郑和航海事业，这是郑和航海最广泛的社会基础。

郑和船队的通事中有的还是通晓阿拉伯语和伊斯兰文化的专家。永乐十年（1412）的初春，郑和来到陕西西安，访寻为第四次下西洋远访忽鲁谟斯以西阿拉伯国家所需的翻译人才。郑和出身于回族"哈只"世家，信仰伊斯兰教，是穆斯林后裔，他十分清楚西安这个历史文化名城在汉唐陆上丝绸之路全盛时期，是联系中国与阿拉伯世界的枢纽。由于历史渊源关系，西安有众多的穆斯林，他们中不乏通晓阿拉伯语言文字的人才，因此这里伊斯兰文化的氛围，也是其他地方难以相比的。郑和在此访得伊斯兰宗教人士哈三，正是郑和航海与阿拉伯人交流所需要的专门人才，随即聘他为郑和使团的通事。哈三为西安著名的大清真净寺的掌教，如果对伊斯兰文化没有很深的造诣，是难以胜任这一职务的。哈三不仅精通阿拉伯语言文字，他对阿拉伯世界的历史与文化，亦相当熟悉，对郑和航海访问忽鲁谟斯以西的阿拉伯诸国，是不可多得的人才。哈三、马欢都是回族人，郑和船队中有不少信仰伊斯兰教的穆斯林，郑和航海所要去的亚非国家中，有许多国家信仰伊斯兰教，郑和及其使团中的穆斯林，既热心于伊斯兰教，又懂得阿拉伯语言文字，到这些国家去访问，就可以减少隔阂，好办事，并能凭借共同的宗教信仰联络感情，加强交流，增进彼此间的睦邻友好关系。这部分穆斯林人群是郑和航海远航西亚重要的社会基础。

5. 总务后勤人员：由户部郎中、舍人、书算手、医官、医士、御医、民医、行人、军行人、老军、小厮、匠人、军匠、厨役、家人、养马等组成。户部郎中负责具体掌管钱财及后勤供应事务，郑和船队中，设户部郎中一员，为正五品官，主要掌管下西洋官兵的粮饷以及各国进贡物品。舍人负责起草和誊写文件信牒等文字工作。郑和船队在亚非各国访问时，要对各国国王、酋长、头目等颁读明朝政府的诏书、敕命，同时要接受各国的文书、表章；使团人员在海外建立功绩，也要及时记录，以便回国后按功授奖；使团在海外遇有重大事件，有时也要树碑纪实；如此等等，一应文书碑额诸事，都由舍人专职掌管。书算手负责会计出纳，以及在对外贸易中货物数量、价格、交易收入与支出数目的计算等；行人、军行人负责命令、文书的递交与传达等；匠人、军匠负责船舶和军械的维修等；老军、小厮、家人负责船队领导成员身边的杂务和服侍工作，厨役负责船队的饮食，养马负责船队马匹的管理饲养等。医官、医士、御医、民医负责防治疾病疗养卫生等事。这部分总务后勤人员来自社会基层各个方面，是具有一技之长的人员，其社会关系甚广，拥有深厚的群众基础；他们参与郑和航海事业，在广泛的社会领域扩大了郑和航海的影响，使郑和航海广为人知，得到社会各阶层大众广泛的关注，形成郑和航海坚实的社会基础。

明制设有太医院，掌医疗之法，其医术有大方脉、小方脉、妇人疮疡、针灸、眼、口齿、按骨、伤寒，咽喉、金镞、按摩、祝由等科，命医官、医生、医士专科肄习。[①]又设医学，每府正科一员，官从九品，州典科一员，县训科一员，洪武十七年（1384）置，设官不给禄。[②]在郑和船队中，有不少的医官和医士即选自太医院。据《嘉兴府志》记载："陈以诚，号处梦，枫泾（属浙江嘉兴——引者注）人。善诗画，尤精于医。永乐间，应选隶太医院，累从中使郑和往西洋诸国。归擢院（指太医院——引者注）判。"[③]像陈以诚这样以精通医术而被选入太医院的名医，被派到郑和船队中担任驻船医官，足见明朝政府对郑和船队的医疗条件是极为重视的。在郑和使团的医官中，还有一些"御医"，都是当时全国第一流的医生。郑和使团中的医务人员不仅精于医术，而且人数众多，医官医士

---

① 《明史》卷74《职官志3·太医院》。

② 《明史》卷75《职官志4·医学》。

③ 《古今图书集成·博物汇编·艺术典》卷531《医部·医术名流列传》引《嘉兴府志》。

共一百八十名，船队平均每一百五十人就配备一名医生。郑和奉使西洋诸国，出入于涨海炎风、瘴疠疾疫之乡，气候风土，俱所不习；水土不服，航海辛劳，他们易患疾病死亡，故而医官医士之数，较他职为多。郑和航海，对船队全体人员的身体健康问题十分关注，为之投入足够的力量，这是很合乎科学道理的。这些医官医士有姓名事迹可考的，除前面介绍过的太医院医生陈以诚外，尚有陈常、彭正等人。据《松江府志》记载："陈常，字用恒，上海汉成里人，世业儒。常传外氏邵艾庵医，即有名。永乐丙申（1416），遣使下西洋，常以医士从。历洪熙、宣德，凡三往返。恭勤愿悫，上官皆器重之。……计所涉历，自占城至忽鲁谟斯，凡三十国。平生足履人所不到，目见人所未知，未尝自多。临终，但曰：今不葬鱼腹矣。子经，字宗理，世其医。教授里中，循循有矩度。"[1]陈常不仅医术高明，而且责任心极强。为郑和船队服务的医官医士，必须是医术医德兼优的人才，否则对长年远洋航海的工作是不能胜任的。又据《江南通志》记载："彭正，字思直，太平府人。永乐间，以良医再使西洋。子宾世其业。"[2]中国古代有句俗话："不为良相，便为良医。"彭正世称其为良医，可见也是一位修养深厚的医务工作者，是郑和船队中一位值得尊敬的人物。陈常和彭正都有一个特点，就是其子世传父业，成为医学世家。这从一个侧面反映出，郑和船队中的诸位名医，在屡次下西洋从医的过程中，一方面为挽救船队成员的性命、为保障广大下西洋官兵的健康，做出了十分重要的贡献；另一方面又接触治疗形形色色的疾病，使自己的医术和经验得到提高，远远超过在国内一般情况下所能达到的水平，而自成一家，拥有丰富的医学经验和高超的医术可传之后人，就有条件形成医术名流世家了。郑和船队这部分医务工作者以其高尚的医德和精湛的医术救死扶伤，起到凝聚人心的作用。这种作用不仅是重要的航海保障，而且也夯实

———————

[1]　顾清：明正德《松江府志》卷三十《人物七》。

[2]　《古今图书集成·博物汇编·艺术典》卷531《医部·医术名流列传》引《江南通志》。

了郑和航海的社会基础。

三、郑和航海的群众基础

作为中国人民与亚非各国人民友好往来历史中的一桩空前盛举，郑和航海的故事，不仅中国派往海外的使节乐于称道，在国内也是广为流传，成为广大民众津津乐道的话题。郑和航海发生了丰富多彩的故事，涵盖了亚非各国政治、经济、社会、历史文化、风土习俗、自然地理和人情风貌等，表现了亚非国家人民对和平与美好生活的追求，对中国的友谊和期望，在当时引起社会各阶层的浓厚兴趣和共鸣，丰富了他们对海外的认知，开拓了他们的眼界，激发了他们对海外的向往之情，增加了他们对郑和航海的认同感。在郑和之后，这种影响一直在延续。钱曾说："三宝下西洋，委巷流传甚广，内府之剧戏，看场之评话，子虚亡是，皆俗语流为丹青耳。"[1]可见，从明代起，以郑和航海为题材的戏剧和评话，老百姓喜闻乐见，大小官吏愿意看、喜欢听，就连皇帝也很乐于欣赏。据明朝太监刘若愚《酌中志余》一书记载："上（指明熹宗朱由校——引者注）创演水傀儡，所演有方朔偷桃、三保太监下西洋诸事。"[2]南京静海寺内，明清以来，"老僧不解观空旨，对客犹然说郑珰"[3]。一些香客前往游览，对"寺僧为我谈西洋"[4]印象极为深刻。自郑和以后，从"将命海表"的使臣，到静海寺中的僧人，但凡人们所处环境与郑和航海史事多少有一些关系的，莫不盛称郑和以夸示于外人，以自己所处环境与郑和航海有关而自豪。由于郑和每次出使都从福建五虎门放洋，在福建一些地方活动的时间较长，影响也就较大，所以福建人民对郑和甚为推崇，"呼和三宝大人，

---

① 钱曾：《读书敏求记》。

② 刘若愚：《酌中志余》卷下。

③ 王友亮：《静海寺诗》，《金陵杂咏·寺观类》。

④ 潘德舆：《养一斋集·静海寺诗》。

不敢名"。在福建三山地方，
"间蓄异器，或发自地下伏
藏，佥曰：'此三宝大人物.'
遗烈可知"①。郑和航海的壮
举，使中华民族的声望远播于
海外，在中国人民的心中树立
起一座丰碑，它对民众的影
响，它的"遗烈"，就必然是
这样。这种"遗烈"，源自郑
和航海之时广大群众对郑和航
海伟大成就的充分肯定，这是
郑和航海最坚实的社会基础。

　　在郑和航海之时，不仅
明朝政府从发展海外贸易中获
得很大的经济利益，就是普通
老百姓，也多因此致富。正如
严从简所说："自永乐改元，
遣使四出，诏谕海番，贡献毕
至，奇货重宝，前代所希，充
溢库市，贫民承令博买，或多
致富，而国用亦羡裕矣。"②
嘉靖中两广巡抚都御史林富
在所上疏中也强调："旧规番

图 5　南京静海寺郑和下西洋残碑

　　南京静海寺郑和下西洋碑是郑和第五次
下西洋归来后所建，郑鹤声教授在 1936 年
春探访静海寺时发现，时该碑已残损，经刮
剔磨光，拓得碑文 148 字，并将其拍成照
片，得以流传至今。1937 年冬，日寇进犯
南京，静海寺大半被毁，此残碑亦毁于此
时。若不在此一年多前发现此残碑，则此碑
永不为人所知。该碑是见证郑和下西洋的最
重要的碑刻之一，尤其是现存碑文中关于郑
和将领官军所乘"一千五百料""二千料"
"八橹"海船的记载极为珍贵，是研究郑和
船队船只载重量等的第一手重要资料。

---

①　黄景昉：《国史唯疑》。

②　严从简：《殊域周咨录》卷 9
　　《佛郎机传》。

舶朝贡之外，抽解俱有则例，足供御用""除抽解外，即充军饷""旧番舶通时，公私饶给，在库番货，旬月可得银两数万""贸易旧例，有司择其良者如价给之，其次资民买卖，故小民持一钱之货，即得握椒辗转交易，可以自肥"。[①]这部分从郑和航海发展国际贸易中直接受益的群体，自然是郑和航海坚定的拥护者，他们也是郑和航海的社会基础之一。

---

① 《古今图书集成·方舆汇编·边裔典》卷 89《南方诸国总部》引《广东通志》，转引自郑鹤声、郑一钧：《郑和下西洋资料汇编》中册（下），第 1928 页，齐鲁书社，1983 年。

第二节　郑和航海的海外社会基础

郑和航海时代，西洋各国，尤其是东南亚和南亚沿海地区，社会环境有着郑和航海事业发展的广大空间。一是地区冲突不断，被欺侮一方希望得到中国的帮助，结束冲突；广大民众与中国人民一样，都希望有一个和平安定的社会环境，向往美好的生活。二是海外诸国人民与以郑和船队成员为代表的中国人，存在文化尊重与共同的价值观和道德观。三是与郑和船队开展贸易成为海外诸国全社会共同的需求。所有这些，构成郑和航海的海外社会基础。

一、对结束地区冲突，实现社会安定的需求

15世纪初，东南亚和南亚沿海国家普遍存在强国侵略和欺凌相邻弱国的情况，这些弱国纷纷向明朝政府求援，要求中国为他们主持公道，恢复社会的安定。

其一，安南（当时的安南在今越南北部地区）与占城之间的冲突，是由于安南对占城屡次大规模入侵而造成的。永乐元年（1403）八月癸丑（初八），明成祖朱棣因安南对占城"屡兴兵，侵其土地，杀其人民，剽掠财物，占城之人，因尔荼毒"；遣使切责安南黎氏政权不得"恃强逾越"，"宜保境安民，息兵修好"。①黎氏政权表面上服罪，向明朝政府表

———————
① 《明成祖实录》卷21。

示"自今以往，谨当息兵安民，以仰副圣训"①。实际上却加紧了吞并占城的步伐。永乐二年（1404）八月庚午（初一）朔，占城又就安南大举进犯遣使向明朝政府告急："前奏安南攻扰城方，杀掠人畜，仰蒙降敕，谕使息兵。而其国王胡苍不遵圣训，今年四月，又以舟师侵入臣境，民受其害。近朝贡人回，所赍赐物，皆被拘夺，又逼与臣冠服印章，使为臣属，且已占据臣沙离牙等处之地，今复攻劫未已。臣恐不能自存，愿纳国土，请吏治之。"②当时，安南存有吞并占城的野心，造成中南半岛地区冲突不断，社会动荡。

其二，满剌加与暹罗之间的冲突。满剌加旧不称国，名五屿，"无国王，止有头目掌管"，一向受暹罗控制、欺凌，"令其岁输金四十两，否则差人征伐"③。这是满剌加所不堪忍受的，亟盼能够摆脱暹罗的欺掠。永乐元年（1403）十月，明成祖朱棣遣中官尹庆出使满剌加，"赐以织金文绮、销金帐幔诸物"，"宣示威德及招徕之意"。这就使满剌加有可能在中国帮助下免受暹罗的控制，因此"其酋拜里迷苏剌大喜，遣使随庆入朝，贡方物"④。永乐三年（1405）九月，明成祖朱棣趁满剌加使者来京之机，诏封拜里迷苏剌为满剌加国王，赐以诰印，使其取得与暹罗同等的地位。"暹罗强暴，发兵夺其受朝廷印诰，国人惊骇，不能安生。"⑤对满剌加寻求明王朝的庇护，以争取独立的意向，暹罗大为不满，置明帝国于不顾，竟进行武装干涉，企图继续控制满剌加，导致两国间冲突升级。

其三，爪哇与三佛齐之间的冲突。当时，在南洋诸国中，"爪哇强，已威服三佛齐而役属之"。但三佛齐不甘心受爪哇奴役，遣使来中国，寻

---

① 《明成祖实录》卷 25。

② 《明成祖实录》卷 30。

③ 马欢：《瀛涯胜览·满剌加国》。

④ 《明史》卷 325《满剌加传》。

⑤ 《明成祖实录》卷 53。

求明王朝庇护，以摆脱爪哇的控制，争取独立。明王朝于是封三佛齐酋长为国王，使三佛齐与爪哇处于平等地位。爪哇闻明朝封三佛齐酋长"为国王，与己埒，则大怒，遣人诱朝使邀杀之"①。这样，三佛齐与爪哇旧有的矛盾没有解决，反因三佛齐寻求明王朝庇护而变得更加尖锐了。

其四，苏禄与渤泥的冲突。渤泥在海外诸国中，是一个地处偏远的弱小国家，不时受较强邻国的侵扰，却无抵御之力。在洪武时期，当明帝国尚未与之建立邦交之时，曾被"苏禄起兵来侵，子女玉帛尽为所掠"，又"把房子烧了，百姓每都吃害了"②。还有"阇婆（今印度尼西亚的爪哇岛——引者注）来人，诛索每无厌"③。自从其"称藩"于中国，尤其是郑和船队以强大的实力作后盾，访问了渤泥等弱小东南亚国家，在海外贯彻了明初的和平外交方针与睦邻政策之后，使"强不敢凌弱，众不敢欺寡"，渤泥国始获宁日，得享太平之福。

其五，锡兰国与诸邻国之间的冲突。当时，锡兰为东南亚和南亚的强国之一，国王亚烈苦奈儿"暴虐凶悖，糜恤国人"④，"又不辑睦邻国，屡邀劫其往来使臣，诸番皆苦之"⑤，成为南亚及东亚地区海道不靖、局势紧张的祸源之一。

中国南海以西沿海国家，主要是东南亚各国，在郑和航海时代普遍存在强国欺掠邻国的现象，导致地区冲突屡屡发生。这些弱国都寄希望于强大的中国出手相助，摆脱困境，结束地区冲突，实现社会的安定。郑和航

① 《明成祖实录》卷 12。

② 宋濂：《勃尼国入贡记》，转引自郑鹤声、郑一钧：《郑和下西洋资料汇编》中册（下），第 1111—1113 页，齐鲁书社，1983 年。

③ 宋濂：《勃尼国入贡记》，《宋学士文集》卷 55《艺园后集》第 5。《四部丛刊》（集部），第 3 页，商务印书馆，1919 年。

④ 《明史》卷 304《宦官·郑和传》。

⑤ 郑鹤声、郑一钧：《郑和下西洋资料汇编》中册（下），第 887—901 页，齐鲁书社，1983 年。

海正适应了这一需要，这是郑和航海的国外社会基础之一。

当时，海盗猖獗，特别是盘踞在旧港的陈祖义海盗集团，成为海上的一大公害。洪武年间，广东人陈祖义等因犯事而全家逃亡海外，占据通往西洋诸国海上交通孔道的旧港，接着不断有"广东漳泉州人逃居此地"，陈祖义"充为头目，甚是豪横，凡有经过客人船只，辄便劫夺财物"。陈祖义"为盗海上"，不仅掠夺商旅，阻断中外海洋贸易，而且劫持西洋诸国来华使节，"梗我声教"，"贡使往来者苦之"。[1]清除陈祖义海盗集团对海上航行安全的危害，是海外诸国共同的呼声，更使郑和航海在国外具有了广泛的社会基础。

二、文化尊重与共享价值观和道德观

郑和船队所访问的国家，有些是社会发展程度较高的文明古国，易于与中华文明相互沟通。例如古里这个国家，自宋、元以来，即号称"西洋大国"，为世界上有名的文明古国，又是国际上著名的贸易商港，所以人民生活优裕，物质条件很好，易受外来文化的影响，社会文明程度较高；加以从国王到人民都具有虔诚的宗教信仰，人们一般都循规蹈矩，行止彬彬有礼，给郑和使团留下了十分美好的印象。郑和使团重要成员费信在《星槎胜览》一书中赞美古里国"风俗甚厚，行者让路，道不拾遗。法无刑杖，惟以石灰划地乃为禁令"[2]。诸如此类，都表现出古里国的民风是很淳朴的。郑和使团有不少成员具有很高的文化修养，对古里国人民的宗教信仰和风俗，是非常尊重并能够加以理解的。他们注意到：古里国"王有大头目二人，掌管国事，俱是回回人，国中大半皆奉回回教门，礼拜寺有二三十处，七日一次行礼拜。至日，举家斋浴，诸事不干，已午时，

---

① 《明史》卷 324《三佛齐传》。

② 费信：《星槎胜览》前集《古里国》。

大小男子到寺礼拜，至未时方散回家，才做买卖，干理家事"①。可见其举国上下对于伊斯兰教的信仰，是如何的诚笃了。古里国"俗淳厚，尚信义"②，给郑和使团的成员们留下了美好而深刻的印象，费信曾这样歌颂道："古里通西域，山青景色奇，路遗人不拾，家富自无欺。酋长施仁恕，人民重礼仪，将书夷俗事，风化得相宜。"③

郑和使团在访问海外诸国时，以与各国人民"共享太平之福"为宗旨，胸怀中外人民向往"天下大同"的崇高理想。古里国民情的淳朴，风俗的优良，以郑和使团当时所能达到的认识水平看来，是与他们那种朴素的"天下大同"的理想合拍的，因而在思绪上引起共鸣。何况郑和使团"敷宣教化于海外诸番国"，意在"修太平之业"，④也就是要使自己的政治理想在亚非国家中引起共鸣，让各国能接受明帝国的宣谕，共同"祇顺天道"，"循理安分"，和睦相处，不欺寡，不凌弱，"庶几共享太平之福"⑤。当他们看到古里国"风化得相宜"，不啻海外逢知音，更增加了他们为实现明初的对外方针而奋斗的信心，同时也促进了他们与海外国家之间的文化交流和互信。与此同时，他们也希望亚非各国都能具有像古里国这样的"大同风俗"，那样的话，明帝国在海外就有了更多的知音和真正的友邦，"修太平之业"也就更加有了成功的希望。所以，郑和使团极力崇扬古里国优良的风俗，于永乐五年（1407）在古里国起建碑庭，立石其国，题词说："其国去中国十万余里，民物咸若，熙皞同风，刻石于

① 马欢：《瀛涯胜览·古里国》。
② 杨一葵：《裔乘·西南夷》卷7《古里传》。
③ 费信：《星槎胜览》前集《古里国》。
④ 《明成祖实录》卷25。
⑤ 《郑和家谱·敕谕海外诸番条》，转引自郑鹤声、郑一钧：《郑和下西洋资料汇编》中册（下），第851页，齐鲁书社，1983年。

兹，永示万世。"①

题词言简意赅，显示了郑和使团那种"海内存知己，天涯若比邻"的博大胸怀。郑和使团为崇扬古里国古朴淳厚的风俗，所表现出的中国愿与亚非国家人民"永乐万世"的崇高情操，充分体现了对人类的正义和良知的认同，义薄云天，具有一种震撼人心、感天动地的感召力。其所包涵的丰富而深刻的内容，正是由中华数千年灿烂的精神文明和悠久的文化传统陶冶而成。中国与古里这种文化认同与共享价值观和道德观，在郑和航海中并不是一种孤立的现象，当时的柯枝国"老者慈幼，少者敬长，熙然而乐，凌属争竞之习无有也"。明成祖朱棣认为这是柯枝国认同中华文化，受中华文明影响的结果："柯枝国远在西南巨海之滨，出诸番国之外，慕中华而歆王化久矣。命令之至，奉跽鼓舞，顺附如归，咸仰天而拜曰：'何幸中国圣人之教沾及于我。'"②使国家有此祥和的社会环境。这种共享"中国圣人之教"的文化认同，是"敷宣教化于海外诸番国"得以践行的基础，也是郑和航海重要的海外社会基础之一。

三、通过贸易获取经济利益和提高生活质量的需求

自各国之间海路开通以来，通过海路发展贸易获取经济利益，是各沿海国家人民共同的需求。在郑和航海时期，随着海路大开，更是激发了海外国家与中国开展海洋贸易的愿望。中国的丝绸瓷器等产品，深受海外各国的喜爱。据郑和船队人员目睹，其时无论大小远近的亚非国家，对中

---

① 郑鹤声、郑一钧：《郑和下西洋资料汇编》（增编本）上册，第 566 页，海洋出版社，2005 年。又见马欢：《瀛涯胜览·古里国》，冯承钧校注：《瀛涯胜览校注》，中华书局，1955 年，第 43 页。按：查继佐著《罪惟录》古俚国传中记载的题词为："去中国十万余里，民物熙皞，大同风俗，刻石于兹，永乐万世。"见《罪惟录》卷 36《外国列传·古俚国传》，浙江出版联合集团、浙江古籍出版社《罪惟录》第八册，2012 年，第 2876 页。

② 《明成祖实录》卷 183。

国的出口物资，如金、银、铜、铁、瓷器、烧珠、麝香、樟脑以及各色纻丝、绫绢之类，都希望能够普遍地得到供应。例如，占城国"买卖交易，使用七成淡金或银，中国青瓷盘碗等品，纻丝、绫绢、烧珠等物，甚爱之，则将淡金换易"①。爪哇国"买卖交易行使中国历代铜钱……最喜中国青花瓷器，并麝香、销金、纻丝、烧珠之类"②。锡兰山国对"中国麝香、纻丝、色绢、青瓷盘碗、铜钱、樟脑甚喜，则将宝石、珍珠换易"③。此种情形，自然在各国都是没有例外的。各国统治阶级喜爱这些中国特产，尚可以来中国进行"朝贡贸易"获得一些，至于广大民众，则只有依赖郑和船队来访时，与之买卖换易，获取这些为他们最喜爱的中国舶来品了。

所以，海外国家的民众都盼望郑和船队来访，好借此机会与郑和船队交易，获得他们喜爱的中国丝绸、瓷器等特产，或转手他人来赚取利润，或用以提高自己的生活质量，如在爪哇，人们传统习惯于用椰子叶盛食，在获得郑和船队带来的大量瓷器后，就改用中国青花瓷碗瓷盘盛食，不仅方便了许多，生活质量也由此得到显著提高，他们自然"最喜中国青花瓷器"了。在一些有着经商传统和商贸环境较好的国家，其国王还能体恤民众的这种需求，当郑和船队来访时，不失时机地向全国发布相关信息，使国民能够实现与郑和船队交易的愿望。例如，马欢曾记述郑和第六次下西洋宝船到达祖法儿国时情景说："中国宝船到彼，开读赏赐毕，其王差头目遍谕国人，皆将乳香、血竭、芦荟、没药、安息香、苏合油、木别子之类，来换易纻丝、瓷器等物。"④又如，当郑和船队来到阿丹国时，"国王

① 马欢：《瀛涯胜览·占城国》。

② 马欢：《瀛涯胜览·爪哇国》。

③ 马欢：《瀛涯胜览·锡兰国》。

④ 马欢：《瀛涯胜览·祖法儿国》，转引自郑鹤声、郑一钧：《郑和下西洋资料汇编》（增编本）上册，第 443 页。海洋出版社，2005 年。

即谕其国人，但有珍宝许令卖易"①。我们从"遍谕""即谕""皆将"这几个用词上，可以想象这些海外国家当年举国上下热烈迎接郑和船队来访时的情景。郑和航海能够给海外国家带来经济利益，能提高他们的生活水平，满足他们对美好生活的愿望，因而在海外国家社会各阶层受到广泛的欢迎，这是郑和航海重要的海外社会基础之一。另一方面，郑和航海的外贸活动与外交活动往往是交织在一起进行的，并且互相促进，就是说，外贸活动的社会基础越好，所开展外交活动的社会基础相应也越能得到优化，越有成效，反之亦然。

郑和船队在海外采取多种形式进行贸易，取得了很好的效果。特别是在一些商贸大国，如古里国、阿丹国、祖法儿国等，郑和船队都是通过该国的首脑和官员，在其国王和头目的大力支持下，与该国社会各阶层人士广泛接触，从而有充分的机会来开展贸易活动的。在柯枝国，郑和船队是直接与当地的"财主"进行自由贸易。据马欢记载，其国"名称哲地（chitti，系柯枝国对本地有钱财主、富商的专称——引者注）者，皆是财主，专一收买下宝石、珍珠、香货之类，候中国宝石船或别国番船客人来买"②。柯枝国"哲地"与郑和船队进行贸易，是预先买下郑和船队所需物品，等候郑和船队来了又卖给中国，说明该国富商有经营头脑，所以商业较为发达，马欢指出"其经商买卖与中国汉人一般"③。这在当时的国际贸易中已属于发达国家之列了，说明郑和船队之所以能在海外广泛而有成效地开展贸易活动，是有其一定的社会基础的。另外，郑和船队在远航的旅途中，遇有机会，不拘一格，也同各小岛上的土著居民进行贸易。据费信记载："宣德七年壬子（1432）十月二十三日，风雨水不顺，偶至此山（指翠兰屿，即今印度洋东北部尼科巴群岛中之大尼科巴 [Great

---

① 马欢：《瀛涯胜览·阿丹国》，转引自郑鹤声、郑一钧：《郑和下西洋资料汇编》（增编本）上册，第 444 页。海洋出版社，2005 年。

②③ 马欢：《瀛涯胜览·柯枝国》。

Nicobar〕岛——引者注）泊系三日夜，山中之人驾独木舟来货椰实。"①
像这种交易，当然不属于商品交易的发达形式——国际贸易的范畴，显然
有别于郑和船队在古里、柯枝等国进行的贸易活动。不过，郑和船队为了
满足翠兰屿土著居民的要求，在他们没有别的什么物产，也没有金钱的情
况下，对这种比较原始的贸易方式也并不摈弃，对在翠兰屿随地可采的椰
实也予以接受，尤可见郑和船队是抱着与各国人民增进友谊的愿望，来与
亚非各国发展海洋贸易事业的。从这个事例也可以看出，即使是一个小岛
上的土著居民，也有同郑和船队进行贸易的需求；哪怕他们只有自然摘取
的椰子，也不肯放过与郑和船队交易的机会；可以说，在海外各国各地
区，全社会都有与郑和船队进行交易的愿望，这使郑和航海在海外有着广
泛的社会基础。

---

① 费信：《星槎胜览》前集《翠兰屿》。

第三节　郑和航海时代中国人对海洋的认识与利用

郑和航海发生于明朝初期，当时中国人对海洋的认识与利用，来自对元代航海遗产的继承，是对元代发展海上漕运和海外交通的继承和发展。元代与郑和航海时代中国人对海洋的认识与利用，可视为前后连贯的一个整体。郑和航海的实践，又进一步丰富了当时中国人对海洋的认识，从而能更好地利用海洋完成远洋航海的使命。

一、元代航海探险精神的继承和发展

郑和航海基地太仓具有航海探险的历史传统，是航海家的摇篮。在郑和下西洋之前，中国历史上有明确记载，有具体史实可查的航海探险家，就出现在元代的太仓，这就是元代航海家朱清、张瑄、殷明略。他们探索海上漕运最佳航线的壮举，所体现的航海探险精神，直接影响到郑和航海时代中国人对海洋的认识与利用。元朝建立以后，京城大都（今北京）需要大量粮食，同时，元朝初年不断进行对外战争，北方还需要大批军粮。但北方长期以来屡遭战祸，田园荒芜，粮食产量远远不能满足所需。元朝政府要解决京城地区及北方粮食紧缺的问题，就必须向富庶的江南索取。元朝政府一年要征收粮食一千二百余万石，其中近一千万石出自南方。为实现大规模的南粮北调，元朝初年开发运河，大量建造船只，充实漕运机构，以期完成艰巨的南粮北调工作。在运粮过程中，河运漕粮

常因天旱水浅，河道淤塞，漕船不能按期到达；且内河运粮数量有限，劳役很大，费用不少。为了弥补河运的不足和缺陷，元政府只有弃河图海，另辟蹊径，发展海上航运，于至元十九年（1282）命朱清、张瑄等以太仓为海运基地，发展海上漕运。1282 年 12 月开辟的最初的航线，是自刘家港入海，经海门（今江苏省海门市东）附近的黄连沙头及其北部的万里长滩（以上二处在今海门市东南，现已与长江三角洲涨连）出海，沿海岸北航，经海宁府东海县（今江苏省东海市，在连云港附近）、胶州（今山东省胶州市），再转东过灵山洋（今青岛以南灵山湾），靠着山东半岛的南岸向东北行，达山东半岛最东端的成山角后转而西行，通过渤海南部，到渤海湾西头进入界河口（今海河口），沿河抵达杨村码头，便是终点。这条航线出长江后便往西北方向，沿海岸而行，大段航程都离海岸不远，

图 6　码头供输图

　　郑和七下西洋的壮举得以实现，郑和船队航海保障得力是一个非常重要的因素，该图表现了郑和船队在码头停靠期间当地向船队供输所需物资的场景。该图采自福建省人民政府新闻办公室编《郑和下西洋》一书。

浅滩、暗礁不少，航行十分危险，全程计13350里，路途过长，要航行两个多月才能到达。路途长且多有危险，给漕运带来很大损失，第一次运粮4.6万石，因海难损失粮食即近0.4万担；至元二十八年（1291）运粮为150余万石，因沉舟损粮竟高达245635石，相当于所运粮食的16%为大海吞噬。这样巨大的海损与如此漫长的航期，与当时南粮北调的需求相差甚远。于是，改进漕运航路便刻不容缓了。至元二十九年（1292），朱清、张瑄等以"此路险恶"，决心"踏开生路"，并于当年夏季付诸实施。改进后的航路具体走向是：自刘家港出海，粮船过了长江口以北的万里长滩后，便离开近岸，直至海水"透深"，再转向东北往大海深处驶去，如得西南顺风，一昼夜约行1000余里，到清水洋（元代指北纬34°、东经122°附近一带海域，此处海水透绿），过此后再乘东南风，航行三昼夜过黑水洋（元代指北纬32°~36°、东经123°以东一带海域，此处海水蓝黑），可望见沿津岛（又称延真岛）上的大山，再得东南风行一昼夜，可到成山角。转过成山角后，仍沿渤海南部西行，抵达界河口。这条航路较之前期航路有了若干改进。首先，起航时节由冬季改至夏季，所以一路可乘西南向或东南向的季风，加以可顺着西太平洋自南向北的黑潮暖流，航行自然快多了，航期大为缩短，如前后都是顺风而行，约半个月时间就可到达终点。其次，这条新航线远离海岸，由万里长滩直驶清水洋、黑水洋深海水域，避开了江苏与山东沿岸的浅险区域，航行比较安全。新线通航当年，因海难损失的粮食，占海运粮食总额的百分比已由上年的16%降至3%，收效甚为显著。至元三十年（1293），考虑到新航路如遇到"顶风而上"的情况，航程尚觉迂回曲折，需要一个月或40天才能到达目的港，还不是最佳航线，于是元廷命海运千户殷明略对漕运航路再作改进。改进后的新航线，仍从刘家港启运，由长江口出海以后，即直接向东进入黑水洋，经由黑水洋直接向北航行到成山角，再转向西航，仍由渤海南部以达界河口。这样，南段航路全在远离海岸的黄海较深海域，完全避开了近岸浅险海域，安全系数大为提高。新航路开辟后的第一年，即至元三十一年（1294），海难损失的粮食，占海运粮食总量的百分比已降至 2% 左右。再次，在此航区内，终年有东北走向的黑潮暖流，其流速平均达 1 节（每小时可达 1 海里），在盛行偏南风时，流速最高可达 2 节以上。当时漕运启程大都在四五月间，粮船由黑水洋向北驶到成山角，路线更直，较此前的航路能更多地利用黑潮暖流，风向顺时只要 10 天左右便可航毕全程。这条新的海运路线的成功开辟，是朱清、张瑄、殷明略等元代海上漕运的组织者和领导者顽强探索的结果，也是元代广大航海者和漕夫前仆后继用鲜血和生命换来的，从而使元代漕运有了一条最佳航路。最佳航路的开辟，极大地促进了元代漕运事业的发展，满足了元大都对粮食日益增多的需要。朱清、张瑄、殷明略等在发展海上航运的过程中，为了寻找经济、安全的最佳航线，以不断进取的开拓精神，从 1282 年到 1293 年的 12 年内，对已开辟的航线作了两次重大的改进，集中体现了中国人对海洋的认识与利用上敢为天下先的开拓精神。郑和航海继承和发扬了这种精神，在远航非洲的航行中，开辟了从印度西南海岸小葛兰国和锡兰山国横渡印度洋直达非洲的最佳航线。据费信《星槎胜览》记载，郑和航海开辟的到非洲东海岸的最佳航线是：1. 自小葛兰国顺风 20 昼夜，可至木骨都束国。2. 自锡兰山国别罗里南去顺风 21 昼夜，可至卜剌哇国。[1]始自唐代的中非传统航线，由印度西海岸沿岸西行，必须经阿拉伯沿海各国和波斯湾，从亚丁湾进入非洲东岸，需要数月时间才能到达非洲。这两条航线缩短为仅 20 天即可到达，将元代开辟国内最佳航线的壮举，发展为开辟洲际航海最佳航线的壮举，反映出郑和航海时代中国人对海洋的认识与利用，由于航海范围的扩大，航海需求的增多，较前代进了一大步，达到很高的水平。

---

① 费信：《星槎胜览》后集《木骨都束国》《卜剌哇国》，转引自郑鹤声、郑一钧：《郑和下西洋资料汇编》（增编本）上册，第 133 页，海洋出版社，2005 年。

二、郑和船队对海洋的认识与利用

郑和航海能够多次顺利地往返亚非各个国家与地区，除了船舶性能优良和掌握了高超的航海技术，还与对海洋的认识水平的提高，有着十分密切的关系。中国人当时之所以不避艰险，毫无畏惧地走出国门，向海洋发展，正是由于郑和船队在认识和利用海洋方面，完全胜任远洋航海的高难度要求，航海技术之所以那样高超，是因为具有相应的海洋科学水平的基础。郑和船队对海洋的认识愈深入，也就愈有助于郑和航海事业的发展。从永乐元年（1403）开始，郑和等航海家在初期的航海实践中，就朝着认识海洋方面去作切实的努力，陆续进行了几次具有相当规模的海洋调查活动。据福建集美航海学校搜集到的《宁波海州平阳石矿流水表》中记载："永乐元年（1403），奉使差官郑和、李恺、杨敏等出使异域，躬往东西二洋等处，……较政（校正）牵星图样，海岛、山屿、水势，图形一本，务要选取能识山形水势，日夜无歧误也。"[1]郑和等人这一阶段早期的航海活动，从永乐元年（1403）出使西洋之暹罗国始[2]。在两年的时间里，通过亲自往东西二洋（包括了今太平洋、印度洋广大海域）等处调查研究，取得第一手资料，校正各种航海牵星图样，郑和等对东西洋各地海岛、山形、水势、星座以及东西洋水陆分布的特点，有了具体明确的了解，并积累了一定的观测海洋的经验，获得了为远航重洋所必需的海洋知识。在这个过程中，郑和把更好地掌握航海技术与提高对海洋的认识水平有机地结合起来，使之互为促进，相得益彰，从而为永乐三年（1405）以后率领庞大的船队七下西洋，做好了航海技术与海洋科学知识方面的准备。这也为郑和航海获得具有世界意义的成功，奠定了坚实的基础。

---

[1] 福建集美航海学校搜集：《宁波海州平阳石矿流水表》。

[2] 《敕封天后志》卷下，转引自郑鹤声、郑一钧：《郑和下西洋资料汇编》上册，第46页，齐鲁书社，1980年。

　　郑和船队在驶往西洋诸国的途中，必须穿越一些危险的海区，其中有艾儒略所说大明海四十五度以北的地方，因其处风云变幻无常，骤起风暴，常给航海造成威胁："从大西洋至大明海四十五度以南，其风常有定候，至四十五度以北，风色便错乱不常。其尤异者，在大明海东南一隅，常有异风变乱，凌杂倏忽更二十四向，海舶惟任风而飘。风水又各异道，如前为南风，水必北行，倏转为北风，而水势当未趋南，舟莫适从，因至摧破。"① 因此，对这一类航区海洋气象、水文变化等情况进行认真的观察，努力探寻其变化的规律，便成为船队有关航海技术人员必须予以完成的重大任务。尤其船队要应付过赤道、风向转变、气候无常、暗礁急流等复杂情况，这就需要在航行中掌握有关海上气象、水文自然变化及其海底情况的知识。为此，郑和船队中有关技术人员通过对海洋气象日日夜夜进行认真的观测、记录和研判，并参考民间航海家对海洋气象的占验之语，② 渐渐掌握了一套特殊的本领，能够从观察日月星辰的出没与位移，从风向、天色、云状、霾雾、气温及洋面波涛的变化中，洞悉海洋气象变化的趋势，避免可能发生的不利的情况，预防风暴的袭击，以保障船队的安全。同时对各个海区海底情况，如底质是沙质、泥质还是石质等，结合测水深，做成一本细致而明确的手册，作为保障航海安全的依据。

　　郑和船队很好地掌握了印度洋上的季节特征，以及随之而发生的海流季节性的流向转变的规律。每年十一月至次年三月，源于亚欧大陆冷高压的反气旋环流南下，并受地球自转偏向力的影响，使亚洲南部、北印度洋包括阿拉伯海及孟加拉湾盛刮稳定的东北季风。夏季的情形则正好相反，每年五月至九月，亚欧大陆上的冷高压已为热带低压所取代，南印度洋副热带高压脊线北移到南纬 30° 左右，东南信风区域随太阳北移而越过

①　艾儒略：《职方外纪》卷5《海状》。

②　郑鹤声、郑一钧：《郑和下西洋资料汇编》上册，第252—256页，齐鲁书社，
　　1980年。

赤道，并受地球自转偏向力的影响而转向东北，变成覆盖整个北印度洋的强劲西南季风。而在南洋及我国沿海，由于西藏高原及云南横断山脉的阻隔，西南季风有所减弱，来得也较迟。郑和船队每次远航，都充分利用了亚洲南部、北印度洋上风向和海流季节性变化的规律，使船队往返皆处于顺风条件之下，"云帆高张，昼夜星驰，涉彼狂澜，若历通衢"[1]，能以最短的时间、最快的航速，又省力又安全地驶完预定的航程。郑和船队从国内启程，一般在十二月至翌年正月，正值东北季风吹起的时节；而自印度洋、南洋归国，总是在四月至六月动身，正值西南海洋季风到来的时节。以郑和第七次下西洋为例，于"宣德六年（1431）十二月九日出五虎门（在闽江口——引者注，下同），（行十六日）二十四日到占城（今越南南部）。……八年（1433）二月十八日开船回洋，（行二十三日）……五月十日回到昆仑洋（在越南南端东面海上）。……六月十四日到踦头洋（在浙江象山港北穿山东），……二十一日进太仓（在今江苏太仓，即指浏河口而言）"[2]。郑和船队往返各地的日期，也就相当于对当时当地信风规律的历史记录。在郑和随行人员的著作中，多处记录了船队利用季风航海的史实。如费信《星槎胜览》中说，木骨都束（今东非索马里首都摩加迪沙 [Mogadishu]）"自小葛兰（今印度南端西海岸之奎隆 [Quilon] ——引者注）顺风二十昼夜可至"[3]，就是郑和船队利用信风（顺风）横渡印度洋直航非洲的记录。又马欢《瀛涯胜览》中记述，郑和船队在满剌加国（今马来半岛西岸之马六甲 [Malacca]）设有据点，"去各国船只回到此处取齐，打整番货，装载船内，等候南风正顺，于五月中旬开洋回还"[4]，

① 郑和：《天妃之神灵应记》，转引自郑鹤声、郑一钧：《郑和下西洋资料汇编》上册，第 42 页，齐鲁书社，1980 年。

② 祝允明：《前闻记・下西洋条》。

③ 费信：《星槎胜览》后集《木骨都束国》，转引自郑鹤声、郑一钧：《郑和下西洋资料汇编》（增编本）上册，第 133 页，海洋出版社，2005 年。

④ 马欢：《瀛涯胜览・满剌加国》。

则是郑和船队利用西南季风返航的记载。

郑和船队在海上航行时，很注意对流水（潮流和海流）顺逆进行测量。记有郑和航海术的《顺风相送》中说："凡行船先看风汛急慢，流水顺逆。"[1]即反映了郑和船队在航行中对测量潮流与海流的流向、流速极为重视。其测量方法是：当船在航行中，从船头"将片柴丢下水，人走船尾，此柴片齐到，为之上更，方可为准"。说明船舶是顺着流水方向前进的。海舶在这种情况下，行驶一更的时间，就是正常航速下一更的里程，为六十华里，被认为是"上更"，可以放心地驾驶海船继续前行。反之，如人已走到船尾，而此柴片尚未到船尾，便被视为"不上更"，说明船舶是逆水而行的。"如遇风船走潮水却向潮头涨来，此系是逆流。"[2]还有一种情况，为柴片比人先至船尾，这叫做"过更"，说明风大而顺，水流速迅急（即"水紧"）。在测量了"流水顺逆"，了解了海流或潮流的流向、流速之后，郑和船队"方可为准"，调正航船的走向，行船于适宜航行的顺流之中。

郑和船队在遍历东西洋的过程中，对航经各地洋面的深浅、海底情况、潮汐涨退等，都有认真的观察、测量、记录，了解得很清楚，并有比较系统的记录资料。郑和船队测量水深和调查海底情况的方法是，在船行至需要测量和调查的地点时，把一端系有铅锤的绳子（一般长七八十丈）放入水中，铅锤的底部涂以牛油或蜡油。铅锤到海底后提上来，从绳子进入水中的长度，可以知道水深；从铅锤上粘的泥沙，可以判断底质。如黄省曾《西洋朝贡典录》一书中记载："山（指昆仑山，即今越南南部海上之昆仑岛——引者注）之下曰昆仑洋，其水不见山二十五托，沟内可五十托，过沟可三十五托。"[3]可见郑和船队在测深时，验准山（岛）形水势，并对一定海区内不同的海底地形，如较深的海沟，及沟外的深度，都注意

---

① 《顺风相送·行船更数法》。

② 《指南正法·定舡行更数》。

③ 黄省曾：《西洋朝贡典录》卷上《占城国第一》。

测出其准确的数字。在《指南正法》中记载，测得七洲洋（今西沙群岛）"一百二十托水"，若以每托长两米计算，则此处水深二百四十米，是我们目前所知郑和船队所测最深的数字。在掌握了各地的水深数据和海底底质的情况后，即或夜晚阴天及白天大雾笼罩，看不清海上标识，也可以通过测量水深和查看海底底质的情况，而知船舶所在位置。该书中载有"各处州府山形水势深浅泥沙地礁石之图"，其文字部分，记述了郑和"宝舟"至忽鲁谟斯等地，中途所经太平洋、印度洋各地的水深，对哪里"有浅""有古老岸浅""长沙浅""泥浅"，哪里"过浅"、宜"防浅"，哪里"有高下泥地""泥地"，哪里"是泥地，花蛇多"，哪里是"沙泥地""铁板地""是老古石地"，哪里"流水紧""水紧不得行"，哪里"石礁多，流水紧，夜间切记不可行船"，哪里"有礁石出水""有沉礁打浪"，哪里"往回可近西，东恐犯石栏"，哪里"中有沉礁在港口，不可近"，如此等等，都测得清清楚楚，了如指掌。如果没有郑和船队在太平洋、印度洋上长达近三十年的航海实践，不断地对沿途海流、海况以及海底情况等进行多船调查研究，是不可能对航经各地的水深、海底底质以及海流、波浪等情况，有一本如此明了而又细致的手册，这为后人在太平洋和印度洋上扬帆远航，提供了系统而有重要实用价值的海洋资料。

在著名的《郑和航海图》中，详细记载了郑和船队从南京下关宝船厂出发，向南沿江、浙、闽、粤海岸西行，经过太平洋、印度洋沿岸各国，最远到达非洲东岸肯尼亚的蒙巴萨的航线。图中分别绘明了航线所经各地的方位、航程远近、打水深浅，以及海舶航行所牵的星位；对何处宜停泊，何处有礁石，何处有浅滩，何处有岛屿，何处有港口，何处有人家，也都一一标明。如将《郑和航海图》中东南亚部分，重新绘制于现代平面海图上，其形体恰与亚洲东南部海岸线相符。海图对郑和船队所经太平洋、印度洋地区水陆分布特点的描绘，其准确性在那个时代应算是世界先进水平。这是人类认识海洋历史上的一大进步，郑和船队这个贡献具有重

要的科学价值。海图中列举自太仓至忽鲁谟斯针路共五十六线，而由忽鲁谟斯回太仓的针路共有五十三线。郑和下西洋往返针路并不相同。船队灵活地采用了各种针路，来适应大𦨴与分𦨴船队遍历东西洋的航海需要；这是要建立在对海洋具有相当高的认识水平之上的，否则很难办到。

郑和航海，很注意大洋上的危险海区，对各地危及航海的潮汐、波浪、旋涡等，都认真观察记录。如马欢《瀛涯胜览》中记载，苏门答剌国"一日二次潮水涨落，其海口浪大，船只常有沉没"①。在《顺风相送》和《指南正法》两种海道针经中，都有"定潮水消涨时候""逐月水消水涨时候"等专条，据以"可算此数日流水紧慢、水涨水退"②。使舟师在航行中比较有把握避开危险，从而保障了船队的安全。又马欢述及溜山国（今印度洋中的马尔代夫［Maldive］群岛和拉克代夫［Laccadive］群岛）"有八大处，溜各有其名。……设遇风水不便，舟师失针舵损，船过其溜，落于溜水，渐无力而沉，大概行船皆宜谨防此也"③。据郑和船队成员马欢、费信、巩珍等对溜山国的记述，溜山国番名牒幹，无城郭，倚山聚居，四围皆海，如洲渚一般。地方不广。海中天生石门一座，如城阙样，有八处比较大的岛礁，称八大处，或曰八大溜，八溜各有其名，一曰沙溜（即今马尔代夫群岛的木拉库［Mulaku］环礁），二曰官屿溜（即今马尔代夫群岛之马累［Male］岛），三曰人不知溜（一作壬不知溜，为今马尔代夫的喀雷［Kelai］岛与马累［Male］岛间之珊瑚岩礁），四曰起来溜（或曰起泉溜，即今马尔代夫群岛之喀雷［Kelai］岛），五曰麻里溪溜（或曰麻里，今马尔代夫群岛以北的米尼科伊［Minikoy］岛，属印度），六曰加平年溜（今印度洋中拉克代夫［Laccadive］群岛南面的卡耳皮尼［Kalpeni］岛），七曰加加溜（今印度洋中拉克代夫［Laccadive］

---

① 马欢：《瀛涯胜览·苏门答剌国》。

② 《顺风相送·定潮水消长时候》。

③ 马欢：《瀛涯胜览·溜山国》。

图 7　明人所绘郑和航海图

　　这幅明代人所绘郑和航海图采自明罗懋登《三宝太监西洋记通俗演义》第21回，展现了郑和航海横渡印度洋访问非洲时的情景。郑和船队横渡印度洋至非洲，溜山国是必经之地，因为流经马尔代夫群岛诸岛屿之间及其周围海域之海流，是六个月向东、六个月向西，然其变换时间，则往往突然而来，难以预测，船舶因此遭漂流或失事；加以此处为一大珊瑚环礁群，对航海更具威胁性，被视为航海的危险海域。巩珍在《西洋番国志·溜山国》中说："其余小溜，尚有三千余处，水皆缓散无力，舟至彼处而沉，故行船谨避，不敢近此经过。古传弱水三千，即此处也。……行船者或遇风水不顺，舟师针舵有失，一落其溜，遂不能出。大概行船，谨防此也。"巩珍在这里反复强调此处海域为"弱水"，对航海有极大的威胁，此"弱水"就是指当海流突然变换流向，致使该海域形成巨大的漩涡，将航经此处的舟船卷入海底，导致海难的发生。由于当时不能对此作出科学的解释，便从表面现象上以"弱水"来给予说明。当地的土人也说："此弱水三千也，舟行遇风失入溜即溺矣。"此"弱水"在明朝的记载中也称作"软水"，在罗懋登《三宝太监西洋记通俗演义》中这幅郑和端坐在船上的插图，图框有一行文字曰"软水洋换将硬水"，此"软水洋"就是指溜山国一带之危险海域而言，因而该图也表现出郑和不畏艰险屡屡航经溜山国访问非洲的英雄气概。

群岛昂德罗特［Androth］岛东部的岩礁），八曰安都里溜（今印度洋中拉克代夫［Laccadive］群岛之昂德罗特［Androth］岛）。此八处都有人居住，有头目管辖，各溜之间可以通商船。再有近两千小窄之溜，当时传说有小溜三千余。因为流经马尔代夫群岛诸岛屿之间及其周围海域之海流，是六个月向东、六个月向西，然其变换时间，则往往突如其来，难以预测，船舶因此遭漂流或失事；加以此处为一大珊瑚环礁群，对航海更具威胁性，被视为航海的危险海域。巩珍在《西洋番国志·溜山国》中说："其余小溜，尚有三千余处，水皆缓散无力，舟至彼处而沉，故行船谨避，不敢近此经过。古传弱水三千，即此处也。……行船者或遇风水不顺，舟师针舵有失，一落其溜，遂不能出。大概行船，谨防此也。"巩珍在这里反复强调此处海域为"弱水"，对航海有极大的威胁，此"弱水"就是指当海流突然变换流向，致使该海域形成巨大的旋涡，将航经此处的舟船卷入海里，导致海难的发生。由于当时不能对此作出科学的解释，便从表面现象上以"弱水"来给予说明。当地的土人也说："此弱水三千也，舟行遇风失入溜即溺矣。"此"弱水"在明朝的记载中也称作"软水"，在罗懋登《三宝太监西洋记通俗演义》中有一幅郑和端坐在船上的插图，图框有一行文字曰"软水洋换将硬水"，此"软水洋"就是指溜山国一带之危险海域而言。郑和船队航经这一危险海域时，随时注意观测海流、风向的变化，谨防驶入"弱水"，得以顺利对溜山国进行了访问。当风向、海流发生变化、不利于航行时，船舶误入马尔代夫群岛海域几处巨大的旋涡中，就会陷进沉没。像这一类有关印度洋危险地带的海洋资料，就是通过郑和航海，首次横渡印度洋（经过马尔代夫群岛海域），最早被记录下来的，使后人在此区域航海时可以引以为戒。

郑和船队还通过观察海水颜色和研究海洋生物分布的规律，找到顺利通过或避开危险海区的途径。如七洲洋（指位于台湾海峡西南至海南岛东北之间的海域）自古以来被航海者视为凶险之地，费信《星槎胜览》"占城国"条中就有"上怕七洲，下怕昆仑（指今越南的昆仑［Condore］岛及其附近海域），针迷舵失，人船莫存"的警言。郑和船队是怎样来克服这种危险呢？除了掌握风汛、海流、潮汐等在此地的变化规律外，还靠掌握"船到七洲洋及外罗等处，……船身不可偏，……船身若贪东，则海水黑青，并鸭头鸟多。船身若贪西，则海水澄青，有朽木漂流，多见拜风鱼"①。就是说，海舶航行到比较危险的七洲洋等处，为安全起见，船行不可偏东或偏西。要探索出一条安全的航路，就要靠识认海水的颜色和掌握某些海洋生物分布的规律。又"船若回唐，贪东，海水白色，赤（亦）见百样禽鸟，乃是万里长沙（今西沙群岛之北部——引者注），可防可防"②。这里对"万里长沙"海域水色及海鸟众多情况的记载，与现代海洋调查材料是一致的。此外，郑和船队还从海面的变化中辨明潮汐的起落和海流流向，这对船队安全航过危险海区，是有很大帮助的。郑和等航海家为了确保船队的安全，特别注意了解一些危险航区海洋上的特征，并记录在案。

郑和航海所至海域相当广阔，郑和船队众多成员能够观察到海洋上的许多奇异景象，也获得了许多有关各国海洋生物特点的知识。如马欢《瀛涯胜览》中记述：锡兰山国"海中有雪白浮沙一片，日月照其沙，光采潋滟，日有珍珠螺蚌聚集沙上。其王置珠池，二三年一次，令人取螺蚌倾入池中，差人看守此池，候其坏烂，则用水淘珠"③。这里不但记载了锡兰山国海中螺蚌聚集沙上的状况，而且记载了该国周期性地从螺蚌中获取珍珠的过程。又费信《星槎胜览》中对龙涎香的采集记述道："龙涎屿望之独峙南巫里洋之中，离苏门答剌西去一昼夜程。此屿浮滟海面，波激云腾，每至春间，群龙（即抹香鲸——引者注）来集，于上交戏而遗涎沫。番人拿驾独木舟，登此屿，采取而归。或风波，则人俱下海，一手附舟

---

① ② 《顺风相送·定潮水消长时候》。

③ 马欢：《瀛涯胜览·锡兰国》。

旁，一手揖水而得至岸。其龙涎初若脂胶，黑黄色，颇有鱼腥气，久则成大块。或大鱼腹中刺出，若斗大，亦觉鱼腥，焚之清香可爱。"①龙涎香其实是抹香鲸的分泌物，抹香鲸的基本食物是枪鲗鱼类（例如大王乌贼和章鱼等），大王乌贼和章鱼口中有坚韧的角质颚和舌齿，很不容易消化，当抹香鲸吞食大王乌贼和章鱼等大型软体动物后，它未能消化的喙骨、颚和舌齿在胃肠内积聚，刺激了肠道，肠道就分泌出一种特殊的蜡状物，将食物的残骸包起来，慢慢地就形成了固体的龙涎香，有的抹香鲸会将凝结物（龙涎香）呕吐出来，有的会从肠道排出体外，仅有少部分抹香鲸将龙涎香留在体内，或者在鲸死后其尸体腐烂而掉落水中。龙涎香是一种名贵的海上珍品，在明代以前的史籍中虽已有记载，但没有像费信这样根据亲身经历，对龙涎香的采集和形成过程，作出完整的记述。

郑和航海规模之大，持续时间之长，所至海域之广，在世界历史上是没有先例的。当郑和船队屡次横渡印度洋抵达非洲东部沿岸时，地中海的航海家们尚且只能在沿岸地区航行。由于郑和比他以前任何一位航海家和海洋学家都更广泛、更长期地接触海洋、认识海洋和利用海洋，郑和航海就为后世留下了第一批有一定科学认识水平的关于太平洋、印度洋的多方面的资料。毫无疑问，郑和航海相应地促进了中国人对海洋的认识和利用。日本当代海洋学家须田皖次在《海洋科学》一书中，论及海洋科学历史的第一期（史前—1492年），认为"对于海洋的惊异时代乃至赞美时代，关于海洋的知识仅是片断的、局部的，并没有什么统一"。②郑和航海所产生的对太平洋、印度洋多方面的科学认识，已远远超出了对大洋惊异乃至赞美的水平。尽管郑和船队对海洋的认识还是片断的、局部的，但已达到了一定的科学水平，在那个时代应属世界先进水平。

---

① 费信：《星槎胜览·龙涎屿》。

② 须田皖次：《海洋科学》，第1页，科学出版社，1959年。

第四节　郑和航海国内外社会基础与人类海洋世纪

人类海洋世纪的形成，是世界众多沿海国家和地区的人群参与海洋事业共同作用的结果，必须具有世界性的广泛的社会基础。郑和航海的国内外社会基础，揭示出人类海洋世纪社会基础的形成，取决于人类通过海洋解决生存和发展问题的必要性和可行性，以及从中体现出人类存在共同的利益，并通过海洋的主渠道，以这一共同利益为基础，形成利益共同体。

一、航海事业的发展和海洋国家冲突的多发，将中外沿海国家紧密连接在一起

郑和航海时代，中国与各主要沿海国家的航海事业都有了长足的发展，可以通过海路往来。另一方面，大多数沿海国家都分布在"西洋"，即西太平洋和印度洋，这些国家很多为岛国，彼此相邻，普遍存在强国欺凌较弱邻国的情况。当时中国为东方头号强国，又奉行睦邻友好的外交方针，所以遭受欺凌的弱国，纷纷向中国求援。中国通过郑和航海，主要以和平调解的方式来解决海洋国家之间的地区冲突问题，在遭到军事威胁时，被迫以相应的手段予以解决。在化解冲突之后，不仅实现了地区局势的稳定，维护了海洋上和平的局面，而且加强了中国与这些海洋国家的联系和友好关系。郑和船队又通过发展国际贸易，在更大的范围内适应了各国各地区对经济利益和提高生活水平的需求。这样，郑和航海事业就得到

国内外的广泛支持，特别是在众多的域外海洋国家，"天书到处多欢声，蛮魁酋长争相迎"①，营造了人类海洋世纪得以形成的国内外社会基础。

二、郑和航海时代中国人在对海洋的认识与利用上的进步，为人类海洋世纪的形成创造了有利条件

郑和船队对海洋的认识和利用，不仅丰富了船队广大成员对于海洋的知识，而且经过他们的传播和以身示范，国内广大民众认识了原来被他们视为凶险莫测的大洋，并非想象中那样可怕，明白海洋是可以被认识和驾驭的。这样，他们就会更加支持郑和航海事业，使郑和航海具有了更加坚实的社会基础。由于对海洋认识的提高，加上造船和航海技术的发展，使中国与海外沿海国家来往的海道成为通途，推动着越来越多的海外国家来中国访问，将中国与世界众多沿海国家紧密连接在一起。中国在与海外诸国相联系的过程中，"宣德化"与"柔远人"相互配合，以"宣德化"和"柔远人"的综合优势开展海洋外交，维护中外国家共同取得的外交成果，使中国人的"怀柔远人"天下观不仅仅具有理论上的意义，而且进一步落实到与海外诸国互联互通的外交实践，作为国家的软实力发挥作用，就可以发挥出中国对于海洋世界的影响力，中国与各沿海国家形成利益共同体，在此基础之上，人类海洋世纪才得以形成。

---

① 马欢：《瀛涯胜览》卷首，转引自郑鹤声、郑一钧：《郑和下西洋资料汇编》（增编本）上册，第 535 页，海洋出版社，2005 年。

第三章　郑和航海的文化与科技基础与人类海洋世纪

第一节　郑和航海的国内文化与科技基础

一、郑和航海的国内文化基础

宣德六年（1431）冬，郑和第七次下西洋前夕，在福建长乐刊立"天妃之神灵应记"碑，在碑文中对永乐年间六下西洋的经历做了回顾和总结，碑文开头，道出郑和航海的性质："若海外诸番，实为遐壤，皆捧琛执贽，重译来朝。皇上嘉其忠诚，命和等统率官校旗军数万人，乘巨舶百余艘，赍币往赉之；所以宣德化而柔远人也。"①可见郑和航海的宗旨，一是"宣德化"，二是"柔远人"，郑和航海本土的文化基础，也就集中体现在这两个方面的相互配合，是中国封建社会占主导地位的儒家文化，即中国传统文化在郑和航海事业中的延伸，作为一种软实力在古代航海事业中发挥作用。

洪武至永乐年间，国内政治经济形势，总的来说，是比较好的。以休养生息和发展农工商业为基本国策，使农村经济、制造业和商业迅速得到恢复发展，促进了社会经济趋向繁荣，洪武朝中后期时社会经济已初步繁荣昌盛，至永乐朝更励精图治，大力发展农工商业，使明帝国社会经济的发展达到有明一代的鼎盛时期。国内阶级矛盾也由此在一定程度上

---

① 郑和：《天妃之神灵应记》，转引自郑鹤声、郑一钧：《郑和下西洋资料汇编》（增编本）上册，第18页，海洋出版社，2005年。

得到缓和，因此，在对外方针上，明朝统治者既用不着靠掠夺别国来增加财富，又不必发动侵略战争以转移人民的视线。相反地，海内升平日久，国运昌隆，使明朝统治者更有心于追溯历代盛世中帝王的治绩，向往在海外树立威望，享有盛名。基于此，明朝统治者在处理国际事务中本着儒家施"仁政"的理念，对海外诸国采取了以和平外交手段广为联络，开创以中国为主导的国际和睦相处新局面。在明朝建立之初，朱元璋于洪武元年（1368）颁诏于安南，即明确宣称："昔帝王之治天下，凡日月所照，无有远近，一视同仁，故中国奠安，四方得所，非有意于臣服之也。"从这个前提出发，中国对外总的方针，就是要"与远迩相安于无事，以共享太平之福"。①"宣德化"和"柔远人"就是在这一方针指导之下实施的。

就"宣德化"而言，中国儒家文化主张以德治国，郑和航海将这一原则延伸到处理与海外国家的关系，以儒家的政治道德观念来教化诸番国，即为贯彻"宣德化"的方针。明成祖朱棣在论及中国对待与各国的关系的准则时，是与当时治理天下的方针视为一体的；他曾明确指出，其精神就是在文化上向诸国推行中国的"声教"，所谓"宣德化"，就是使诸国为"声教所被"，接受中国以儒家文化为中心的引领，从而宾服于中国。他说："王者之治天下，一视同仁，声教所被，无思不服。故曰明王慎德，四夷咸宾。盖有不待威而从，不假力而致者。昔朕皇考太祖高皇帝，诞膺天命，统御万方，深仁厚德，熏蒸动（应为'洞'——引者注）彻，近者既悦，远者毕来，莫不欢忻鼓舞于日月照临之下。猗欤盛哉！肆朕续承大统，君主华夷，继志述事，惟恐弗逮，劳来绥怀，每殚厥心；而戎狄之君，蛮夷之长，越大小庶邦，亦罔不来廷，朕悉以礼接之。"②这里所说对待无论远近大小的友邦都"以礼接之"，就是按照中国的礼制，建立"日

---

① 《明太祖实录》卷34。

② 朱棣：《御制苏禄国东王碑》，转引自郑鹤声、郑一钧：《郑和下西洋资料汇编》中册（下），第1131—1132页，齐鲁书社，1983年。

月照临之下"的所有国家都"共享太平之福"①的世界新秩序。人类进入阶级社会以来，不同阶级之间，不同国家之间，总是难以平等相处的。在一国之内，统治阶级要压迫剥削被统治阶级；在国与国之间，强国要侵略掠夺和征服弱小国家；这样一种世界秩序，成为常态。明帝国建立以后，迅速成为东方强大的国家，准备一展宏图，"统御万方"，以显示明帝国"天朝上国"的地位。但这种"统御万方"的实际内容，并不是要用武力来征服弱小国家，将这些国家统统灭掉，纳入中国的版图。相反地，明朝统治者从历代王朝兴亡盛衰的历史教训中，对此是颇为忌讳的。据《明太祖实录》记载："洪武十八年（1385）五月戊子（二十八日），上（指明太祖朱元璋——引者注）览舆地图，侍臣有言：'今天下一统，海外蛮夷，无不向化，舆图之广，诚古所未有。'上曰：'地广则教化难周，人众则抚摩难遍，此正当戒慎。天命人心，惟德是视，纣以天下而亡，汤以七十里而兴，所系在德，岂在地之大小哉！'"②所以，明帝国并没有向海外扩张领土的野心，其让海外诸国承认中国"天朝上国"至尊的地位，来中国朝贡，表示"臣服"，就算"统御万方"了。由于这不是国与国之间完全平等的关系，明帝国又不想采取武力征服的手段来建立这种关系，那只能"惟德是视"，即以儒家"大道之行也，天下为公"③的理念为指导，发挥中国政治经济文化军事诸方面的优势，使海外各国从与中国建立这种名义上的从属关系中，获得各种利益，从而情愿"来宾"。这就是朱棣所说的"不待威而从，不假力而致"。所谓"不假力"，是指不动用武力、不对海外国家实行军事干预；不以强大的国力威胁迫使弱国服从中国而言。这样做，不仅不需要向海外国家索取财富，相反地，倒需要中国付出

---

① 《郑和家谱·敕谕海外诸番条》，转引自郑鹤声、郑一钧：《郑和下西洋资料汇编》中册（下），第851页，齐鲁书社，1983年。

② 《明太祖实录》卷173。

③ 《礼记》卷四《礼运第九》。

大量的财力和人力，就是作为"王者"的朱棣本人也免不了为此"劳来绥怀，每殚厥心"，"悉以礼接之"，①才能达到"四夷咸宾"的目的，贯彻"宣德化"的方针。

就"柔远人"而言，郑和航海为了实现明朝对外的总方针，自始至终，对海外诸国都实行传统的怀柔政策。郑和船队每到一国，首先晓以中国对海外国家的怀柔之意。这种怀柔政策的由来，据《礼记》上说："凡为天下国家有九经。"其中用于外交关系上的第八经"柔远人"、第九经"怀诸侯"，就是怀柔政策的根据。②所谓"怀诸侯"，主要执行"继绝世，举废国，治乱持危，朝聘以时，厚往而薄来"的方针③，体现了朝廷与诸侯国之间在政治上的依附关系与在经济方面的臣属关系。所谓"柔远人"，主要表现为"送往迎来，嘉善而矜不能"④，着重于提高边远落后的诸侯国的文明程度与技能，体现了文明程度较高的宗主国在文化和生产技术上对诸侯国的影响。这种"怀诸侯""柔远人"的观念，本是我国先秦时代的产物，其后统一的封建国家建立，诸侯制度消灭，封建统治者就把邻邦当"诸侯国"看待，而把远方国家则当作"远人"看待；把"怀诸侯，柔远人"合并成一事，逐渐演化成为用以处理对外关系的怀柔政策。这种怀柔政策的作用，着重在友邦或藩属国面临乱局和危难之际，向他们施以援手，"治乱持危"，渡过难关，恢复安定；在外邦或藩属国来华访问时，对他们贡献的礼品给予丰厚的回报，"厚往而薄来"，显示大国风度。这种怀柔政策给那些需要中国支援和帮助的国家带来实实在在的好处，克服仅靠自身力量难以摆脱的困境，使他们真切地感受到中国的诚意

---

① 严从简：《殊域周咨录》卷9《苏禄传》。

② 《礼记·中庸第三十一》，杨天宇译注：《礼记译注》下册，第858页，上海古籍出版社，2016年。

③④ 《礼记·中庸第三十一》，杨天宇译注：《礼记译注》下册，第859页，上海古籍出版社，2016年。

和友善。其意义就在于，这使得中国在域外远近的国家中享有崇高威望，使诸国对中国心怀敬意而向往之。所谓"柔远人，则四方归之；怀诸侯，则天下畏之"。历代封建王朝之所以要对外实行怀柔政策，其指导思想就是如此。

明初在对外实行怀柔政策方面，较之历代封建王朝又进了一步，不仅以具体的外交实践将历代在这方面的政治理念付诸实践，而且表现出尤为宏大的气度，具体运用上也更为灵活周全。明初在实行这一政策时，虽然也是以"天朝上国"自居，要求诸国"尊事中国"①，却绝不一味以大国兵威去欺侮奴役海外国家，而主要是本着宽容的精神，以和平的方式，用事实来感化，通过外交途径，让各国"宾服"于中国，即尊重中国在国际事务中所起的主导作用。如遇有倒行逆施，"不服，则耀武以慑之"。②这种"宾服"的关系，或者说藩属关系，并不是全凭宗主国对藩属国施加政治、经济和军事的压力而建立的，就是说，不是把中国在对外关系上的利益，建立在诸国受害的基础上，而是宗主国以强大的政治、经济和军事上的实力，以及文化影响力作后盾，主要通过"宣德化而招徕之"的方式，与藩属国之间保持的一种若断若续、时强时弱、并不牢固的政治外交关系。建立这种关系，藩属国并不丧失领土主权的完整，经济上也不蒙受任何损失。像各国国王来华访问时，"凡遇宴会，蕃王居侯伯之下"③。见亲王"准公侯大臣见亲王礼"，④如此等等，如此而已，这就是对中国表示"臣服"的具体表现方式。这种关系满足了中国封建皇帝"唯我独尊"的虚荣心，不是国与国之间的平等关系，但它是以中国在经济上吃亏，而

---

① 《明太祖实录》卷 47。

② 南京图书馆藏，［清］佚名：《明史稿·郑和传》，转引自郑鹤声、郑一钧：《郑和下西洋资料汇编》（增编本）中册，第 1133 页，海洋出版社，2005 年。

③ 《明史》卷 56《礼志 10·蕃王朝贡礼》。

④ 《明成祖实录》卷 59。

在政治上得到虚名来实现的，所以，这种关系与近代殖民主义宗主国与殖民地之间奴役与被奴役的关系，也截然不同。洪武十六年（1383），朱元璋对礼部诸臣说："诸蛮夷酋长来朝，涉履山海，动经数万里。彼既慕义来归，则赉予之物宜厚，以示朝廷怀柔之意。"[1]这是以优厚的物质利益，来酬报远方国家慕义中国之心，诸国受此厚遇，自生感激之情，则其尊敬中国之意愈诚，对中国自然悦服。洪武四年（1371）七月，朱元璋谕福建行省："占城海舶货物，皆免其征，以示怀柔之意。"[2]可见在海外国家来华贸易之际，实行怀柔政策，中国就不着眼于在经济上获利，而宁愿让海外国家在经济上获得厚利，借此以招徕之。洪武五年（1372）正月，朱元璋对中书省臣说："西洋琐里，世称远番，涉海而来，难计年月，其朝贡无论疏数，厚往而薄来可也。"[3]这是明初外交上实行怀柔政策，对待海外国家朝贡的基本立场。"厚往而薄来"，是指不计较海外诸国贡物的好孬多寡与进贡次数，凡有进贡，回礼一律从丰，以奖励海外国家远来中华的诚心。虽然这样做使明朝在物质经济上付出一定代价，但在政治上的深远影响却是难以估量的。实行"厚往而薄来"政策，体现了一种宽容的外交文化，使海外各国都乐意同中国交往；明初海外诸国向中国派遣使节之频繁，为历代所未有，中国与亚非诸国之间的友好关系得到空前的加强。

明成祖朱棣于即位之初，在论及外事时，首先对明太祖朱元璋所奉行的怀柔政策给予肯定。他对礼部大臣说："太祖高皇帝时，诸番国遣使来朝，一皆遇之以诚，其以土物来市易者，悉听其便。或有不知避忌而误干宪条，皆宽宥之，以怀远人。"[4]朱棣是以一个杰出政治家的识见与气度，进一步贯彻了朱元璋制定的对外方针，自始至终对海外诸国实行了怀柔政

---

① 《明太祖实录》卷 154。

② 《明太祖实录》卷 61。

③ 《明太祖实录》卷 71。

④ 《明成祖实录》卷 12 上。

策。永乐元年（1403）十月，朱棣又一次对礼部大臣说："帝王居中，抚驭万国，当如天地之大，无不覆载。远人来归者，悉抚绥之，俾各遂所欲。"①由于永乐大帝朱棣是一位具有深厚中国传统文化修养和胸怀雄才大略的政治家，曾令解缙等主持纂修了《永乐大典》、御制《四书五经性理大全》等，对阐扬中国传统文化不遗余力。源于自身深厚的文化底蕴，他在执政之初，即有心于追溯和超越历代盛世中帝王的治绩，在发展中国与海外诸国的关系上，更是"远慕唐宋宾服四夷之盛"②，颇有一番抱负，向往在海外树立威望，享有盛名，"扩往圣之鸿规，著当代之盛典"③，就不像明太祖朱元璋那样，在对外关系上还处于守势。派遣郑和下西洋，就是明成祖朱棣向海外诸国发起的外交攻势，而郑和下西洋所产生的外交实践上的需要，又促使朱棣在对海外国家实行怀柔政策方面，必然较之明太祖朱元璋更富有气魄。正如郑和所说的那样："皇明混一海宇，超三代而轶汉唐，际天极地，罔不臣妾，其西域之西，迤北之国，固远矣，而程途可计。若海外诸番，实为遐壤，皆捧琛执贽，重译来朝。皇上嘉其忠诚，命和等……赍币往赍之；所以宣德化而柔远人也。"④永乐大帝朱棣为了要在临御之年建树四海安宁，万邦来朝，与中国"共享太平之福"，"超三代而轶汉唐"的政绩，一反乃父朱元璋的保守态度，对外实行开放政策，以积极进取的姿态去发展与海外诸国的友好关系。这种锐意向着"际天极地"的目标，无边界地与世界各国"共享太平之福"的文明理念，体现出世界各国存在的文明差异。习近平总书记在论及构建人类命运共同体时指出："文明差异不应该成为世界冲突的根源，而应该成为人类文明进步的

---

① 《明成祖实录》卷23。

② 何乔远：《名山藏》。

③ 巩珍：《西洋番国志·序》。

④ 郑和：《天妃之神灵应记》，转引自郑鹤声、郑一钧：《郑和下西洋资料汇编》（增编本）上册，第18页，海洋出版社，2005年。

动力"，"发展成果应该由各国共同分享。"①郑和航海把中国与海外各国存在文明差异作为动力，力求与海外诸国共享和平与发展，这种理念，成为当时中国与海外国家构建利益共同体的一种思想基础。可以说，这是当代中国提出构建人类命运共同体的思想渊源之一，也是中国具有这方面基因的根据之一。

郑和及其使团的广大成员们，正是以这种政治上"务远略"的魄力，在下西洋的数十年中，激流勇进，所向无阻，"南极溟海，东西抵日出没之处，凡舟车可至者，无所不届"②，使郑和航海所体现的具有"宣德化而柔远人"特色的海洋文化惠及当时航迹所至的广大沿海国家和地区。

二、郑和航海的科技基础

郑和航海规模之大，续航时间之长，航海范围之广，航海难度之高，都是史无前例的。郑和航海之所以能取得如此辉煌的成就，主要因素之一，在于中国古代造船和航海技术的持续发展，为其奠定了坚实的科技基础。

1. 造船技术发展成果的继承和发展

中国古代向着西太平洋和北印度洋的远洋航行始自汉代。为了适应远洋航行的需要，汉代的海船比先秦时代有了较大的进步，最先进的远洋海船一般是四桅帆船，船帆不仅可以转动以适应不同的风向，而且可随风力强弱而增减帆数，这样就能充分利用风力行船。汉代造船业的进步，使中国海船的适航性能大为改善，能够在波涛汹涌的印度洋上航行，加之当时航海技术的进步，中国的海船就可以向西南远涉印度洋，到达印度半岛沿岸以及斯里兰卡等国。继秦汉之后，隋朝又统一中国，社会生产力在不同

---

① 习近平：《共同构建人类命运共同体》，《习近平谈治国理政》第二卷，第544、540页，外文出版社，2017年。

② 《明史》卷332《坤城传》。

程度上又有所发展，推动着当时的造船业获得新的进步。隋文帝开皇九年
（589），杨素在永安建造了名曰"五牙"的战舰，上起楼五层，高十余
丈，可载战士八百人。①隋炀帝大业元年（605）所造龙舟，高四十五尺，
长二百尺，起楼四重，上重有正殿、内殿、朝堂，中二重有一百二十个房
间，下重是内侍们居住的地方。②这说明汉代以后，中国的造船业已进入
一个新的发展阶段，船舶的制造正稳步地向着大型化发展。在隋代，还只
有特制的战舰，或专供皇帝巡游的船只，形体较大；到了唐代，就能普遍
制造远洋巨舶，成批地打造、装备起一支支远洋船队，经过印度半岛，航
行到波斯湾等地方。就一般而言，唐代海船"大者长二十丈，载六七百
人"③。有一种名曰"俞大娘"的大舶，可载重一万石。唐代的海船，无
论是船体结构或是载重量，都超过了当时其他国家的船只。在海外贸易
中，各国商船抵达故临（今印度奎隆）时，每艘唐船按载货多少来缴纳的
过口税，是每艘外国船只的五倍至四十五倍。由于体积大，吃水深，唐船
可以在风涛险恶的波斯湾劈浪疾驶，却无法进入幼发拉底河口，而需要把
货物卸到小船上，方能运入内陆进行贸易。唐代建造巨型海船，采用了先
进的造船技术。当时，西方木帆船纵向主要构件是龙骨，而唐船为了增
加纵向强度，不仅靠龙骨，更靠两侧船舷增装的大櫼来夹持，并视船型不
同，沙船（北方平底海船）又比福船（南方尖底海船）增装更多的大櫼。
为了增加船舶的横向强度，唐船横向主要结构采用较多短间距的横舱壁，
在受力较大的地方，更设有粗大的面梁，这比西方木帆船横向主要构件是
一条条的肋骨，所能承受的外力要大得多。在船壳板的连接方面，唐船多
采用平接方式，又比西方木帆船采用搭接方式，具有更大的优越性。此
外，为了防止渗水，采用桐油石灰等掺和捻缝；为了增加行船的稳定性，

---

① 《隋书·杨素传》。

② 李昭祥：《龙江船厂志》卷8《文献志》。

③ 玄应：《一切经音义》卷1。

在海鹘船的两舷置有披水板（浮板），这也是为西方木帆船所没有的。唐代在造船技术上的这一系列进步，使中国的海船以体积大、载货多、抗沉性能强、稳定性好而驰名海外，得到各国商旅的信任。当时，各国来唐朝经商，都愿乘坐中国的海船。唐代造船事业之所以远超汉朝，是因为在公元 7 世纪以后海上丝绸之路的兴起。公元 7 世纪以后，由于频繁发生了唐朝灭东西突厥的战争，以及阿拉伯攻占波斯，灭萨珊王朝的战争等一系列大战，陆上丝绸之路受到阻塞，海上丝绸之路就逐渐在贯通东西方上占据主要地位。海上丝绸之路的兴盛，要求海船制造业亦随之发展，如果远洋船舶的数量和质量跟不上，那是谈不上通过海上丝绸之路来满足东西方扩大贸易往来的要求的。

　　宋代比唐代更重视海外贸易，所以造船业比唐代又有较大发展，其时所造船舶规模之大，标志着中国的造船技术达到了一个新的高峰。宋周去非在《岭外代答》一书中记述，中国开往南洋及印度洋的大船，形如"巨室，帆若垂天之云，柂长数丈。一舟数百人，中积一年粮"。船上还能大批养猪，大量酿酒，可供全船之人"日击牲酣饮"。由于"舟大载重，不忧巨浪"[①]。当时中国开往北方海域去朝鲜等国的船只也很庞大。如宋徽宗时为出使高丽，曾造有六艘"顾募客舟"和两艘"神舟"。客舟"长十余丈，深三丈，阔二丈五尺，可载二千斛粟，以整木巨枋制成。甲板宽平，底尖如刃。……每船十橹，大桅高十丈，头桅高八丈。后有正舵，大小二等。矴石用绞车降。……每船有水手六十人左右"，其船不可谓不大。而"神舟之长阔高大、什物器用、人数，皆三倍于客舟"[②]，则这种神舟长在四十丈左右，宽约八丈，至少需用一百八十名水手来乘驾。此外，宋神宗时曾命"明州（今宁波——引者注）造万斛船二只"，用作派

---

① 周去非：《岭外代答》卷 6《木兰舟》。

② 徐兢：《宣和奉使高丽图经》卷 34。

往高丽的使船。①当时遣往邻近国家的使船都如此之大，那要作远洋航行的使船就更可想而知了。在宋代另有一种"西湖舟船"，据目击者所言，大者"约长五十余丈"，较小的"约长三十、二十丈"，"皆奇巧打造，雕栏画栋，行运平稳，如坐平地"②。就船长五十余丈而言，在中国古代造船史上，算得上是船长之最了。

宋代造船不仅质量有了较大提高，数量也颇惊人。宋朝政府粮纲有漕船六千艘。在宋金战争和宋元战争中，出动战舰常达数千艘甚至上万艘。宋代造船工场遍布全国，以华中及华中以南各省为多，其中又以温州、明州（今宁波）两处造船最多，全国每年造船三千多艘。宋代造船的能力，无论在数量或质量方面，都显著地超过了前代。

元代的海外贸易较之宋代又上了一个新台阶，所以造船业比宋代又有新的发展，其时"海舶广大，容载千余人，风帆十余道"③。据元代一些外国旅行家的记载，这种形体广大的海舶，不过属于大船而已，是并不罕见的。著名旅行家摩洛哥人伊本·拔图塔（Ibn Batuta）在游记中写道，中国用于航海的船舶有三种，大者为艎，中者为艚，小者为卡嗡。大型海船有十二帆，船愈小，所张帆愈少，最小的海船也有三道帆。大船可载一千人，其中六百人为水手，四百人为护勇、弓箭手、铳手等。每艘大船随带三只较小的船，其大小长短广狭，约等于大船的二分之一、三分之一、四分之一。船无论大小均造于泉州和广州的船厂。船桨大小和桅杆大约相等，一船共有二十支桨，一般十五人摇一支桨，大船所用桨较大，须加至三十人方能摇动。如此，大船二十支桨，正需要六百水手才行。船分四层，内分舱房及公用厅房，以供船上商人使用。在舱房之中，尚附设小房间，房间的钥匙由用户掌管，可以储藏私人杂物。乘船商人可以携

---

① 陶宗仪：《说郛》卷37。

② 《都城纪胜》，《永乐大典》卷7603《杭字》。

③ 《古今图书集成》卷178《考工典·舟楫部》引《元海舶图考》。

带妻妾子女同居一所，船员们也可以携带眷属同住。①著名的意大利旅行家马可·波罗在游记中也写道，中国商人往返于印度群岛所乘坐的船只，是用杉松木料造成的。住人的处所只占一个舱面，约分为五六十间小房，每位客商可占用一个房间，住在里面相当舒适。每船仅有一舵，而有四道桅杆，有时也加用两道桅杆。较大的海船，船底用很厚的木板分成十三部分，每一部分及各部分之间，结构都很坚固。如船行偶尔触礁，或与巨鲸相撞，致使船底洞穿，海水溃入，由于各部分是隔开的，海水不致淹漫全船。这时水手急将破损舱内的货物移往别处，以厚板补塞漏洞，而将海水抽吸至舱外。船身紧凑接缝之处，均用巨铁钉钉固。船旁用两层厚板，内外榫缝结实，两厚板板缝之间，涂以灰、碎麻丝和一种木油混合而成的黏剂，其黏合力不亚于胶。每一大船，需要二三百水手来驾驶，能载五六千筐胡椒，在没有风时，则摇橹以行船，一支橹需用水手四人。每艘大船又有二三只较小的船随行，每船能载一千筐胡椒，所用水手在六七十人至百人之间，无风时，也得划桨以行，同时还负有牵引大船的责任。船无论大小，都附带十艘小艇，在船停泊时，小艇专管抛锚及往来海岸购办食物等事。船行之际，小艇皆悬于船旁。②马可·波罗和伊本·拔图塔对中国海船的记述，说明宋元时代所造远洋巨舶，是以船体庞大，容载量多，多水密隔舱，结构精巧坚固，航海比较安全，大小船只配合有力而著称于世。

中国古代的造船业，尤其是海船制造业，自秦汉以来逐渐兴起，到宋元时期已高度发展，趋向鼎盛。中国海船制造业自汉代以来的持续发展，为明初郑和下西洋船舰的准备，打下了坚实的基础。

明朝郑和下西洋时期，为满足郑和远洋航海的需要，舟船科技又有新

---

① 《伊彬巴图特游记》，转引自郑鹤声、郑一钧：《郑和下西洋资料汇编》上册，第197—198 页，齐鲁书社，1980 年。

② 《马可·波罗游记》，转引自郑鹤声、郑一钧：《郑和下西洋资料汇编》上册，第196—197 页，齐鲁书社，1980 年。

92

的发展，郑和宝船的制造标志着古代帆船制造业达到鼎盛时期。当时中国舟船科技领先世界的"六大发明"可见下表。

序号	造船科技发明项目	发明年代与应用年代	外国应用年代
1	手摇橹	汉代，1世纪	17—18世纪
2	船尾舵	汉代，1—2世纪	12—13世纪
3	水密隔壁	晋代，3—4世纪	18世纪
4	桨轮	唐代，7—8世纪	16世纪
5	船用指南针	宋代，10—11世纪	12—13世纪
6	舰载火铳	明代，13—14世纪	15世纪

郑和航海在集我国历代舟船先进科技之大成的基础上，组建了前所未有的世界上最庞大的远洋船队。郑和使团每次远航，一般由63艘（一作62艘）大、中号宝船组成船队主体，加上其他类型的船只，共"乘巨舶百余艘"[①]。其中以第一次下西洋乘船208艘，为目前所知郑和七下西洋中动用船只最多的一次。郑和每次出使，乘船都多达一二百艘，这些船又依尺度、容量、所用橹的数目、用途以及产地的不同，归结为各种船型。郑和航海所用船舶有大、中型宝船、战船、水船和粮船等。"宝船"，顾名思义，是为"入海取宝"而建造的海船，一般指郑和船队中形体最大，并在多种史籍中留下了长、宽尺度的大、中型海船。大型宝船长44丈4尺，宽18丈；中型宝船长37丈，宽15丈。以1明尺合0.317米计算，大型宝船长140.75米，宽57.06米；中型宝船长117.29米，宽47.55米。就船的容量而言，据《南京静海寺郑和下西洋残碑》记载，郑和下西洋的船有二千料和一千五百料的海船；[②]据2010年洪保墓出土的寿藏铭记载，

---

① 郑和：《天妃之神灵应记》，转引自郑鹤声、郑一钧：《郑和下西洋资料汇编》（增编本）上册，第18页，海洋出版社，2005年。

② 《南京静海寺郑和下西洋残碑》，转引自郑鹤声、郑一钧：《郑和下西洋资料汇编》（增编本）上册，第88页，海洋出版社，2005年。

郑和下西洋领导成员洪保所乘海船名为"大福号",是一种"五千料巨船"[①],印证了古代文献所载郑和宝船的体量是可信的。大型宝船的船型,属福船船型的可能性较大。福船是一种尖底、吃水深、长宽比小但却相当瘦削的船型,比较适宜远洋航行。大、中型宝船船体的长宽比值为 2.46,这样小的长宽比,与我们今天所见各种船只船体的长宽比显然不同。在中国古代,明代中期以后,海船制度发生变革,在此之前,一些巨型木船的长宽比,都是比较小的。宋代巨型舰船一般是方正的或是短圆的,长宽比很小。泉州、宁波出土的宋代海船,为此提供了实物证据。泉州宋船的长宽比为 2.48 或 2.65;宁波宋船的长宽比为 2.71 或 2.8。这样小的长宽比虽然对航行的速度会有所影响,但却使稳定性大为增加,从而避免了因船身过于狭长而经不起印度洋惊涛骇浪的冲击发生断裂的危险。这样的船体结构设计,是相当合理的。泉州湾出土的宋代海船,以 12 道隔梁分隔出 13 个船舱,隔板厚达 10 至 12 厘米,每道隔梁用三四块木板榫接而成,并与船肋骨紧密结合在一起,舱内采用水密舱壁。据此可知,比它大近四倍的郑和宝船一定在此基础上有了很大的发展,采用更多更先进的水密舱壁,增强了纵摇的承压力,以保证 57 米船宽那样大幅度的横向强度,从而增强船的抗沉性和稳定性。这种巨型海船一定成功地解决了板材及纵向构造的连接问题。泉州出土的宋船曾采用榫接、铁钉加固、船板缝隙中填塞捻合物的办法,来保证船的坚固性和水密性。宋代这种先进的造船工艺,必然为郑和宝船所承袭并得到一定程度的发展。福船的打造,综合考虑了结构强度、稳定性、快速性、适航性以及加工工艺等多种性能要求。福船船型的宝船,很适宜装载大批货物,载重量可达数千吨。大型宝船有 12 根桅杆,首段、中段有 9 根主桅杆,挂的是硬质帆;尾段有 3 根辅助桅杆,可以放倒,挂的是软帆,共挂有 12 张大风帆。宝船舵杆长十余丈,铁锚

---

① 《古墓魅影:洪保墓"寿藏铭"揭开郑和下西洋谜中谜》,《扬子晚报》,2010 年 10 月 29 日。

高近一丈，每只重达数千斤。郑和船队的重要成员巩珍写道：宝船船体巍然如山，巨大无比，其篷帆铁锚船舵，没有二三百人，就休想能够抬动。[①]建造这种超大型船舶，并不仅仅是为了显示中国的富强，主要是为了满足装载下西洋应用物资和海外贸易货物的需要。当时的海外贸易是由国家垄断的，并且主要由郑和船队来进行。以一支船队来负担一个富强的大国与众多海外国家的贸易，其海洋货运量之大，是可想而知的，提高海船的远洋运输能力，就非常有必要了。为此，郑和航海重点发展超大型船舶，使船队海洋货运量大幅度增加。为满足下西洋货运的需求而打造超大型海船——宝船，是郑和航海在船舶准备方面的又一特色。联系今天世界的海洋运输来看，由于国际贸易快速发展，海洋货运量急剧上升，提高船舶的承载能力就特别重要，因而当代海洋运输船舶的特征之一，就是向大型和超大型船舶发展。而远在六百多年以前，中国为适应下西洋发展远洋运输的需要，在船舶建造方面，已经向大型和超大型船舶方面发展，这是一个了不起的成就。

中型宝船，罗懋登《三宝太监西洋记通俗演义》中称作"马船"。马船又名马快船，是明初才出现的一种大型运输船。正统元年（1436）六月，明朝政府曾动用一百艘马快船，从南京启程，将郑和船队从海外载回的胡椒和苏木运送到北京。中型宝船其实就是大型的马快船，其功能主要是运输下西洋所需物资和海外贸易货物、马匹、珍禽异兽，以及作为使团一般行政官员、技术人员和杂役等的坐船。

宝船主要是在南京宝船厂打造，这个全国规模最大的海船制造厂，是专为打造下西洋宝船而建立的。在宝船的打造过程中，需要从大规模远航的难度出发，为保证宝船的质量要求，按一定的技术指标进行验收，然后还要在南京下关草鞋峡下游古靖安河入江处附近的稳船湖试船，对已造好

---

① 巩珍：《西洋番国志·序》，转引自郑鹤声、郑一钧：《郑和下西洋资料汇编》（增编本）上册，第87页，海洋出版社，2005年。

的宝船作进一步的质量检查。

郑和船队中的战船，即《南京静海寺郑和下西洋残碑》中所记由"将领官军乘驾"的二千料海船并八橹船，一千五百料海船并八橹船。"料"是宋、元、明时期用来表示船只大小的计量单位，通常"料"用来表示船的载重量，就像今天用"吨"来表示船的载重量，同时表示船的大小。除个别情况外，一般容量为若干料的船，载重也就是若干石。郑和船队中的二千料和一千五百料海船，承载人数的定额为二三百人。粮船和水船是郑和船队的补给船，是保障船队全体成员日常生活中餐饮和浆洗等用所需粮、水的载体。

2. 天文航海技术与地文航海技术的继承和发展

郑和航海的天文航海技术主要是"过洋牵星术"。航海中使用的"牵星术"就是通过观测星辰（主要是北极星）的海平高度（仰角），来确定船舶航行方向和在南北纬度上所处位置的一种技术；"过洋牵星术"，顾名思义，就是在茫无边际的大洋中运用"牵星术"越洋抵达彼岸的航海技术。郑和船队在天气晴朗时夜航，特别是在印度洋上航行，主要靠天文航海术，同时配合以罗盘指向。郑和船队在太平洋和印度洋上纵横驰骋几近三十年，不仅开辟了横渡印度洋直达非洲的新航路，而且在各个海域又分别开辟了许多新航线。在这个过程中，发展起了郑和使团的天文航海技术。这种情形，正像郑和船队成员巩珍在《西洋番国志》中描述的那样："经济大海，绵邈弥茫，水天连接。四望迥然，绝无纤翳之隐蔽。惟观日月升坠，以辨西东，星斗高低，度量远近。皆斫木为盘，书刻干支之字，浮针于水，指向行舟。"[①]像这样把航海天文学与导航仪器罗盘的应用相互结合起来，不仅克服了各自的局限性，而且大大提高了航行方位的精确程度。郑和航海的"过洋牵星术"，较之以往传统的单纯测星辰指向的方法，是天文航海技术的一大进步，使郑和船队获得了更大的海上自由，这

---

① 巩珍：《西洋番国志·序》。

又促进了天文航海技术的不断发展。

茅元仪《武备志》中收录的《郑和航海图》及所附"过洋牵星图"四幅，为我们提供了郑和下西洋如何应用这种航海术的实例。郑和船队在过洋牵星时，常把南北或东西两星同时并用，互相核对。最常用的是通过观测北辰星的海平高度，即通过测定北辰星等较亮易观测星辰在某地的海平高度为若干指，来确定在南北方向上的相对船位。由于郑和船队常年往返于南洋和印度洋广大海域，往南越过赤道四度以上，所观测天体的范围，大大超过以往人们航海观测所能涉及的范围，所以郑和航海的过洋牵星术代表着古代天文航海的最高水平。

郑和船队访问东南亚各地的航程中，主要应用地文航海技术来行船。郑和航海的地文航海技术与天文航海技术一样，都代表了当时航海技术的最高水平。在大海汪洋中航行，大多数情况下，要靠应用地文航海技术来行船。因为天文航海技术主要靠"牵星"来进行，而每天牵星的时刻选择范围是极其有限的，牵星时既要求能看到被观测的天体，又要求能看到天水线。天太亮，星不可见；天太黑，天水线又将隐没。就天文观测角度而言，只有在黎明前或黄昏后，即天文学上所说的昏晨起之前或蒙影终之后的一小段时间内，约在日出前半小时或日落后半小时，才能较为准确地测量到天体的出水高度，测出星体的指数，再与目的港的星体指数比较，估算出所需的航程，并配合应用海图中所标针位，从而到达预期的目的港。更何况海洋气象是复杂多变的，一旦阴云蔽天或海雾迷漫的时候，舟师看不见日月星辰，就无法应用天文航海技术。在这种情况下，为了使海舶在行驶中不至于迷航，必须依靠地文航海技术。另外，测定航路也必须应用地文航海技术。地文航海技术的应用，是舟师以航海图为依据，利用航海罗盘、计程仪、测深仪等航海仪器，按航海图、针路簿所记沿途各地的针路、里程、海水深度、海底底质等的导航，确保海舶沿着正常的航线驶抵目的港。我国古代在地文航海技术方面有着许多发明创造，郑和

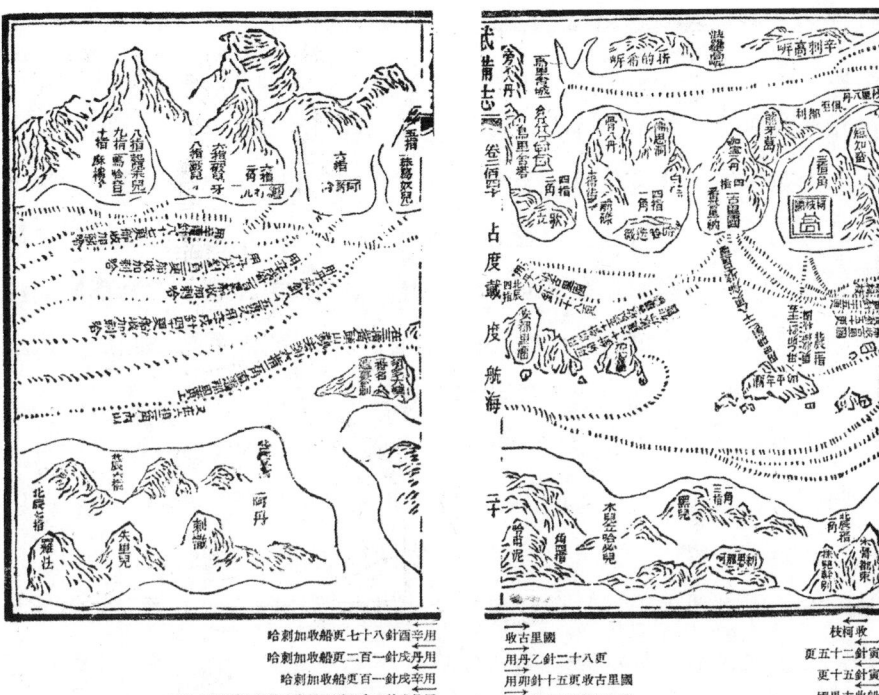

图 8　明代茅元仪《武备志》载《郑和航海图》

船队在航海实践中继承了这些成就，集其大成，进而发展成一整套有独创性的地文航海技术。自宋代发明航海罗盘之后，航海"若晦冥，则用指南浮针以揆南北"[1]，弥补了天文导航在"晦冥"之时无从应用的缺点。郑和航海之时，指南针在航海中的应用，已大大超出指示南北方向的范围，而主要用于测定针路，"以针位取海道"[2]。这里所谓针路，为航海时用罗盘指向等方法所确定的行船路线。在《郑和航海图》、明黄省曾的《西洋朝贡典录》、明张燮的《东西洋考》、明慎懋赏的《海国广记》，以及

---

① 徐兢：《宣和奉使高丽图经》。

② 黄省曾：《西洋朝贡典录》卷上《占城国第一》。

明代佚名《顺风相送》和《指南正法》两种海道针经等书中，对郑和航海所循针路，均有详略不同的记载。郑和船队所用的航海罗盘，是北宋以后始用于海船上的指南浮针，是一种水罗盘。据巩珍所见，这种罗盘是"斫木为盘，书刻干支之字，浮针于水，指向行舟"[①]。就是说，这种指南针的应用，是"以针横贯灯芯，浮水中"[②]，以指示南北。其结构是磁针靠灯芯草的浮力而漂浮在水面上，下附以木制的方位盘。郑和船队用的是书刻二十四个方位的罗盘。这种罗盘针位的制定，系画一圆周，依天干、地支，与八卦（除去戊、己和震、离、坎、兑）、五行（戊己属土，据中央之类）合用，四者配合而成二十四向。十二地支即子、丑、寅、卯、辰、巳、午、未、申、酉、戌、亥，以平均一圆周为十二等分；即以此十二字为方位名称，又以此等名来记太阳绕地球一周的时刻；太阳在正南时为午，反之则为子，其余各向右旋，依次为名。又在十二支之间，各再等分之，则以十干及八卦中的名称填入。十干即甲、乙、丙、丁、戊、己、庚、辛、壬、癸；先将甲乙两字填入卯位的左右两向为名，以取东方甲乙木之意；再将丙丁两字填入午位的左右两向为名，以取南方丙丁火之意；又将庚辛两字填入酉位的左右两向为名，以取西方庚辛金之意；又将壬癸两字填入子位的左右两向为名，以取北方壬癸水之意。至于据中央的戊、己，因系中央戊己属土，对方位无用，予以废除，所以十干中用于方位的只有八干。最后还有西北、东北、东南、西南四向，则以八卦方位中的乾、艮、巽、坤为名，即用八卦中所谓的四显卦或四维，而除去和子、午、卯、酉同位的坎、离、震、兑，即所谓的四藏卦或四正不计。这样配合而成的二十四方位如下：

子与坎正北	0°	午与离正南	180°
卯与震正东	90°	酉与兑正西	270°

---

① 巩珍：《西洋番国志·序》。

② 寇宗奭：《本草衍义》卷5。

艮东北	45°	坤西南	225°
巽东南	135°	乾西北	315°
癸北偏东	15°	丁南偏西	195°
丑东北偏北	30°	未西南偏南	210°
寅东北偏东	60°	申西南偏西	240°
甲东偏南	75°	庚西偏南	255°
乙东偏南	105°	辛南偏北	285°
辰东南偏东	120°	戌西北偏西	300°
巳东南偏南	150°	亥西北偏北	330°
丙南偏东	165°	壬北偏西	345°

　　这种罗盘的一个方位，相当于现代罗盘的 15°，在实际运用中，将相邻两个方位分别中分为 7.5°，也合作一个方位。所以，这种罗盘的名称虽仅二十四向，但实际应用时可作四十八向。用它测定针路时，如用的是单一的方位，称为"单针"或"丹针"，亦称正针。如是两个方位合用，称为"缝针"，意为其所指示为两单针夹缝间的一向。在用单针时，方位至为明确，如单未（西南偏南）为 210°，单午（正南）为 180°。使用缝针，或者说用"指两间"的方法，如针位为辰巽、丁午之类，则可有三种情况，一是其方位取两方位度数和的二分之一，即辰巽中央（东南偏东与东南之间）为 127.5°，丁午中央（南偏西与正南之间）为 187.5°等。二是先按前一方位行船，驶至某地时，再按后一方位行船。以辰巽针为例，在某地时先按辰方位（东南偏东，120°）行船，航行到一定地点后，再按巽方位（东南，135°）行驶。三是根据航行中遇到的具体情况，从航海的实际需要出发，将航向灵活地移动于两个方位之间，即所谓"凭其所向，荡舟以行"①。这种情况的出现，原因之一，是要在航行中能够克服风生流带来的影响。在帆船航海的时代，船行除受季风影响之外，还受因季风而

---

① 张燮：《东西洋考》卷 9《舟师考》。

产生的风生流（亦称风海流）的制约。风生流与季风风向相近，因而海船可利用风生流增加航速，但若船的航向与风生流的方向成一定角度时，因受风生流的压力而向下风生流的方向偏移。这种偏移的角度称为风压差或流压差。由于风流压差的存在，在设计航向时必须将这一差角加以修正。例如，《郑和航海图》中记："东竹山（在今新加坡南之林加群岛附近——引者注）过，用子丑及丹癸针。"[①]这里"子丑"是所谓"缝针"，然而却不是取子丑中央，若取子（0°）丑（30°）中央，即为丹癸针（15°），但这里只取

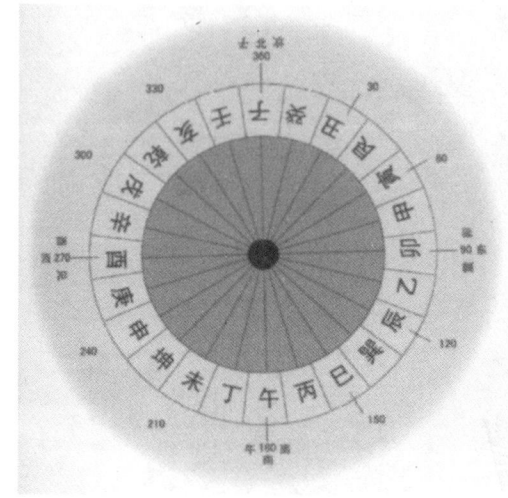

图 9　罗盘图

郑和船队用的是书刻二十四个方位的罗盘。这种罗盘针位的制定，系画一圆周，依天干、地支，与八卦（除去戊、己和震、离、坎、兑）、五行（戊己属土，据中央之类）合用，四者配合而成二十四向。这种罗盘的一个方位，相当于现代罗盘的15°，在实际运用中，将两个方位中分为7.5°，也作一个方位。所以，这种罗盘的名称虽仅二十四向，但实际应用时可作四十八向。

子丑针，而不直取丹癸针，并且是先取子丑针之后，接着又取丹癸针，说明这一段针路是，船队返航时在驶过东竹山后，在利用西南季风继续航行的同时，又受到随之而来的风生流的影响，出于修正风流压的需要，先将航行方位灵活地移动于正北（子方位，0°）与东北偏北（丑方位，30°）之间，在修整了风流压之后，再在某处取子丑中央，即按北偏东方位（丹癸位，15°）行船，这说明郑和船队很好地掌握了修正风流压的技术。郑和船队在使用罗盘导航时，熟练地运用"指两间"的各种方法，就能因

① 向达整理：《郑和航海图》，第48页，中华书局，1982年。

地制宜地测定比较精确的针路。例如，从赤坎山（今越南顺海省西南之格嘎角——引者注，下同）开往暹罗（今泰国）的航程中，自真屿（今越南南端海上之奥比岛）至大横山（今柬埔寨西南部暹罗湾东部岛屿）的一段航路，必须中途绕柬埔寨海角而行。因此，这两地之间的针路，既不能取两单针度数之和的二分之一，更难以将航向移动于两单针之间，而必须依绕海角而行的要求，先向西偏南255°（庚方位）行，然先再向西北偏西300°（戌方位）行。所以，这段航程所用针路即为：真屿"用庚戌针，五更，取大横山"①。郑和船队在航海中，依照具体情况的不同，灵活地运用"指两间"的方法来测定针路，单针与缝针配合使用，使航行方位尽可能准确，从而保障了船队的顺利通航。这较之从前仅用单针的航海术，是一个很大的提高。

郑和船队在远航中，一般是以"更""托""针位"为主要航海方法。所谓"海行之法，以六十里为更，以托避礁浅，以针位取海道"②。这里所谓的"海行之法"，就是指的"更""托""针位"对确定航海路线即针路的各种用途。郑和船队在远洋航行中，随时要掌握约行几更，可到某地，又必须沉绳海底，打量某处深浅几托，从而探知船舶所在位置与地点，所过为何岛屿，以及哪里礁险宜防等等；与此同时，对所测这些地点，记下由罗盘所定的方位和所取的针路。郑和下西洋所用"针经图式"，就是船队在旧有"针经图式"的基础上，通过往返亚非诸国的程途中，这样不断地探明海道，逐步总结经验，从而制定出来的。一旦有了可以为凭的"针经图式"，舟师就据以运用"更""托""针位"等法来"专一料理"，使船队每次航行都不偏离既定的海道，如此"循习既久，如走平原"③，航行就比较安全顺利了。

郑和船队在航海中，以船在顺风条件下行驶一昼夜的路程为十更，

---

① ③　张燮：《东西洋考》卷9《舟师考》。

②　黄省曾：《西洋朝贡典录》卷上《占城国第一》。

也就是说，所谓"以六十里为更"，是指船舶在标准航速下一更时间（2.4小时）所航行的里程。至于"托"，则是指两臂张开伸直的长度，一般为5—6尺，也就是说，一托长2米左右。这种计算方法，得自沿海船民长期积累的实践经验，用以配合确定针路，在引导郑和船队完成远航的过程中，发挥了重要的作用。曾三次随郑和下西洋的船队医生陈常，在回忆下西洋的历程时说："海中行以六十里为二（当作'一'——引者注）更，往返一千六百更，为九万余里。行皆候风占星，以针取路，以干支取某山某屿，进某澳，转某门；以至开洋，避礁避浅，皆以针定。"①所反映的正是这一事实。上面说的"以干支取某山某屿，进某澳，转某门"，即是一种按导标航行的航海术，是郑和船队常用的沿岸和近海航行的方法。即以某一航向对正岛屿、山头等物标航行，这是在帆船航海时代最常用的简单、可靠的导航方法。在现代沿岸航行或岛礁区航行，这也是简便常用的方法。郑和船队按导标航行，还以某物标正横转向，实质上是用两标方位定位后转向，从而提高了转向点的准确性。其中"转某门"的"门"，是狭水道的专称，如西后门、双屿门等。在《郑和航海图》中便标出"从门内过"或"门外过"字样，或简述为"内过""外过"。如"船取北交头门内过""船取芙蓉山外过"等等。"内过"是指从两岛屿或陆地与岛屿之间穿过，"外过"是指船从岛屿向外海的一侧航过。在郑和航海的过程中，沿途可见的某山、某屿、某澳、某门，作为海中航行的天然指标，如同在天文航海术中要利用星座那样，在郑和使团的地文航海术中，也是必须视为准则的。正如巩珍所说，航行所遇"海中之山屿，形状非一，但见于前，或在左右，视为准则，转向而往。要在更数起止，记算无差，必达其所"②。明黄省曾《西洋朝贡典录》一书，收有郑和下西洋时舟师所

---

① 《古今图书集成·博物汇编·艺术典》卷531《医部·医术名流列传》引《松江府志·陈常传》。

② 巩珍：《西洋番国志·序》。

用《针位编》，对郑和使团所用的这种地文航海术，做了集中的记录。其自"福州长乐五虎门张十二帆大舶"到占城（今越南中南部地区）之"针位：取官塘之山（今福建闽江口外之马祖岛，又名南竿塘岛——引者注，下同），又五更，取东沙之山（今福建马祖岛东面海上东沙岛），过东甲之屿（今福建南日岛）。又五更平南澳（今广东东北沿海之南澳岛）。又四十更平独猪之山（今广东海南岛万宁县东南海上之大洲岛）。又十更见通草之屿（今广东群岛之圃拜岛），取外罗之山（今越南中部沿海广东群岛中之列岛）。又七更收羊屿（今越南归仁港外之瓜岛）"①，以沿途所经岛屿等为标记，准确地掌握到达其所的更数，这是郑和船队确定针位的基本要领。针位一旦确定，就可以用罗盘进而测定精确的航路，保证船队驶抵预期的目的港。郑和航海在针路的测定和应用方面，对我国古代地文航海技术的进一步发展做出了重要贡献。此外，计程仪、测深仪等航海仪器的应用，以及对海底情况的了解等方面，郑和航海的贡献也是很大的。

---

① 黄省曾：《西洋朝贡典录》卷上《占城国第一》。

第二节　郑和航海时代海外国家海洋文化与海洋科技基本特点

一、海洋文化的基本特点

郑和航海所至亚非沿海国家，包括东南亚、南亚、西亚和东非沿岸，在文化上各有特点。东南亚各国，主要分布于南洋诸岛，由于与中国之间隔着浩瀚的南海，又远离印度等世界文明的发源地，文化比较落后；南亚的印度等都位于世界文明发源地的行列，有着比较先进的文化；东非沿岸各国由于非洲大陆自成体系，比较封闭，又部族众多，部落林立，所以奉行本部族的土著文化。在当时，宗教信仰是沿海各国在文化方面的主要表现，又主要通过海路传播进行交流。郑和船队访问这些国家期间，对各国文化接触最多、感受最深的是其国的宗教信仰。无论是信仰佛教，还是信仰伊斯兰教，在这些国家的航海活动中，在遇到海上风险时宗教信仰都起到了坚定众志的作用，就如同郑和航海祈求天妃和佛祖的庇佑，这就赋予了这些沿海国家的宗教信仰以海洋文化的特点。由于古印度（天竺）为佛教发祥之地，郑和船队所访问的南亚诸国，普遍信仰佛教，如锡兰山国、古里国、柯枝国都是信仰佛教的国家，东南亚的暹罗、览邦、百花、碟里、渤泥等国也都信仰佛教。由于古阿拉伯为伊斯兰教的发祥之地，所以郑和船队所访问的西亚各国多信仰伊斯兰教，在东南亚各国中，只有满剌加、哑鲁、南渤利少数几个国家信仰伊斯兰教。还有一些东南亚国家，如占城、爪哇等国，则基本保持着本土原始的宗教信仰。在东非沿岸国家，除公元 7 世纪以后迁移来的阿拉伯人信仰伊斯兰教，土著居民保持着本土古老的信仰。

中世纪时代海外擅长航海，具有悠久航海传统的国家和地区，如在西亚阿拉伯国家和地区某些常经海路的海商和旅行家，对海洋的认识，特别是对阿拉伯海的认识，在当时独树一帜，显示出当时阿拉伯人具有的海洋文化在中世纪曾一度居领先地位。

1. 佛教信仰与海洋文化

郑和航海时代，印度半岛锡兰山等国因为是著名的佛教国家，不断吸引着中国和其他国家的佛教信徒通过海路前来从事佛事活动，或寻求经律，这种经由海路表达和传输对佛教的信仰具有浓厚的海洋文化的色彩。据锡兰史籍记载："1405 年（永乐三年），有中国佛教徒一队，来锡兰献香火于佛齿圣坛，为国王维哲耶巴虎六世（King Wijayabahu VI）所虐待。"[①]中国这一佛教团队在锡兰曾被虐待在这里姑且不论，此事反映出锡兰山佛寺因为供奉着佛牙，并且锡兰是一个重要的佛教国家，就在郑和第一次下西洋的前夕，中国佛教徒们曾通过海路来到锡兰山。这种佛事活动促进了国际海上交通的发展，是海洋文化的一种表现形态。这类海洋文化的传播者，生平颇有一番不平凡的航海经历。如东晋高僧法显，从陆路到印度取经，在周游五天竺之后，再从印度恒河支流入海处的多摩梨帝国泛海南下，至狮子国（即锡兰山，今斯里兰卡），再东渡印度洋，到印度尼西亚的耶婆提国（在今印度尼西亚苏门答腊岛）；又从中南半岛南端，穿南海，过台湾海峡，经东海、黄海北上，最后在山东半岛青州长广郡劳山（今青岛崂山）登陆。法显是中国经陆路到达印度并由海路回国，而且留下记载的第一人。法显归国后，将其旅途见闻写成《佛国记》一书，是现

---

① 张星烺：《中西交通史料汇编》第 6 册，第 150 节注（二）引 yule, Cathay I、9, 76。

存关于中国和印度间陆、海交通的最早记述。该书既是研究印度、亚洲佛教史的重要参考书，也是海洋文化史的一部重要著作。此外，还有唐代高僧义净于公元 671 年（咸亨二年）至 695 年（证圣元年，天册万岁元年）泛海赴天竺访问，求经律，归途在室利佛逝国（在今印度尼西亚苏门答腊岛）停留，将在天竺和南海等地考察的情况写成《大唐西域求法高僧传》和《南海寄归内法传》两书。《大唐西域求法高僧传》记述了从 641 年（贞观十五年）以后至 691 年（天授二年）五十余年间共六十一位僧人，包括义净本人，还有新罗、高丽、交州、睹货速利、康国等地的僧人赴天竺求法的情况，其中四十一位是从海路走的。佛教信仰与海洋文化的密切关系，由此可见。

郑和船队成员对所经历国家的佛教信仰很是关注，有的并非是佛教徒，但对有关情况也做了详细的记述。如对古里国崇信佛教的情况，马欢写道："国王系南昆人，崇信佛教，尊敬象牛……王以铜铸佛像，名乃纳儿，起造佛殿，以铜铸瓦而盖佛座，傍掘井，每日侵晨，王至汲水浴佛。拜讫，令人收取黄牛净粪，用水调于铜盆如糊，遍擦殿内地面墙壁，且命头目并富家每早亦涂擦牛粪。又将牛粪烧成白灰，研细，用好布为小袋盛灰，常带在身。每日侵晨洗面毕，取牛粪灰调水，搽涂其额并两股间各三次，为敬佛敬牛之诚。"[①]佛教在中国也得到广泛的传播，郑和船队来到这些国家，观察到这些国家信仰佛教的情形，有助于他们加深对国内外佛教信仰的理解，也就丰富了郑和航海的文化内涵。

2. 伊斯兰教信仰与海洋文化

郑和航海时代，西亚诸国多信仰伊斯兰教，给郑和船队成员留下深刻的印象，马欢等人对此都有详细的记载。如马欢记忽鲁谟斯国"国王国人皆奉回回教门，尊谨诚信，每日五次礼拜，沐浴斋戒。风俗淳厚，无贫

---

① 马欢：《瀛涯胜览·古里国》，转引自郑鹤声、郑一钧：《郑和下西洋资料汇编》（增编本）上册，第 510 页，海洋出版社，2005 年。

苦之家，若有一家遭祸致贫者，众皆赠以衣食钱本，而救济之"①。又记阿丹国"国王国人皆奉回回教门，说阿剌壁言语"②等等。当时，伊斯兰教对南洋诸国的影响较小，虽然已有少数几个国家，像南渤利国，因"人民止有千家有余，皆是回回人，甚是朴实。国王亦是回回人"③，易于接受伊斯兰教的影响，信仰伊斯兰教，但大多数南洋国家都是长期受佛教和印度教的影响较深。作为南洋大国的爪哇，情况便是如此。据在东爪哇的德罗洛、德罗乌兰（满者伯夷国都）和革儿昔等地所发现的数十块穆斯林墓碑，爪哇岛最早到13世纪末才开始有一些传播伊斯兰教的活动。据印度尼西亚史料记载，13世纪末，马六甲（即满剌加）王国已成为东南亚贸易的中心，在马六甲与以出产香料而闻名的马鲁古群岛之间，形成了一条热闹的商业航线，位于这条航线上的巨港、杜板和革儿昔等港口已发展成为重要的商港，伊斯兰教首先就在这些商港传播开来。但究竟是谁最早在印度尼西亚传播伊斯兰教，这个问题至今仍无定论。外国学者斯诺克和莫奎德等人认为，苏门答腊的伊斯兰教，最初是由印度西海岸的甘比到古查拉的穆斯林商人沿着阿拉伯人、波斯人到东方进行贸易的航线，经马来半岛传入苏门答腊北端。其主要依据是信奉伊斯兰教的沙姆德拉国王马立克·阿斯·沙勒等人的墓碑都是来自甘比。这种观点得到较多学者的支持。但爪哇岛的伊斯兰教究竟由何处传入，仍然是印度尼西亚学者争论最激烈的一个问题。随着讨论的深入，近几年来逐渐形成并开始引起人们重视的新观点，即认为爪哇的伊斯兰教是由中国传入，而且主要是通过郑和下西洋传进来的。据印度尼西亚学者茫雅拉查·翁昂·巴林桐岸写的《端

---

① 马欢：《瀛涯胜览·忽鲁谟斯国》，转引自郑鹤声、郑一钧：《郑和下西洋资料汇编》（增编本）上册，第519页，海洋出版社，2005年。

② 马欢：《瀛涯胜览·阿丹国》，转引自郑鹤声、郑一钧：《郑和下西洋资料汇编》（增编本）上册，第523页，海洋出版社，2005年。

③ 马欢：《瀛涯胜览·南浡里国》，转引自郑鹤声、郑一钧：《郑和下西洋资料汇编》（增编本）上册，第480页，海洋出版社，2005年。

古劳》（意为"我的主人，我的先生"，这是对伊斯兰教学者的尊称）的材料称："1405 年郑和访问爪哇以后，1407 年在旧港便产生华人回教社区，接着在 1411 年，在安哥、安卓尔（位于雅加达至丹绒不禄之间）、室里汶、杜板、锦石（即革儿昔）、惹班及爪哇其他地方，回教堂纷纷建立起来。"①可见南洋诸国的伊斯兰文化是通过海路，或者是沿着阿拉伯人、波斯人到东南亚进行贸易的商业航线，或者是沿着郑和航海的轨迹而得到传播，因此带有海洋文化的色彩。

3. 土著本土宗教信仰与海洋文化

在郑和航海之时，南洋一些国家的原居民还没有奉行对佛教或伊斯兰教的信仰，所有的只是对传统偶像的崇拜。如彭亨国（今马来西亚彭亨州，港口今称北干）"风俗尚怪，刻香木为神，杀人血祭祷，求福禳灾"②；爪哇国人"崇信鬼教"，以致该国在佛书中被称为"鬼国"。③在非洲，郑和船队所访问的东非沿岸各国，大多位于现今索马里、肯尼亚、坦桑尼亚地区，这里在公元前 1000 年左右已居住着说库施语的身材高大的农民。公元初期使用铁器的班图人迁入，到公元 1000 年中期他们将原有居民同化。东非沿岸黑人土著文化主要指班图人的文化。在宗教观念上，他们崇拜祖先和宇宙神，其崇拜的祖先是父系祖先，只有家长才有资格主持崇拜仪式，借以维持家族的稳定，令家族成员服从家长的领导。酋长和部落首领的祖先，是酋长（国）和全部落力量的源泉，对祖先的崇拜，支撑着首领的神圣权力。班图人所信仰的宇宙神，在各个部落中各不相同。当氏族制度解体和部落形成时，氏族的各路神灵随之演变融合为

① 李炳才：《印尼——神话与现实》，香港民报出版部，1982 年。

② 费信：《星槎胜览》后集《彭坑国》，转引自郑鹤声、郑一钧：《郑和下西洋资料汇编》（增编本）上册，第 470 页，海洋出版社，2005 年。

③ 马欢：《瀛涯胜览·爪哇国》，转引自郑鹤声、郑一钧：《郑和下西洋资料汇编》（增编本）上册，第 485 页，海洋出版社，2005 年。

部落神灵。在由部落过渡到部族，特别是当社会出现阶级分化并形成最初的王国时，宗教观念亦随着社会制度和社会关系的变化而形成了主神的观念，并且此时的崇拜仪式亦变得冗长复杂并具有明显的社会政治倾向。主神往往具有全部自然属性和社会属性，被认为是等级最高、神通最广、威力最大的神灵，这其实是王国君主的最高权威在宗教观念上的曲折反映。亚非国家中原居民这类本土的宗教信仰，由于在他们的思想观念中具有至高无上的权威性，无所不在，因此，在他们的航海活动中，同样起到了保佑海上平安，在遇到海上风险时坚定众志的作用，是那些处于较低社会发展阶段的海洋国家一种原始的海洋文化。亚非各民族本土宗教信仰在他们从事海洋活动时所发挥的作用，使他们的本土宗教信仰演变成海洋文化的一种形态。

4. 阿拉伯人的海洋文化

8—13世纪的500年间，为伊斯兰黄金时代，在这段时期，伊斯兰世界的艺术家、工程师、学者、诗人、哲学家、地理学家及商人辈出。8世纪中叶，古典阿拉伯地理学开始起步，于9—11世纪达到鼎盛时期，处于世界领先水平。这一时期出版的重要阿拉伯地理文献，部分内容反映了当时阿拉伯人对海洋，尤其是对阿拉伯海的认识。如著名旅行家穆卡达西在他的《诸国知识的最好分类》中记载："某天，当我正与阿布阿里·本·哈泽姆一起坐在亚丁湾海滨观赏海景时，他对我说：'是什么让你看起来如此心事重重？'我说：'真主支持谢赫！对于阿拉伯海，我的心情是复杂的，关于这里发生的冲突有着大量记载。现在，谢赫是最了解大海的人，因为他是商人的首领，他的船只继续向着最远处航行。他是否愿意提供一些我可以依靠的关于阿拉伯海的描述，让我不再感到疑惑？也许他会的。'他说：'你已经遇到了一位精通阿拉伯海的专家！'他用手中的棕榈

叶抚平沙子，在上面画出了阿拉伯海的形状。"①《诸国知识的最好分类》一书出版于公元985年，即10世纪后期，该书中的这段记载一方面反映出当时一些阿拉伯人希望了解海洋，特别是渴望了解他们身边的阿拉伯海的情况的心态；另一方面反映出某些惯常在阿拉伯海及其他大洋上航海的商贾和旅行家比别人更了解海洋，对海洋有着比较丰富的认知，尤其熟悉阿拉伯海的形状等情况，以致从中出现了"精通阿拉伯海的专家"。可见当时阿拉伯海洋文化的进步，在于由中世纪以前的古代对海洋还停留在惊叹、赞美、恐惧乃至充满神秘的仙境般的幻想阶段，进一步发展到用实际行动去了解海洋，认识阿拉伯海的形状等，从而能够对阿拉伯海有一个比较全面的了解。在9—11世纪出版的其他重要阿拉伯地理文献，如佚名作者的《世界境域志》和《塔米姆行纪》、伊本·胡尔达兹比赫的《道里邦国志》（又称《省道记》《道程及郡国志》）、伊斯塔赫里（10世纪上半叶）的《道里邦国志》、伊本·豪卡勒的《诸地形胜》、伊本·法齐赫的《诸国志》（或称《诸国纪事》）、法拉吉·古达玛的《税册及其编写》、伊本·鲁斯塔的《珍品集》（原意为"珍贵的项链"）、雅古比的《诸国志》以及马斯乌迪的《箴规篇》等，或多或少都涉及与海洋有关的内容，可与《诸国知识的最好分类》同视为研究中世纪阿拉伯海洋文化的资料。郑和航海时期的中外海洋文化以及此前伊斯兰黄金时代的海洋文化，都为人类海洋世纪的到来作了海洋文化方面的积累，同样是人类海洋文明的宝贵遗产。

二、海洋科技的基本特点

在郑和航海时代，中国之外，亚非各主要沿海国家在长期的航海实践中，海洋科技都有不同程度的发展，其中，阿拉伯人的航海科技水平居

---

① ［美］林肯·佩恩著，陈建军、罗燚英译：《海洋与文明》，扉页，天津人民出版社，2017年。

领先地位。当时，阿拉伯人航海已经使用三角帆船，这种高大的三角形纵帆，比地中海其他船只使用的横帆更灵活，能逆风航行，能在狭窄的水域里转变航向。这种三角帆船的优点是适航性较强，能较少地受天气变化、风向转变的影响，这对完成远洋航行是非常重要的。不过当时阿拉伯人航海并非全使用三角帆船，《马可·波罗游记》记述了他所看到的阿拉伯海舶船体小，仅一桅一舵，没有铁锚。造船木料坚脆，铁钉钉不进去，容易震裂，所以用椰索缝合法联结船板，船底不涂沥青，只用鱼脂油，再加絮捻缝。船不坚固，在印度洋航行易沉没。汪大渊《岛夷志略》"甘埋里"条中记甘埋里（今伊朗南部霍尔木兹海峡中霍木兹［Hormoz］岛，一说为今非洲东岸莫桑比克东北海外的科摩罗［Comoro］群岛），"其地船名为马船，大于商舶，不使钉灰，用椰索板成片。每舶二三层，用板横栈，渗漏不胜，稍人日夜轮戽水不枯竭。下以乳香压重，上载马数百匹"，即是造船用椰绳索的例子。这种情况，不仅在元代如此，在郑和航海时代依然这样。当时印度洋沿岸一些国家造船不用铁钉，而用椰子外皮打成的粗细绳索捆绑，即是用椰索缝合法联结船板，所以当时距阿拉伯诸国不远的一些印度洋上的岛国，便出产椰索，卖给这些国家供联结船板造船之用。据马欢记载，溜山国（今印度洋中的马尔代夫［Maldive］群岛和拉克代夫［Laccadive］群岛）"椰子甚广，……其椰子外仓之穰，打成粗细绳索，堆积在家，各处番船上人亦来收买，卖与别国，造船等用"①，可见这种椰索缝合法当时在阿拉伯或印度洋沿岸一些国家中造船时还普遍使用。这种用绳索捆绑造船的方法，在古埃及法老王统治时代就已经开始应用。埃及没有森林，缺乏造船所需的木材，当时便将尼罗河所产纸莎草用于造船。他们把厚厚的纸莎草捆扎成船头和船尾，再加一块平坦的木板略微加固，便造成一条船了。这种船没有舵也没有橹，全靠划桨前进，船体较小的只需要一个人就

①　马欢：《瀛涯胜览·溜山国》，转引自郑鹤声、郑一钧：《郑和下西洋资料汇编》（增编本）上册，第438页，海洋出版社，2005年。

图 10　马尔代夫首都马累街景

　　马尔代夫由2000多个岛屿组成，郑和下西洋时期称为"溜山国"，是郑和船队横渡印度洋必经之地。首都马累是其中最大的一座岛，郑和下西洋时期称为"官屿溜"。此图为现今马尔代夫首都马累街景。

可以驾船航行。即使后来有条件使用木材来造船，人们仍坚持制作这种船，并且用"扎船"而不是"造船"这个词来形容制作过程。印度洋沿岸一些国家用绳索捆绑造船的技术，应该就是源自古埃及这种"扎船"的方法。

　　阿拉伯人当时已利用印度洋上的季节风往返于东西方之间，能掌握向不同方向出航的时节。他们熟悉东西方航线，在航途中能识别风向和陆地出现的标志，还能通过不同的海鸟、海藻的出现和涨落潮来确定是否靠近陆地或岛屿。阿拉伯人的天文航海技术也比较发达，其商队于夜间在沙漠中行走，船队在大海上航行，凭借着观察天上的星座位置来把握前进方向。公元 7 世纪阿拉伯帝国崛起之后，不仅控制了南阿拉伯海的海上交通，而且他们的船队向东远航印度，往西抵达东非海岸和地中海沿岸，从而积累了丰富的航海知识和经验，出现了像伊本·马吉德和苏来曼·马希里那样经验丰富的航海家，对航船方向的推算和对有关的航海天文学及海洋学知识的了解，在古代都属于世界先进水平。当时，阿拉伯的航海家通过长期对银河星象的观察而了解到各星座的名称和星宿的位置，可以在没有罗盘的情况下，在船头利用眼瞄和手指对准天上的星座来确定航向和推算船的方位。随着海上丝绸之路的发展，海上丝绸之路沿线重要的国家，如印度沿海国家、波斯、阿拉伯等的航海科技有了长足的发展。关于当时航海活动本身的证据，主要来自关于航海者本人及其训练的零星记载，而非实际运用理论和仪器的资料。10 世纪时，达纳帕拉记载了印度引航员泰拉伽的成就。泰拉伽的父亲也是一名引航员，由于精通航海技术，泰拉伽成了海员行会的领袖。在"学会所有技术"之后，他获得的第一份工作是担任船长，他被人们公认"精通航海技术"。印度人并不是唯一编写出航海指南的人，已知最早的引航员手册是 1010 年由波斯人编写的。穆卡达西在其《诸国知识的最好分类》一书中，曾提及波斯人的著作及其中所附的地图。穆卡达西在从红海到波斯湾的阿拉伯半岛港口的旅程中，采访了许多"船长、货主、海岸警卫、贸易代理和商人，他们都是最聪明的人"。"在其拥有的航海指南（他们共同仔细研究并完全依靠该指南）中，他们根据船只停泊处、风向、水深以及港口之间的路程等情况来开展行动。"15 世纪时，阿曼航海家艾哈迈德·伊本·马吉德（Ahmad idn Majid）撰成《航海原理及准则》一书，指出航海者应该能够观察日月运行轨迹，确定星辰的位置，知道港口之间的距离和路线，并懂得如何使用各种航海仪器来确定纬度。"你应该知道所有海岸及其登陆地点。对于各种能够提供信息的事物，如淤泥或草、动物或鱼类、海蛇和风，同样也应知晓。你应该熟悉位于每一条路线上的潮汐、洋流及岛屿，确保所有仪器

状态良好，并检查为船只、仪器及船员提供保护的装置。"马吉德关于航海活动的记述只追溯到 15 世纪，但他也提及了许多更早的航海指南，其中最古老的由 12 世纪时的波斯人编写，可与《苏帕拉迦本生经》以及地中海与北欧在 11 世纪中的航海活动相媲美。①

在元代，元朝政府为了发展远洋航海事业，颇重视向阿拉伯人学习先进的航海技术，曾下令向侨居中国境内的阿拉伯人征集航海指南一类的书籍。据《秘书监志》称："至元二十四年（1287）二月十六日，奉秘书监台旨：福建道遍海行船，回回每有知海道回回文字喇特纳，具呈中书省行下合属取索者。奉此。"②按"喇特纳"即波斯文 rahnama 的译音，意为"指路""旅行指南"。元政府所征集的"喇特纳"，无疑就是当时阿拉伯人、波斯人的海道图经一类的航路指南书。在元朝时，大食人赡思，即著有《西国图经》一种③，其中就可能有中国与阿拉伯诸国间的海道图。元代以后，郑和航海也注意吸收阿拉伯天文航海技术中较先进的成果。

位于北非的埃及，是有着悠久的航海传统的国家，较早掌握了为远洋航海所需的海船制造和航海技术，自古与印度西海岸诸国和锡兰岛之间就有海上交通。在东晋时期（317—420）的佛教经籍《那先比丘经》中，就记载了来自埃及的"阿荔散"国王来到印度后，与那先的一段对话，其中记载："那先问王：'王本生何国？'王言：'我本生大秦国，国名阿荔散。'那先问王：'阿荔散去是间几里？'王言：'去是二千由旬，合八万里。'"这里"阿荔散"即埃及亚历山大港，是埃及最大海港，也是举世闻名的港口城市。大秦在中国古代有时泛指西亚诸国，有时则指埃及，有时则指东罗马，这里即指埃及。在张星烺《中西交通史料汇编》第一册《古

---

① 参阅［美］林肯·佩恩著，陈建军、罗燚英译：《海洋与文明》，第 296 页，天津人民出版社，2017 年。

② 《秘书监志》卷 4。

③ 《元史》卷 190《儒学二》。

代中国与欧洲之交通》一节中记载，公元530年（中国南朝梁武帝时），埃及人科斯麻士曾至印度西海岸及锡兰岛经商，后归国而为僧人。这些记载表明，在公元3至6世纪时，埃及与印度之间的海上交通仍在持续发展。埃及与阿拉伯诸国相邻，在航海技术和航海经验方面彼此易于相互交流和借鉴，当时埃及能够泛海来到印度，与古代阿拉伯、印度之间的海上交通素来较为发达，也有一定的关系。

当时，南亚和东南亚一些沿海国家的造船和航海技术也都达到一定的水平，能够胜任远洋航海的任务。洪武五年（1372）正月，印度沿岸的西洋琐里国（在今印度科罗曼德尔［Coromandel］海岸，其首府或谓在讷加帕塔姆［Nagapattam］）不远万里，派遣使者来中国访问，令明太祖朱元璋十分感动，特别指示中书省臣要给予优厚的接待："西洋琐里，世称远番，涉海而来，难计年月，其朝贡无论疏数，厚往而薄来可也。"[1]印度沿岸国家涉海而来中国，要从印度洋进入西太平洋，穿过马六甲海峡，经由东南亚各国海域，再从南海北航，方能到达，如不拥有适航性能良好的海舶，并掌握一定的天文航海和地文航海技术，是不能完成这段航行的。

东南亚沿海国家的造船和航海有着悠久的历史。三国时期，大约在吴孙权黄武五年（226）到黄龙三年（231），孙权曾派遣宣化从事朱应和中郎康泰访问东南亚沿海诸国。他们回国以后，根据出访所得资料，写成专门报告，呈交上去。可以知道的是，朱应曾撰有《扶南异物志》，康泰撰有《吴时外国传》（《扶南土俗》）等书，大约都是记述所访问诸国的见闻。康泰等在东南亚沿海诸国访问时，还曾乘坐过扶南国（今柬埔寨）的海船。据康泰《吴时外国传》记载："扶南国伐木为船，长者十二寻，广六尺，头尾似鱼，皆以铁镊露装。大者载百人，人有长短桡及篙各一。从头至尾，约有五十人作，或四十余人，随船大小。立则用长桡，坐则用

---

① 《明太祖实录》卷71。

短桡，水浅乃用篙，皆撑上应声如一。"①这在当时应该算是比较大的海舶，可以航行到较远的其他国家。其时来中国的外国船舶，通常称来自阿拉伯的为波斯舶②、来自印度的称天竺舶、来自锡兰的称狮子国舶③，由于康泰等人的记述，人们又知道了扶南舶。为史料所局限，我们尚不能确知康泰一行是否进而去访问了东南亚以西更远的国家，但康泰《吴时外国传》中记载着："从加那调州（在今缅甸沿岸）乘大舶船，张七帆，时风一月余日，乃入秦，大秦国也。"④当年他们曾到之地，距罗马帝国仅一月余日航程，与此有关的若干情况，他们也已知晓，当时当地也有去那儿的七帆大船。这些记载表明，在那时东南亚一些国家的航海科技已经相当发达了。在唐代，称来自南洋国家的海舶为"南海蕃舶"，如唐文宗太和八年（834）上谕说："南海蕃舶，本以慕化而来，固在接以仁恩，使其感悦。"⑤也有称作"南海舶"，据唐代李肇《唐国史补》中记载："南海舶，外国船也，每岁至安南、广州……舶发之后，海路必养白鸽为信，舶没，则鸽虽数千里亦能归。"⑥这说明当时南洋一些国家经常航海来到中国，并且在海上远航的人们已用鸽子传递信书，以向家人递报平安或其他信息。有这样的航海基础，在郑和航海时代，南洋一些国家，如苏门答剌国，不用搭乘郑和船队的海舶，乘本国的海舶便可以来中国朝贡。据《明宣宗实录》记载，自洪熙元年（1425）郑和船队停航以后，中国对海外诸国的影响随之减弱，暹罗又故态复萌，阻止满剌加国王及使臣来中国朝贡。满剌加国王不堪欺凌，令使臣三人秘密搭乘苏门答剌国贡舟，于宣德六年（1431）二月抵京，向明宣宗朱瞻基陈诉暹罗肆意欺凌等状，请求给

① 《太平御览》卷 769 引《吴时外国传》。

② 义净：《大唐求法高僧传》卷下。

③⑤ 李肇：《唐国史补》卷下。

④ 《太平御览》卷 571 引《吴时外国传》。

⑥ 李肇：《唐国史补》卷下。

予制止。①由此看来，早在唐代就每岁至广州的"南海舶"，应该就包括苏门答剌国的海舶在内。

自唐代海上丝绸之路兴盛，陆上丝绸之路在中外交通上退居次要地位，各国船舶来华骤然增多，当时对外国船舶的名称，除上述波斯舶、天竺舶、狮子国舶、扶南舶、南海蕃舶、南海舶之外，尚有西南夷舶②、昆仑舶③、昆仑乘舶④、西域舶⑤、婆罗门舶⑥、番舶⑦、蛮舶⑧、外国舶⑨、海舶⑩等名称出现于史籍中，说明从唐代起，各主要沿海国家都能建造远距离航海所用的船舶。在此基础之上，至郑和航海时代，这些国家的海船制造当会达到更高的水平。

---

① 《明宣宗实录》卷76。

②⑤ 《新唐书》卷31《李勉传》。

③⑥ ［日］真人元开：《唐大和上东征传》。

④ 《旧唐书》卷89《王方庆传》。

⑦ 《新唐书》卷163《孔巢父传》。

⑧ 《旧唐书》卷77《卢钧传》。

⑨ 《南史》卷51《梁宗室传》上《萧励传》。

⑩ 《梁书》卷33《王僧孺传》。

第三节　郑和航海对中国传统文化与科技的传播

郑和航海时代，随着中外海上交通事业的发展，中国文化向海外各国的传播，更实行了中国历史上所说的"惠此中国，以绥四方"①的传统政策。对此，费信曾这样评论道："际天所覆，极地所载，莫不归于德化之中。普天之下，率土之滨，罔不悉归于涵养之内。洪惟我太祖高皇帝……扫胡元之弊习，正华夏之彝伦，振纲常以布中外，敷文德以及四方。太宗文皇帝德泽洋溢乎天下，施及蛮夷，舟车所至，人力所通，莫不尊亲。执圭捧帛而来朝，梯山航海而进贡。礼乐明备，祯祥毕集。"②这虽是些赞誉之词，却也反映了 15 世纪初叶，通过郑和航海的媒介作用，中国向海外国家传播中国传统文化，使中国与海外各国在文化上发生密切关系，在一定程度上，起到了让各国归于中国传统文化"涵养之内"的作用。中国与世界各国的文化交流，可以追溯到遥远的古代，相互影响，固是由来已久，但没有像在郑和航海时期那样普遍、广泛地交流着。所以，明代黄省曾有"西洋之迹，著自郑和"③的说法。与此同时，郑和航海也向各国传

---

① 佚名:《诗经·大雅·民劳》。

② 费信:《星槎胜览·序》（两卷本），转引自郑鹤声、郑一钧:《郑和下西洋资料汇编》（增编本）上册，第 536 页，海洋出版社，2005 年。

③ 黄省曾:《西洋朝贡典录·自序》，转引自郑鹤声、郑一钧:《郑和下西洋资料汇编》（增编本）上册，第 537 页，海洋出版社，2005 年。

播了中国先进的科技和生产技术，促进了各国科技和生产技术的进步。

一、郑和航海对中国传统文化的传播

中国封建时代的政教制度中，具有浓厚的民族色彩的，莫过于历法、冠服以及科举制度。尤其是历法和冠服两项，向为国家施政上最重要的措施；所谓"颁正朔，易服色"，就是历代封建王朝对内对外的两件大事。

1. 颁给本朝历法的意义

郑和在出使亚非诸国的过程中，忠实地执行了明初对外方针："所至颁中华正朔，宣扬文教，俾天子声灵，旁连于无外。"①所谓"颁中华正朔"，就是颁给本朝的历法，要求海外诸国承认明王朝为"正朔所在"，奉行明朝政府颁给他们的历法。明朝政府要求各国接受所颁历法的重大意义，主要目的并不仅在于使他们有一本比较精确的历法，以便于日常生活和生产，而且在于使诸国能以接受中国的礼俗，促使其社会文化面貌接近于中国。据申时行等重修《明会典》记载，在正统朝以前，即自洪武至宣德之际，琉球、占城等海外国家，"俱因朝贡，每国给与王历一本，民历十本"②。"王历"与"民历"作为明代两种历法，都有历注，记载上至国家大事，下至民间生活的各项应行的事宜，达六十二事之多。据明申时行等重修《明会典》记载，其中"王历"历注，有祭祀（祈福）、施恩封拜（覃恩、行赏、赏劳、受封、封爵、封册、拜官、庆赐、肆赦）、上册进表章、颁诏、冠第（注时、坐向、方位）、行幸（注时）、宴会、招贤、出师（注时、出某方位、选将、训兵、安抚边境）、遣使、结婚姻、嫁娶（注时）、进人口（注时、纳奴婢）、沐浴、整容、剃头、整手足甲、疗病（求医、针刺）、入学（注时）、安床（注时）、裁制（注时）、兴造

---

① 南京图书馆藏，[清]佚名：《明史稿·郑和传》，转引自郑鹤声、郑一钧：《郑和下西洋资料汇编》（增编本）中册，第1134页，海洋出版社，2005年。

② 申时行等：《明会典》卷223《钦天监》。

动土竖柱上梁（注时）、缮城郭、开渠穿井、扫舍宇、搬移（注时）、栽种、收养、捕捉、畋猎等三十事。"民历"历注，有祭祀（求嗣、解除、求福）、上表章、上官（注时、赴任、临政、亲民）、结婚姻、嫁娶（注时）、冠带（注时、坐向方位）、会亲友、出行、入学（注时）、进人口（注时）、安床（注时）、裁衣（注时）、纳财、交易、开市、经络、沐浴、剃头、疗病、开渠穿井、修造动土竖柱上梁（注时）、动土安葬、移徙、扫舍宇、安碓硙、栽种、牧养、伐木、捕捉、畋猎、平治道涂、破屋坏垣等三十二事。①明成祖朱棣在谈及郑和航海一事时，说他"恒遣使敷宣教化于海外诸番国，导以礼义，变其夷习"②。两种历法历注所载六十二事，其内容包括了中国国家政治、社会经济生活、生产活动、封建礼俗的各个方面，颁给海外诸国学习，对之实行引导，作为让海外诸国"变其夷习"的依据。在15世纪初叶，郑和下西洋所访问的海外国家，尤其是南洋诸岛国，大多数处于奴隶制或部落状态，往往一个城邦即自称一国。在这种社会发展阶段上，其人民习俗与当时文明程度较高、文化高度发达的中国相比，存在着很大的差距。如爪哇"人吃食甚是秽恶，如蛇蚁及诸虫蚓之类，略以火烧微熟便吃。家畜之犬，与人同器而食，夜则共寝，略无忌惮""男子腰插不剌头（为长一尺二三寸之两刃短刀——引者注）一把，三岁小儿至百岁老人皆有此刀，……国人男妇皆惜其头，若人以手触摸其头，或买卖之际钱物不明，或酒醉颠狂，言语争竞，便拔此刀刺之。强者为胜，若戳死人，其人逃避三日而出，则不偿命，若当时捉住，随亦戳死。国无鞭笞之刑，事无大小，即用细藤背缚两手，拥行数步则将不剌头于罪人腰眼或软肋一二刺即死。其国风土无日不杀人，甚可畏

① 申时行等：《明会典》卷223《钦天监》。

② 朱棣：御制《南京弘仁普济天妃宫碑》，转引自郑鹤声、郑一钧：《郑和下西洋资料汇编》（增编本）上册，第533页，海洋出版社，2005年。

也"①。当时中国的日常生活中，饮食寝居随着人们社会地位的不同而不同，有着种种讲究，不可一概而论；但其最低限度，也要比爪哇国这种原始状态文明得多。至于刑律，中国也相当完善，条款繁多，论罪定刑；人命关天，杀人者必偿命，已是最起码的常识。这些在"历注"所记的"宴会""安床""扫舍宇""捕捉""临政"等事中，都会有所反映。明朝廷要求海外诸国按"历注"所记，在诸事上遵行中国的礼俗，对改变其野蛮落后的习俗，有着重要的意义。当时，中国和海外诸国由于社会条件不同，在海外诸国视为正常现象的习俗，在文明程度较高的中国看来，就显得是野蛮落后、应予革除的东西了。郑和航海对发展中国与亚非国家间在文化方面的交流，所起的重大作用，就在于郑和使团通过前往各国采风问俗，发现了海外国家文化落后的程度，而海外诸国因郑和使团之来，并随郑和船队去中国访问，发现了中国文明发达的程度。这种相互发现，相互对比，是很有意义的。马欢在目睹了爪哇国"无日不杀人"的风俗之后，感到"其可畏也"；而海外国家的国王、酋长和使者来华访问，受到优厚的礼遇、盛情的款待，亲见中国文物典章之美，军容仪威之盛，享受到中国先进的精神文明与物质文明，以"生居绝域，习见僻陋"，得"获睹天朝太平乐事之盛"，感到"死且有光"。②这样，海外诸国国王和使者经比较后，对本国"习见僻陋"，风俗落后，就会看得清楚一些了，就会产生改革旧俗的要求。在中国方面，对海外诸国实行传统的怀柔政策，"嘉善而矜不能"③，重在提高远方较落后国家的知识技能与文明程度，一旦发现海外诸国"略无忌惮""甚可畏"的习俗，不会听之任之，而会对之施加影响，争取用中国先进的物质文明与精神文明，来影响其野蛮落后的

---

① 马欢：《瀛涯胜览·爪哇国》，转引自郑鹤声、郑一钧：《郑和下西洋资料汇编》（增编本）上册，第484—485页，海洋出版社，2005年。

② 《明成祖实录》卷40。

③ 《礼记·中庸》。

状况。这个由野蛮到文明，改变落后文化面貌的过程，符合社会进步的方向，使海外国家人民受益，理所当然地会为质朴的海外国家人民所接受，与此同时，他们也自会服膺于中国，愿意对中国表示亲善友好了。费信说，他们随郑和等出使海外诸国，"诚不敢负圣恩，往赐玺书礼币，至仁至德，化及蛮夷，万邦臣服，贡献之盛钦"①！正揭示了通过郑和航海，中国人在走向海洋与各国的联系中，不是诉诸武力，而是"所至颁中华正朔，宣敷文教"，"化及蛮夷"，通过向海外国家宣扬中国传统文化，将那些属于人类共有优秀精神遗产的文化元素传播到相对落后的海外，而得到各国的认同。郑和使团注意用中国先进的文化教育与礼俗来影响海外国家，这种影响愈深刻，范围愈广，就会有更多的海外国家在本身获得提升的过程中，加深对中国的认识与了解，从而真诚地敬慕中国，并出自对中国的感戴，"贡献之盛钦"！而郑和使团通过一次又一次下西洋，努力宣扬文教，发展与亚非国家之间的文化交流活动，既提高了亚非诸国文明的程度，又提高了他们对中国先进文化的认识，从而收到对中国心悦诚服的效果。这就是费信所说的"笃近举远，故视中国犹一人，而夷狄之邦，则以不治治之"②。不断加强中国与亚非国家间在文化上的关系，用中国先进的文明，"化及蛮夷"落后野蛮的习俗，可以对"夷狄之邦"收到"以不治治之"即提高中国在海外诸国中的威望的效果。不能不说这是郑和航海在发展中国与亚非国家间的文化交流中，所发现的一个真理。法国学者弗朗索瓦·德勃雷在论及郑和航海一事时说："两年之后（书中并未明指是哪'两年之后'——引者注）郑和进行了一次新的远征，接着又两下南

---

① 费信：《星槎胜览·序》（两卷本），转引自郑鹤声、郑一钧：《郑和下西洋资料汇编》（增编本）上册，第 536 页，海洋出版社，2005 年。

② 费信：《星槎胜览·序》（四卷本）。

洋。中国发现了亚洲，亚洲也发现了中国。"①中国与亚非国家间的相互发现，如上所述，正是随着当时进一步加强了中国与亚非国家间的文化交流才有的。当然，明朝廷在致力于发展与各国的文化交流、宣扬文教的过程中，也不是一帆风顺的，曾多次遭遇海盗袭击等恶性事件，对这类"梗我声教"②的敌对势力或不友好的行为，明朝廷或坚决打击，或采取恩威并施的方式妥善解决，不姑息养奸，从而不断为中国传统文化的传播，为发展与各国的文化交流铺平道路。

2. 赠予冠服的意义

永乐、宣德之际，明朝廷赐予冠服给亚非国家，也具有让当时文明程度较低或尚未开化的海外国家移风易俗，接受中国礼仪的意义。这与颁给历法一样，都是郑和航海所要完成的使命之一。当时，被赐给冠服的有琉球、渤泥、暹罗、爪哇、占城、满剌加、锡兰山、古里等国。如"永乐七年（1409）己丑，上命正使太监郑和等统（此下似脱'宝船'二字——引者注）赍诏敕，赐头目双台银印冠带袍服，建碑封城，遂名满剌加国"③。郑和代表明朝廷赐给满剌加国王冠带袍服以后，满剌加头目拜里迷苏剌的身份才真正发生了变化，由一个部落的酋长，正式成为一个国家的国王；冠服之制如中国，这就改变了原先那种"科头裸足语侏僚，不习衣冠疏礼义"④的原始部落状态，而具有文明社会的形态。对这类国家而言，接受明王朝赠予冠服的意义，在于这成为该国实现社会转型的标志。

郑和航海时期，在给赐亚非国家冠服方面，除由明朝廷主动赐予外，

---

① ［法］弗朗索瓦·德勃雷著，赵喜鹏译：《海外华人·序言》，第 4 页，新华出版社，1982 年。

② 《明史》卷 324《三佛齐国》，转引自郑鹤声、郑一钧：《郑和下西洋资料汇编》（增编本）中册，第 811 页，海洋出版社，2005 年。

③ 马欢：《瀛涯胜览·满剌加国》。

④ 马欢：《纪行诗》，载于马欢：《瀛涯胜览》（纪录汇编本）卷首；罗懋登：《三宝太监西洋记通俗演义》第 100 回。

亦多有各国主动请求给赐的。当时，明朝廷对亚非国家冠服的给赐，对国王是给以皮弁玉圭、麟袍、龙衣、犀带、玉带，而对一般使节则给赐明朝政府官员所穿戴的"朝服"和"公服"。如永乐四年（1406）正月，渤泥国使臣生阿烈伯成、通事沙扮等在回国前请求明成祖朱棣说："远夷之人，仰慕中国衣冠礼仪，乞冠带还国。"明成祖"嘉而赐之生阿烈伯成镀金银带，沙扮素银带"。①当时海外国家使者若"冠带还国"，即意味着在中国受到特别的尊重和礼遇，带着中华文明的印记，回到国内，被当作是一件很荣耀而令人羡慕的事，所以他们屡屡以此为请，尤以琉球国请求给赐最多。而明朝廷则认为这体现海外人民愿意"变其夷习"，是在向海外传播中国的礼教，自然乐于成全其志，故"嘉而赐之"。在郑和航海时期，海外诸国由"不习衣冠疏礼义"，到"仰慕中国衣冠礼仪"，是体现了其由落后蒙昧的状态向文明社会转变的重要标志，也是郑和航海时期通过向各国"导以礼仪，变其夷习"推动古代人类先进文明全球化的一个例证。而各国愿意"变其夷习"，说明追求社会的文明进步，是人类社会的共同价值与共同利益之所在，而郑和航海顺应国际社会发展的趋势，积极去满足这种共同的需求和利益，对当时促成人类早期利益共同体的构建，以及催生人类海洋世纪的形成，都具有重要意义。这正是当时进一步加强了中国与亚非国家间的文化交流所使然，有力地显示出郑和航海向海外国家传播中国传统文化的进步意义。

3. 推行科举制度的意义

对一些能通中国文字的国家，像高丽、安南、占城诸国，明朝廷还遣使颁科举诏于其国，"而欲纳之于合教同文之盛"②，作为贯彻明朝对外方针的一项措施。如洪武三年（1370）五月，明太祖朱元璋诏设科取士，同时遣使颁科举诏于高丽、安南、占城诸国。诏书中说："朕闻成周之制，

① 《明成祖实录》卷40。
② 严从简：《殊域周咨录》卷7《占城传》。

取才于贡士，故贤者在职，而其民有士君子之行；是以风淳俗美，国易为治，而教化彰显也……今朕统一中国……方与斯民共享升平之治，所虑官非其人，有殃吾民，愿得贤人君子而用之。"①科举制度，在中国封建社会里，历代以来被当作是考选人才的大典，唐、宋以来，极受重视。明朝廷对一些海外国家颁给科举制度，目的也是要各国为宣敷、彰显中国的"教化"而选拔人才，使官得其人，不致鱼肉百姓，为实现中外人民"共享升平之治"创造条件。明代"科目者，沿唐宋之旧，而稍变其试士之法，专取四子书及《易》《书》《诗》《春秋》《礼记》五经命题试士"②。科举考试涉及中国传统的儒家文化，内容相当广泛，并有一定深度和难度。海外实施科举制度的国家，必须与中国有一定的历史文化渊源，在读书人群中有相当一部分具有一定的中国文化的修养，不是一般国家所能推行的。明初颁科举诏于与中国相邻的文化程度较高的海外国家，对进一步扩大中国文化在这些国家的影响，促进中国传统文化在海外的传播，都具有重要的意义。郑和航海以"教化彰显"、与各国"共享升平之治"为宗旨，在各国传播中国传统的儒家文化，对一些有条件推行科举制度的海外国家建立这类选拔人才的制度，起到了促进的作用。

4. 赠予图书的意义

图书是文化传播的主要载体，郑和航海时期，中国为了向亚非诸国传播文化，宣敷教化，曾赠予海外国家不少图书。据《明成祖实录》记载："永乐二年（1404）九月辛亥（十三日），命礼部装印《列女传》万本，给赐诸番。"当时"暹罗国王昭禄群膺哆罗谛剌承玺书赐劳，遣使奈必等奉表谢恩，且贡象牙、诸品香、蔷薇水、龙脑、五色织文彩缦、红𧌒毯、苾布等物。命礼部宴赏其使，遣还。仍命赐其王绮彩币四十四匹，钞

① 《明太祖实录》卷52。

② 《明史》卷70《选举志2》。

千四百锭,《古今列女传》百本"①。若以每个国家送一百本《列女传》计算,则永乐二年(1404)为"给赐诸番"而一次装印的《列女传》,就可以分送一百个海外国家。由此可以想见,本着"定四海之民,一视同仁"的精神,当时凡郑和使团舟车所至的国家和地区,都能得到明朝廷赠给的《列女传》。如此广泛地向海外诸国赠送书籍,实为郑和航海时期向各国传播中国传统文化的一件大事。当时明朝廷为什么要向海外诸国广为颁发《列女传》呢?我们若分析一下明成祖朱棣为《列女传》所写的序文,就不难找到答案。在序文中,朱棣认为作为"立天下之大本"的"经纶之道","以人纶为本,人之大纶有五,而男女夫妇为先"。人纶(伦)之中的夫妇之道,是"生民之始,万福之原"。②如果从人类繁衍的角度上讲,事实就是如此。但男女双方,"在其现实性上,它是一切社会关系的总和"③;夫妇关系是受一定的阶级关系和社会关系制约的。中国封建社会要求处于不平等地位的女子具有"妇德",即要具备所谓的"三从四德"。为此,汉刘向辑《古列女传》,选"上自后妃,下逮士庶人之妻"合于"妇德",堪作"楷模"者,为之作传,以事宣扬。朱棣说他这种"倦倦忠厚之意,欲以感悟其君,其意亦美矣"。之所以称"其意亦美",即在于虽然处于不平等的地位,仍能忍让,克己复礼,相夫教子,以这种充满"倦倦忠厚之意"的"妇德"来"感悟其君",达到"家人父子,欢然有恩,粲然有文。馌田亩为酒食,治蚕绩供衣裳,以奉献祭"的怡然境界,以保持家庭的和谐和社会的稳定,民众安居乐业,自然也就有利于封建统治的巩固。然而这种"美意"到底是通过介绍哪些"列女"

---

① 《明成祖实录》卷31,转引自郑鹤声、郑一钧:《郑和下西洋资料汇编》(增编本)中册,第1014页,海洋出版社,2005年。

② 朱棣:《〈古今列女传〉序》,《明成祖实录》卷25,转引自郑鹤声、郑一钧:《郑和下西洋资料汇编》(增编本)中册,第1014页,海洋出版社,2005年。

③ 马克思:《关于费尔巴哈的提纲》,载《马克思恩格斯选集》第1卷,第18页,人民出版社,1972年。

的哪些事迹来具体表现的？由于该书屡经传写，至宋代已非古本，朱棣也只好说："惜其传久淆乱，南丰曾巩已不得其详。"其实，朱棣对刘向这种"美意"的推崇，不过是糅进了自己的政治理想，对古代"习俗之美"加以理想化，借古人的亡灵，为现实服务而编织的一种意境而已。这就是朱棣在序中所说的："朕尝求之豳风，观其习俗之美，家人父子，欢然有恩，粲然有文。馌田亩为酒食，治蚕绩供衣裳，以奉献祭，实二南之权舆也。及乎周南，后妃贵而勤，富而俭，长而敬；不弛于师，传嫁而孝，不衰于父母；乐而不淫，哀而不伤，逮下而有螽斯之祥，仁厚而致麟趾之应。雍雍乎，熙熙乎，江汉汝坟，咸被其化，端庄静一，无狎昵之私，离别告语，皆忠厚之意，何其盛也。"这里所盛称的"忠厚之意"，与他所称赞刘向的"忠厚之意"，都是相通的，都是表现出朱棣对《诗经》所反映"武王周公修太平之业"那种理想境界的向往之意。尽管武王周公时代的中国社会并非如此和谐，《诗经》中所反映那时"习俗之美"也不是像朱棣所认为的那样完美，但朱棣既想"修太平之业"，又拿不出未来太平盛世的蓝图，就只有寄托于此了。在朱棣看来，这种理想境界的实现，乃是古之"列女"仁厚有德的结果。所以，朱棣又认为："盖古必有女师之官，所以教之之具委曲详尽，皆著于书，周衰散佚，今内则诸篇寂寥数语而已。"[1]如此，就难以使后人承继其教，恢复古代"习俗之美"的盛况了。朱棣既然这样来追求自己想象中的"太平之业"，那就要继承古"女师之官"的事业，根据时代的需要和文化的传承发展，补阙增义，重修一部具有时代精神和特点的《古今列女传》，以为现实教育服务。

另一方面，朱棣之修《古今列女传》，也是为了继承其母未竟的事业。序文中又说："朕自少时，伏睹观皇考修身齐家，皇妣辅治同德，……皇妣每听女史读书至《列女传》，谓宜加讨论，删定为书，永作世范。请

---

[1] 朱棣：《〈古今列女传〉序》，《明成祖实录》卷25，转引自郑鹤声、郑一钧：《郑和下西洋资料汇编》（增编本）中册，第1014页，海洋出版社，2005年。

于皇考，命儒臣校正，有绪未既，皇妣违荣，皇考每叹息伤悲其意，竟未及成书。"可见朱棣对其父母在纂修此书上所寄托的深情厚意，是颇有体会的。难怪他于即位之初，为实现其母删定《列女传》，"永作世范"的遗愿，"乃命儒臣编次古今后妃、诸侯大夫庶人妻之事，分为三卷，颁之六宫，行之天下"，乃至遍赐诸番了。当然，朱棣继续完成其母的遗愿，还在于母子两人都希望这部《列女传》"俾为师民知所以教，而闺门知所以学，庶修身者不致以家自累，而内外有以相成全"。按照朱棣的理论，既"相成全"，则"立天下之大本"已具，可以"体经纶之功大，复虞周之盛"①了。由此可见，朱棣向海外诸国赠送《古今列女传》，是想发扬光大武王周公的事业，为在海外"修太平之业"，而向海外诸国宣扬"经纶之道"。在朱棣执政之初，"蛮夷由来叛服不常"②，与朱棣想象中的太平盛世大相径庭。有些国家习俗之野蛮落后，更是令人触目惊心。像爪哇国风土"无日不杀人"③，一旦发生内讧，更是滥杀无辜。郑和第一次下西洋到爪哇登岸贸易时，使团就有一百七十余人为此而无辜丧生。又如占城国"岁时纵人采生人之胆，鬻于官，其酋长或部领得胆入酒中，与家人同饮，又以浴身，谓之曰通身是胆"④。暹罗国"风俗劲悍，专尚豪强，侵掠邻境"⑤。彭亨国"风俗尚怪，刻香木为神，杀人血祭祷，求福

① 朱棣：《〈古今列女传〉序》，《明成祖实录》卷25，转引自郑鹤声、郑一钧：《郑和下西洋资料汇编》（增编本）中册，第1014页，海洋出版社，2005年。

② 《明成祖实录》卷50。

③ 马欢：《瀛涯胜览·爪哇国》，转引自郑鹤声、郑一钧：《郑和下西洋资料汇编》（增编本）上册，第484页，海洋出版社，2005年。

④ 马欢：《瀛涯胜览·占城国》，转引自郑鹤声、郑一钧：《郑和下西洋资料汇编》（增编本）上册，第450页，海洋出版社，2005年。

⑤ 费信：《星槎胜览》前集《暹罗国》，转引自郑鹤声、郑一钧：《郑和下西洋资料汇编》（增编本）上册，第464页，海洋出版社，2005年。

禳灾"①。苏门答剌国王"每岁杀十余人，取自然血浴之，谓能压邪，四时不生疾疹"②。如此等等，视人命如草营，却并非出自什么为人嗜血成性的本质，也不是为了谋财或报复而害命，只是习俗如此，是习以为常的事。这些国家为野蛮落后的风俗所局限，或视杀人如同儿戏，或侵掠邻境以显示"豪强"，有着这等野蛮的习性，自然不肯顺从于人，而"喜战好斗"③，反映出他们由于缺乏文化修养，缺乏必要的社会伦理和法制观念，头脑中没有"息事宁人""与人为善"的概念，因而随心所欲，搅得亚非一些国家和地区不得宁日。郑和航海时期，明朝廷致力于国际的和平与安定，致力于国与国、人与人之间和睦相处，这种状况是亟待改变的。《古今列女传》所宣扬的，都是女子应具备"三从四德"，都是教导女子应该如何"顺从"的，这在今天来说当然应予否定；但在朱棣时代却是针对当时海外国家落后的社会条件，从"内外有以相成全"的道理出发，设想若海外诸国的女性通过《古今列女传》的教诲，能够具有一定的"妇德"，对诸事所怀"皆忠厚之意"，以自己对《古今列女传》所灌输的封建道德的顺从，来影响其夫，那么就会起到使家庭和社会关系和谐，改变某些海外国家落后习俗的作用。明成祖在《古今列女传》序文中说"朕于是书实有望焉"，也就是寄托的这种愿望。至于将《古今列女传》送到海外诸国臣民手中，是否就能使他们变得顺从起来，那是很难讲的，因为海外诸国那种野蛮落后的习俗，是由其具体的历史社会条件所决定的，不是一本或万本《古今列女传》所能改变得了的。不过，当时向海外诸国广为颁发《古今列女传》，对传播中国传统文化，也起到了积极的作用，对海

① 费信：《星槎胜览》后集《彭坑国》，转引自郑鹤声、郑一钧：《郑和下西洋资料汇编》（增编本）上册，第470页，海洋出版社，2005年。
② 严从简：《殊域周咨录》卷9《苏门答剌国》，转引自郑鹤声、郑一钧：《郑和下西洋资料汇编》（增编本）上册，第473页，海洋出版社，2005年。
③ ［美］奚尔恩：《远东史》第16章《十五世纪时中国与马来西亚之交通》。

外诸国落后野蛮的习俗，也是进行了一次冲击。在郑和使团对海外宣敷中国的教化的事业中，向海外诸国赠送《古今列女传》，直接体现了明成祖朱棣确实是本着"勉绍先志，罔敢或怠，抚辑内外，悉俾生遂"[①]的精神，通过努力传播中国传统文化，以提升海外国家的文明程度，为各国人民谋福祉。

明初向海外诸国赠送的书籍，当然不止《古今列女传》一种。当时，安南是受中国传统文化影响较深的国家。自后汉在安南设置交州以后，交州刺史杜燮就从中国采取经传及《翻译音义》等书以教其国人，文教始兴。宋元以来，安南有关中国教化方面的基本书籍，大体具备。据明严从简《殊域周咨录》记载："本国（指安南国——引者注）自初开学校以来，都用中夏汉字，并不习夷字。及其黎氏诸王，自奉天朝正朔，本国递年差使臣往来，常有文学之人，则往习学艺，编买经传诸书，并抄取礼仪官制内外文武等职与其刑律制度，将回本国，一一仿行。因此，风俗文章字样书写衣裳制度，并科举学校官制朝仪礼乐教化，翕然可观。……如儒书则有少微史、资治通鉴史、东莱史、五经、四书、胡氏左传、性理、氏族、韵府、玉篇、翰墨类聚、韩柳集、诗学大成、唐书、汉书、古文四场、四道源流鼓吹、增韵、广韵、洪武正韵、三国志、武侯黄名公素书、武侯将苑百传、文选、文萃、文献、二史纲目、正（贞）观正（政）要、毕用清钱中舟万（文）选、太公家教、明心宝鉴、剪灯新余话等书。若其天文、地理、历法、相书、算命、尅择、卜筮、算法、篆隶、宝医学诸书，并禅林、道录、金刚、玉枢诸佛经杂传，并有之。"[②]安南国拥有丰富的中国图籍，中国经、史、子、集四部之书，在其国内都有一些藏书，其

① 朱棣：御制《南京弘仁普济天妃宫碑》，转引自郑鹤声、郑一钧：《郑和下西洋资料汇编》（增编本）上册，第533页，海洋出版社，2005年。

② 严从简：《殊域周咨录》卷6《安南传》，转引自郑鹤声、郑一钧：《郑和下西洋资料汇编》（增编本）中册，第1013页，海洋出版社，2005年。

中一部分就是由中国赠送的。当时，像安南这样能获得明朝廷的赠书，且其国人能直接阅读中国书籍的海外国家，除有安南、占城、高丽、日本等国外，尚有琉球国在接受中国文化的能力方面，可以与安南等国相媲美。据费信记载，琉球国人亦"能习读中国书，好古画铜器，作诗效唐体"[1]。冲绳图书馆藏《历代实案》中，有宣德年间琉球与旧港往来文件，其《琉球国王相怀机致旧港国管事官书》[写于宣德三年（1428）十月初五日]、《三佛齐国宝林邦俾那智施氏大娘仔致书琉球国王相怀机书》[写于宣德六年（1431）二月初三日]等，均用汉文书写，行文与中国官方文书无异，反映出他们对汉文具有很深的修养。[2]旧港宣慰使司的首领施氏大娘子本是施进卿之女，为施氏第一代华裔，其熟谙汉文，本不足怪。就琉球国而言，自琉球中山王于洪武二十五年（1392）遣其从子日孜每阔八马及寨官子仁悦慈两人入南京国子监读书，嗣后琉球国学生源源不断来华就学，仅在永乐一朝，《明史》所载就有"永乐三年（1405），山南（指琉球国山南王——引者注）遣寨官子入国学（即太学，中国封建社会中的大学——引者注）。明年，中山（指琉球国中山王——引者注）亦遣寨官子六人入国学……八年（永乐八年，1410），山南遣官生三人入国学……明年，中山遣国相子及寨官子入国学……十一年（永乐十一年，1413），中山遣寨官子十三人入国学"[3]。如此等等，使中国传统文化源源输入琉球。洪武、永乐之际，琉球中山国国相王茂，便是江西饶州人，曾辅政四十余年，更加深了琉球国与明朝之间的文化交流。就像本地土著习俗甚为落后野蛮的爪哇国，当时也有"一等唐人，皆是广东漳泉等处窜居

---

① 费信：《星槎胜览》后集《琉球国》，转引自郑鹤声、郑一钧：《郑和下西洋资料汇编》（增编本）上册，第 500 页，海洋出版社，2005 年。

② 郑鹤声、郑一钧：《郑和下西洋资料汇编》（增编本）中册，第 855-856 页，海洋出版社，2005 年。

③ 《明史》卷 323《琉球传》。

此地"，其杜板"约千余家，以二头目为主，其间多有中国广东及漳州人流居此地"。郑和使团所访新村，"原系沙滩之地，盖因中国之人来此创居，遂名新村，至今村主广东人也，约有千余家。自新村投南船行二十余里，到苏鲁马益，……亦有村主，掌管番人千余家，其间亦有中国人"①。这些华侨能阅读中国书籍且不说，当他们与本地人通婚或经常接触以后，也会教给当地人懂得一些中国的语言文字，使他们当中的一些人也能阅读中国书籍。又如像永乐二年（1404）九月曾接受中国所赠百本《古今列女传》的暹罗国，早在洪武四年（1371）就派专人到中国"国子监"，即明代的大学读书。②其国"颇知尊中国文字，闻客人有能作诗文者，国王多罗致之，而供其饮食"③。暹罗国人不仅颇有懂得中国文字的，而且对中国的文化也很尊重，热心于学习和吸收。凡此种种都说明，当时在东南亚诸国，乃至南亚、西亚一些国家中，正因为有一定数量的懂得中国语言文字、尊重中国文化的居民，明朝廷才会向各国赠送《古今列女传》上万册及其他中国书籍。此外，有些郑和使团成员因海难流落于海外诸国，在郑和航海使海路大开之后，又有不少中国沿海乡民去南洋谋生，这些人都能阅读中国书籍，并且在日常生活中还使用中国语言文字；他们以及各地的华裔，在向所侨居国家传播中国文化上发挥重要的作用。一方面世界上一些国家尊重中国的文化传统，有学习和吸收先进的中国文化的要求，另一方面这些国家中也有不少人通晓中国语言文字，明朝通过向海外诸国赠书以"变其夷习"，就具备了一定的社会基础，在实践中就会收到一定的效果。至于那些距离中国较远、彼此语言文字不通，国内又无通晓中国语言文字之人的国家，亦可通过翻译或"重译"的途径，读懂明朝廷的赠书，

---

① 马欢：《瀛涯胜览·爪哇国传》，转引自郑鹤声、郑一钧：《郑和下西洋资料汇编》（增编本）上册，第484页，海洋出版社，2005年。

② 《续文献通考》卷47。

③ 谢清高：《海录·暹罗》。

从而在一定程度上接受中国文化的影响。

在郑和航海过程中，向海外诸国赠书的同时，又提拔一些能充分利用中国书籍的华裔领袖人物，就能使传播于国外的中国书籍在提高海外国家的文化水平和文明程度上，发挥更大的作用。如在爪哇国，有为爪哇人民所十分崇拜的九圣，九圣中最伟大的圣人苏南义礼（苏南为梭罗的王侯称号，爪哇的九圣都获得苏南的称号），即是施二姐的养子。因为施二姐抚养教育苏南义礼成人，其在印度尼西亚人民中有着很高的威望。数百年来，"俾那智（即施二姐——引者注）的名字深深地藏在印度尼西亚人民的心中，他们十分喜爱俾那智的传奇故事和她的养子苏南义礼，他是九圣中最伟大的圣人"①。在施进卿死后，为了处理旧港宣慰使之职的继承问题，郑和曾在永乐二十二年（1424）专程去旧港一次，提拔任命施进卿的女儿（即施二姐）承袭父职，事实证明郑和的决策是正确的。郑和之所以支持施二姐，与她具有较高的中国文化的修养，便于与明朝廷相互沟通，并能在本地传播中国传统文化，有一定关系。施二姐生长于南洋地区华侨领袖的家庭中，有着较好的学习条件，肯定是一位受到较好的中国传统文化教育，对中国传统文化理解较深和有相当文化修养的华裔领袖，如此，她才能培养了苏南义礼这样受人敬仰的历史伟人。施二姐用什么来教育苏南义礼？主要靠中国的经、史、子、集诸书，其中当然也包括明朝廷的赠书在内。就说《古今列女传》吧，当时是用来作为教化妇女的教科书的，又是明朝廷的赠书，作为受明朝廷任命而为旧港宣慰使的施进卿，就是从报恩出发，也会以此书来教育其女施二姐。《古今列女传》又是一部通俗的生活教科书，在当时南洋那种社会条件下，对人们还具有良好的教育意义。施二姐从小受这本书的教育和熏陶，颇受其益，自会对此书表示欣赏，何况这还是明朝廷的赠书。她也会让苏南义礼阅读，从而对苏南义礼

---

① 陈育松：《中国回教徒对于东南亚回教传播工作的贡献——三佛齐施大娘子考》，载新加坡南洋学会：《南洋学报》。

的成长或多或少地会产生一些有益的影响。由此及彼，当时明朝廷赠给施进卿或施二姐的其他书籍，也都会在施二姐教育苏南义礼时，再发挥其潜在的积极作用。而苏南义礼之所以能成为"九圣中最伟大的圣人"，又同他能够吸收先进的中国文化，并结合爪哇国情，应用于实践，有着很大的关系。郑和航海时期，中国向海外国家赠送书籍，在历史上所产生的深远影响，由此可见一斑。

中国优秀的文化遗产，先进的精神文明，集中反映在书籍当中，为世界各国人民所仰慕。郑和航海时期，把中国书籍作为人类共同的精神财富来分赠给各国，受到各国人民的欢迎。当时，海外大多数国家，还是"风俗颇淳"的，对郑和使团为"修太平之业"而赠送的书籍，及传播的中国传统文化，是易于接受的，在实践中也能取得较好的效果。在这种意义上，郑和使团顺应时代发展的潮流，积极向海外传播中国传统文化，不愧为向世界各国广泛传播中国文化的先驱者。

二、郑和航海时期中外文化交流的意义

郑和航海时期，使团一方面向海外传播中国优秀的传统文化，另一方面也吸收、引进海外富有特色的文化艺术，在推进绘画、雕刻、建筑、陶瓷等艺术和工艺的相互引进，促进当时中外文化交流上发挥了重要作用。

1.建筑艺术的交流

在15世纪初期，郑和多次奉命出使，遍历东西洋各国，一方面把中国的建筑艺术（如建造碑亭及塔寺之类）等传到海外各国去；另一方面也把海外诸国的建筑艺术等引进中国来，对中外文化艺术的交流，做出了积极的贡献。郑和具有多方面的才能，在建筑方面，他是一位杰出的建筑工程专家，他所担任的内官监的本职工作，就是掌管宫廷建筑事宜的。郑和又是一个谙熟佛学的建筑专家，在国内曾主持建筑过若干寺院和宝塔，特别是监修过举世无双的南京大报恩寺琉璃宝塔。"永乐时，海外蛮夷重译

至者，百有余国，见报恩塔，必顶礼赞叹而去，谓四大部洲所无也。"[1]
可见郑和在建筑方面造诣之深，对建筑与宗教有关的寺院和宝塔，又倾注
了多么大的热情。郑和在海外访问时，为了崇扬亚非国家已有的对佛教和
伊斯兰教的信仰，以及为在爪哇、旧港等地传播伊斯兰教，建筑了许多佛
教寺塔和清真寺，如在暹罗的三宝寺塔、礼拜寺（清真寺）、西塔、锡门
以及旧港、爪哇、马来半岛和菲律宾等地穆斯林华人社区的清真寺等。
曾任新加坡驻印尼大使达四年半之久的李炯才，在其所著《印尼——神话
与现实》一书中，介绍了他所见到的爪哇三宝垄的三宝太公庙大致的情
况："三宝庙类似其他中国佛寺，具有东方的、宝塔型的、曲折的檐詹；
高耸的红柱子，环绕着宽敞的门廊。在木制的祭坛上，置放着铜铸的香
炉。……在三宝庙，不同的地方是，负责看管'签诗'柜台的，不是剃光
头、身披黄色袈裟的佛教僧侣，而是头戴'宋谷'帽，自称为回教徒的人
士。……在总庙宇的近邻，一棵大榕树底下，矗立着一座较小的寺庙。它
容纳着三个房间：左边的房间展示着一古旧的巨锭，据说是郑和一艘船的
遗物；中间的房间悬挂着中国圣人孔子的肖像；右边的房间，纪念到爪哇
航程中丧命的成百无名水手。"李炯才认为："三宝庙具有三种宗教合一
的特质。佛教的外观表现在寺庙的形式，道教是表现在古锭遗迹的神秘气
氛，孔教的景观是呈现在孔子的肖像，以及纪念成百名水手的遗迹，代表
着孔教提倡祖先崇拜的教旨。"[2]郑和在爪哇三宝垄地方所建伊斯兰教清真
寺，"具有三种宗教合一的特质"，体现了郑和独特的建筑风格。

郑和在亚非国家访问时，对一些特别引起他的兴趣，并认为有特殊艺
术风格的小型建筑物，也注意介绍到中国来。如福建闽侯县西北的雪峰，因
山顶暑月犹有积雪而得名，并以山中有雪峰寺而遐迩闻名。雪峰寺（又名崇
圣寺）在凤凰山南麓，处于群山环拱、丛林拥抱之中。寺四围有五座小岭，

---

[1] 张岱：《陶庵梦忆·报恩塔》。

[2] 李炯才：《印尼——神话与现实》，第78—80页，教育出版社，1979年。

形似"五兽"，故有"五兽朝阳"之称。据有关史籍记载，寺创于唐懿宗咸通十一年（870），距今已有一千一百多年的历史，比福州名胜鼓山涌泉寺建寺还早三十余年。雪峰寺是福建省佛教历史上影响最大的一个禅寺，福建长乐、泉州等地又是郑和航海的重要基地，郑和使团下西洋离国前或返回后在福建逗留期间，免不了要往雪峰寺进行佛事活动，据《雪峰志》记载，在明永乐中，三宝太监自南洋携来瓦塔两座，就安置在这寺前。这显然是郑和使团在雪峰寺进行佛事活动时安置的。塔早已圮，其址尚在。

2. 绘画雕刻艺术的交流

郑和使团在海外访问时，见到一些国家的绘画，常有自己独特的风格。郑和使团不仅注意亚非各国富有民族特点的绘画，而且在下西洋返回时，有时把各国的绘画带回中国，有时把一些国家建筑物的图样摹下带回，有时把在海上所见到的景物风光在国内制成壁画，都非常生动优美，深受国内群众的欢迎。据《江宁府部纪事》记载："静海寺有水陆罗汉像，乃西域所画，太监郑和等携至。每夏间张挂，都人士女竞往观之。"[1]南京静海寺水陆罗汉像，作为郑和航海归国后所留于寺内的纪念物品，到明万历年间仍保存完好。所以，当时俞彦在《静海寺重修疏序》中尚称："阿罗汉像，水陆毕陈，巧夺造化之奇。"[2]不是亲眼所见，是不会对这幅异常精妙的图画有如此深刻的印象的。郑和将西域"巧夺造化之奇"的绘画介绍到中国来，张挂于静海寺内公开供大家参观，而不是让此画归宫廷或私人收藏，使人们有机会欣赏海外国家绘画的精品，这在中外文化交流的历史上，是一件很有意义的事。"都人士女竞往观之"，说明这件事当时对促进中外文化交流确实也起到了积极的作用。明朝初期，包括郑和航

---

① 《古今图书集成·方舆汇编·职方典》卷167，转引自郑鹤声、郑一钧：《郑和下西洋资料汇编》（增编本）中册，第1019页，海洋出版社，2005年。

② 《金陵梵刹志》卷18《静海寺》，转引自郑鹤声、郑一钧：《郑和下西洋资料汇编》（增编本）中册，第1019页，海洋出版社，2005年。

海时期，海外一些国家也向中国学习绘画艺术，"现有汉文和波斯文资料都说明，洪武、永乐两朝是明代中国与波斯联系最密切的时期。这一时期帖木儿王朝的绘画作品中有不少是中国画的临摹品。这个临摹中国画的画派在穆斯林绘画史上被称为'帖木儿画派'。"[1]郑和航海时期中外文化相互交流、相互借鉴的盛况，由此可见一斑。

在雕刻方面，郑和使团在亚非各国所参观的雕刻艺术，有些是相当精美的。如占城国"酋长所居高广，屋宇门墙，俱砖灰甃砌，及坚硬之木雕琢兽畜之形为华饰"[2]。又如榜葛剌"国王之舍，皆砖石甃砌高广。……九间长殿，其柱皆黄铜包饰，雕琢花兽"[3]。爪哇国"男子腰插不剌头一把，三岁小儿至百岁老人皆以有此刀。皆是兔毫雪花上等镔铁为之，其柄用金或犀角象牙，雕刻人形鬼面之状，制极细巧"[4]。如此之类，说明雕刻艺术在亚非各国的应用是十分广泛的。亚非诸国人民精湛的雕刻技艺，对郑和使团同样具有很大的吸引力，在离别这些国家时，把他们的雕刻艺术也传入中国来。据明刘若愚《酌中志》记载："皇史宬之西，过观心殿射箭处，稍南曰龙苍门，其南则昭明门，其西南则嘉乐馆，其北曰丹凤门，列金狮二。内有龙德左殿、崇仁右殿，正中广智殿之后，则飞虹桥也。桥以白石为之，凿狮、龙、鱼、虾、海兽，水波汹涌，活跃如生。云是三宝太监郑和自西域得之，非中国石工所能造也。"[5]这对提高中国人民

---

① 刘迎胜：《丝绸之路》，第 310 页，江苏人民出版社，2014 年。

② 费信：《星槎胜览》前集《占城国》，转引自郑鹤声、郑一钧：《郑和下西洋资料汇编》（增编本）中册，第 1020 页，海洋出版社，2005 年。

③ 费信：《星槎胜览》前集《榜葛剌国》，转引自郑鹤声、郑一钧：《郑和下西洋资料汇编》（增编本）中册，第 1020 页，海洋出版社，2005 年。

④ 马欢：《瀛涯胜览·爪哇国》，转引自郑鹤声、郑一钧：《郑和下西洋资料汇编》（增编本）上册，第 484 页，海洋出版社，2005 年。

⑤ 刘若愚：《酌中志》卷 17《内规制纪略》，转引自郑鹤声、郑一钧：《郑和下西洋资料汇编》（增编本）中册，第 1020 页，海洋出版社，2005 年。

对石雕艺术的鉴赏水平，吸收国外雕刻艺术的精华，发展中外结合的雕刻艺术，都具有积极的作用。

3. 郑和航海时期中外文化交流的意义

郑和使团努力宣扬文教，向海外国家传播中国的传统文化，在相互交流中，提高其文化程度，改变其落后的习俗，同时也借鉴和学习各国优秀的文化遗产，共享世界文明发展的成果。这样，当时的中外文化交流就有两个方面的意义：一是中外文化交流具有互补性，并不是单方面受益；二是由于中国处于文化发展和文明程度的制高点，在中外文化交流中占据主导地位。

（1）中外文化交流具有互补性

当时，中国与海外各国间的文化交流是相互促进、相互渗透的。比较明显的事例，是郑和航海贸易对双方陶瓷和铸造艺术发展的影响。如中国制造宣德炉的原料中，有来自暹罗的风磨铜、天方的硇砂、三佛齐的紫石、渤泥国的胭脂石等。中国精美的瓷器大量输入亚非各国，在这些国家进一步扩大了中国文明的传播。原来以蕉叶盛食的一些国家和地区的人民，随着郑和船队前来贸易，"最喜中国青花瓷器"①，开始用上青花瓷餐具了。特别是堪称工艺品的精制瓷器输入西亚与东非，更向这些西域远国扩大了中国文明的传播，并且中国制陶瓷的技术也随之传到西亚，使西亚在制陶瓷技术方面出现了一个飞跃。同时，西亚出产的青兰颜料，即所谓"回青"，也由郑和船队大量输进中国，促进了永乐、宣德时期青花瓷器制作的繁荣。宣德朝以后，随着郑和船队停航，"回青"输入减少，中国青花瓷器产品亦因之锐减，影响了明代青花瓷制造业的发展。郑和航海对中外文化交流所起的积极作用，由此可见一斑。

（2）中华先进文化的魅力在当时的中外文化交流中发挥了主导的作用

在15世纪初期，中国是世界上文明程度较高、文化高度发达的国

---

① 马欢：《瀛涯胜览·爪哇国》，转引自郑鹤声、郑一钧：《郑和下西洋资料汇编》（增编本）上册，第422页，海洋出版社，2005年。

家。郑和使团在亚非各国进行访问时，本着"王者无外，中天下而立，定四海之民，一视同仁"①的精神，在海外努力"宣敷文教"，使中国与亚非诸国间的交往空前密切，史称郑和下西洋，遍历东西洋各国，"南极溟海，东西抵日出没之处，凡舟车可至者，无所不届"②。所至各地，"若乃藏山隐海之灵物，沈沙栖陆之伟宝，莫不争先呈献"③。甚至有不少国家"愿比内郡依华风"④。出于对中华文化风物的仰慕之情，除了各国使臣之外，满剌加、渤泥、苏禄、古麻剌朗等国国王还携妻带子，亲自率领众多的亲戚僚臣来华访问，其中渤泥和满剌加国前后几代国王皆来中国访问。他们在中国，所到之处，都受到明朝廷和中国官员很高的礼遇。明朝廷对这些僻居荒徼，尚处于部落或奴隶制社会阶段的海外国家酋长或使臣，不仅不歧视怠慢，而且还为他们的来访，专门定有番王朝贡礼、番国遣使朝贡礼、番国进贺表笺礼等等，按照一定的规格，对他们进行规格很高和仪式颇为隆重的接待。各国贵宾在中国生活期间，明朝廷赐给仪仗及宫廷所用贵重生活用品，"自王以下，衣服之制如中国，女服从其本俗"⑤"礼乐明备，祯祥毕集"⑥。至于招待他们的大小宴会，亦办得十分精美丰盛。对他们的文化娱乐生活也非常关怀，作了妥善的安排。每逢四大节、传统佳节或其他喜庆节日，辄邀请各国使节与臣民同乐，参加酒宴、

---

① 费信：《星槎胜览·序》（四卷本），转引自郑鹤声、郑一钧：《郑和下西洋资料汇编》（增编本）上册，第536页，海洋出版社，2005年。

② 《明史》卷332《坤城传》。

③ 郑和：《天妃之神灵应记》，转引自郑鹤声、郑一钧：《郑和下西洋资料汇编》（增编本）上册，第19页，海洋出版社，2005年。

④ 《明成祖实录》卷47，转引自郑鹤声、郑一钧：《郑和下西洋资料汇编》（增编本）中册，第827页，海洋出版社，2005年。

⑤ 《明成祖实录》卷59，转引自郑鹤声、郑一钧：《郑和下西洋资料汇编》（增编本）上册，第643页，海洋出版社，2005年。

⑥ 费信：《星槎胜览·序》（两卷本），转引自郑鹤声、郑一钧：《郑和下西洋资料汇编》（增编本）上册，第536页，海洋出版社，2005年。

击射、观灯等娱乐活动。特别是遇有国家重大典礼，更邀请各国使节前往观礼。永乐二十一年（1423）九月，郑和邀请亚非十六国一千二百余名使臣随船来中国参观访问。他们在中国参观访问两个月以后，又应邀参加了迎接明成祖朱棣"车驾入居庸关"的盛典。据《明成祖实录》记载："永乐二十一年（1423）十一月辛巳（初四），车驾入居庸关。是日，天气清朗，上服衮龙金绣袍，乘玉花龙马，既入关，按辔徐行，军容甚盛，金鼓喧阗，旌旄辉焕，连亘数十里。中外文武群臣，皆盛服，暨缁黄之流，耄耋之叟，四夷朝贡之使，百十万人，骈跽道左。大驾至，欢呼万岁，声震天地。忠勇王金忠在后，于马上遥望，顾其所亲曰：'今日真随从天上行也。'"①当日阅兵典礼之盛，见过大世面的忠勇王金忠尚且颇有"随从天上行"之感，那一千二百余名海外来宾的观感如何，更是可想而知了。各国国王和使节应明朝邀请来到中国访问，以"僻处荒徼，幸入朝睹天子声光"②，受到明朝廷和中国人民优厚的礼遇、盛情的款待，享受到中国先进的精神文明与物质文明。他们在中国进行参观，随时能体验到京城春花似锦的繁盛景象，亲见中国文物典章之美，军容仪威之盛，以"生居绝域，习见僻陋"，得"获睹天朝太平乐事之盛"，感到"死且有光"。③在经过对中国的访问后，为中华文化的魅力所吸引，"其各国王，贡献方物，视前益加"④。像这样以"请进来"的方式，以中国先进的文化和物质文明的成果，来影响海外国家国王和臣民的精神生活，使他们意识到自

---

① 《明成祖实录》卷 127，转引自郑鹤声、郑一钧：《郑和下西洋资料汇编》（增编本）中册，第 739 页，海洋出版社，2005 年。

② 胡广：《渤泥恭顺王墓碑》，《皇明文衡》卷 81，转引自郑鹤声、郑一钧：《郑和下西洋资料汇编》（增编本）上册，第 644 页，海洋出版社，2005 年。

③ 《明成祖实录》卷 40，转引自郑鹤声、郑一钧：《郑和下西洋资料汇编》（增编本）上册，第 677 页，海洋出版社，2005 年。

④ 郑和：《娄东刘家港天妃宫石刻通番事迹碑》，转引自郑鹤声、郑一钧：《郑和下西洋资料汇编》（增编本）上册，第 599 页，海洋出版社，2005 年。

图 11 万国来朝图

郑和使团在海外努力"宣敷文教",使中国与亚非诸国间的交往空前密切,永乐二十一年(1423)九月,郑和邀请亚非十六国一千二百余名使臣随船来中国参观访问,成为一代之盛事。

己所处的落后状态,从而仰慕中华雍容揖让的风貌,从内心深处愿意接受中国的礼仪,改变昔日不文明的习俗,是当时中国与海外国家加强交流的重要途径。

郑和航海使团在海外建立的基地,对传播中国文化也起到重要作用。郑和船队在满剌加设立"官厂",不仅可用以储存船队与各国贸易的物资、从各国采购的货物,以及船队所需的各种备用钱粮物品,而且可以成为在郑和船队主导下加强中外文化交流的渠道。满剌加成为郑和船队在海外的重要据点,两万七八千之众的船队成员每次下西洋都在这里逗留一段时间,等到季风正顺时才离开,等候期间,自然会以中国的生活方式和文化习俗来影响当地居民;而在"官厂"服役的一批成员更是长期在这里居住,其中有些人由于各种原因留居马来西亚(马六甲),与当地女子结婚,被当地居民同化,子孙繁衍,从而在这片土地上形成了颇具特色的峇峇娘惹文化,使马来西亚出现华人繁衍的一次高潮。美国学者奚尔恩

在《远东史》中说："十三世纪以前，中国人侨居马来西亚者甚鲜。此后（按：指郑和航海之后——引者注）则移居其地者，增加极为迅速。中国人侨居马来诸地者，多娶该地妇女为妻。"[①]在社会生活方面，据奚尔恩《远东史》记载，在郑和航海之后，马来西亚"衣服装饰亦曾受中国之影响。摩罗（Moro）妇女所服之有袖短衫，与宽大之裤、玻璃珠、各式礼帽、雨衣、履底等类亦皆由中国传入。丝、瓷及各种光滑之陶器，亦来自中国"[②]。这正是马来西亚的侨生文化在其发展过程中，必然出现的结果。马来西亚侨生文化的形成，实肇始于郑和航海之时。饮水思源，马来西亚华侨之所以尤其敬崇郑和，郑和成为马来西亚家喻户晓的人物，正是不忘郑和航海把中国文化传播到马来西亚，对促进马来西亚开发所做出的历史性的贡献。

郑和航海致力于传播中国先进的文化，为改变海外国家落后的"夷习"，促进其社会的进步与安定，做出了重要贡献。郑和使团在海外努力传播中华文教的目标，与古代志士仁人所追求的大同理想，追求人类社会和自然界的和谐发展，是一脉相承的。这种对"大同"与"和谐"的理想的追求，也是各国人民向往"世界大同"的理想的一种表现，反映了海外各国人民向往美好幸福生活的愿望。这样，通过文化交流，发挥出中国先进文化的主导作用，就占据了国际道义制高点，中国与海外各国的关系就能理顺，趋向和谐，相应地也会促进中国社会的安定。明成祖曾对辅臣们说："四夷顺则中国宁，……四海万民，家给人足，然后朕与卿等同享治平之福。"[③]所谓"太平盛世"，其内涵正是举国上下"同享治平之福"，而这是建立在社会安宁的基础之上的，发展中国与海外各国的文化交流，正是走向社会安宁的重要途径。郑和航海时期中国与海外各国之间的文化

---

①② ［美］奚尔恩：《远东史》第16章《十五世纪时中国与马来西亚之交通》。

③ 《明成祖实录》卷127，转引自郑鹤声、郑一钧：《郑和下西洋资料汇编》（增编本）上册，第689页，海洋出版社，2005年。

交流，对促进中国与海外各国的社会安宁，形成利益共同体，向和谐世界迈进，做出了重要的贡献，符合社会进步的方向，在中外文化交流史上写下了光辉的篇章。

三、郑和航海对中国科技的传播

郑和使团在亚非各国访问时，利用中国先进的科技和医术，给当地人民做了大量的好事，有不少善举，如给人们医疗疾病，传授先进的生产技术和经验，让人们学会建筑城市和掘井取水的本领，掌握先进的历法和度量衡规制，使海外国家享受到中国先进的科技成果。

1. 医术医药的传播

当时颁给海外各国的历法及历注中，记载有"疗病（求医、针刺）"方面的内容，向各国介绍了一些疾病如何求医，如何用针刺法的知识。郑和船队有众多的医术高明的医生，并随船存有大量各种中草药，利用这些条件，不仅为船队成员治病，而且在各地访问时，也为当地患者实施医治。例如，"暹罗番病，每向三宝求药，无以济施，药投之溪，令其水浴，至今番人唐人，尚以浴溪浇水为治病。"[①]类似的传说和记载，也见于中国台湾的史籍。台湾《凤山县志》中记："相传明太监王三保，投药水中，令土番染病者浴之，即愈。"[②]王三保指的就是与郑和同为船队主要领导成员的正使太监王景弘。这些传说证明郑和航海所至各地，都普遍为当地百姓医病送药，同时也把中国的医术医药传播到海外。

2. 城市建筑技术的传播

郑和航海时代，一些海外国家，特别是一些南洋岛国，有的还处于部落群居状态，没有城市建筑，也不懂筑城居住。郑和船队如在一地停驻较久，或要在此建立航海基地，就需要筑城而居，以保安全。与此同

---

① 陈伦炯：《南洋记》，载《小方壶斋舆地丛钞》第10帙。

② 《凤山县志》卷11《丛谈》。

时，郑和船队也教会当地居民筑城而居，传授给他们建筑城市的技术。如郑和船队在满剌加建有航海基地，筑城而居。据马欢记载："中国宝船到彼（指满剌加——引者注），则立排栅，如城垣。设四门更鼓楼，夜则提铃巡警，内又立重栅，如小城，盖造库藏仓厫，一应钱粮顿在其内。去各国船只回到此处取齐，打整番货，装载船内，等候南风正顺，于五月中旬开洋回还。"①该城分外城和内城，设有四个城门，并有更鼓楼，看来规模不算小。内城用于存放全部钱粮货物，外城供郑和船队成员居住，居住在外城的官兵，正好起到拱卫内城存放的钱粮货物的作用。

图 12　马来西亚马六甲三宝井

郑和使团在满剌加所建官厂外掘有水井一口，今名"三宝井"，成为郑和在海外的著名的遗迹。

郑和航海之后，该城遗迹还曾存在了很长时间。据记载："距马六甲市约一条石（原注：即一英里），有古城一座，建于山峰上，名为三宝城。城楼雉堞皆具，纯为中国式之建筑。故老相传系明成祖二年（此误，应为明成祖三年，1405 年——引者注）太监郑和巡视南洋至马六甲时所建。从历史推之，其说当系属实。"②这里所说三宝城所在的"山峰"，郑和航海之

---

①　马欢：《瀛涯胜览·满剌加》，转引自郑鹤声、郑一钧：《郑和下西洋资料汇编》（增编本）中册，第 991 页，海洋出版社，2005 年。

②　宋蕴璞：《南洋英属海峡殖民地志略》第 3 编《马六甲·调查》。

后以至于今，因为"三宝城"在此建筑，所以就取名三宝山。在《郑和航海图》中称"三宝城"为"官厂"，而《郑和航海图》所标"官厂"的位置，也与三宝山所在地相符。三宝城（官厂）的遗址，在第二次世界大战日本入侵马来亚半岛之前，尚可见到。据许云樵于1933年发表的《三宝公在南洋的传说》记载："满刺加到现在还有三宝城和三宝井的遗址。三宝城便是郑和下西洋所建立的根据地。三宝井正在城的旁边，据说满刺加人是从郑和那里学会建筑城市……的本领。"①可见所谓"三宝城"，指的就是郑和所建"官厂"，它的遗址在今马六甲三宝井旁边，而不在今马六甲郑和文化馆。建筑城市，必须建筑与之相配套的房屋，当时东南亚一些国家和地区的居民尚没有像中国那样用砖瓦建房，而是搭建茅草房。如占城国"民居房屋用茅草覆盖，檐高不得过三尺"②。爪哇国"国人住屋以茅草盖之"，"屋上用硬木板为瓦"，③满刺加国"房屋如楼阁之制，上不铺板，但高四尺许之际，以椰子树劈成片条，稀布于上，用藤缚定，如羊棚样。"④如此等等，居住条件十分简陋。郑和一行来到这些国家，将中国的房屋建筑技术传授给他们。当地人遂弃茅草木板而用砖瓦建房，其遗迹曾保存了很长时间。据记载，满刺加"王居前屋用瓦，乃永乐中太监郑和所遗者"⑤。郑和一行颁给海外各国的历法及历注中，记载有"兴造动土竖柱上梁""缮城郭"方面的事项，郑和船队通过付诸实施，向当地居民言传身教，为中国城市建筑技术在海外国家的传播做出了积极的贡献。

---

① 许云樵：《三宝公在南洋的传说》，《珊瑚》1933年第2期。

② 马欢：《瀛涯胜览·占城国》，转引自郑鹤声、郑一钧：《郑和下西洋资料汇编》（增编本）上册，第450页，海洋出版社，2005年。

③ 马欢：《瀛涯胜览·爪哇国》，转引自郑鹤声、郑一钧：《郑和下西洋资料汇编》（增编本）上册，第484页，海洋出版社，2005年。

④ 马欢：《瀛涯胜览·满刺加国》，转引自郑鹤声、郑一钧：《郑和下西洋资料汇编》（增编本）上册，第468页，海洋出版社，2005年。

⑤ 黄衷：《海语》卷上。

3. 掘井取水和修建道路技术的传播

当时南洋一些地区的土著居民的交通状况极为落后，他们所走的路，就是"人走多了，自然就形成了路"的那种。既不知道可以修建比较宽阔坚固的道路，又不懂得如何按需要筑路。他们的饮水，如附近有河流溪涧的，就是水源；如不靠河流溪涧，就用芭蕉叶接雨水，储存备用。郑和航海来到这种历来未曾开发的地方，没有正规的大道可供人数众多的郑和官兵行走，郑和官兵们就需要伐林筑路，甚至凿山开路，方可向目的地前进。郑和官兵会聘用当地居民协助筑路，同时教给他们筑路的技术。如果当地没有河流溪涧可供饮水，又不能坐等雨水，就必须自己掘井取水，同时也教给当地土著居民掘井取水的技术。如在印度尼西亚"距茂物约五里，有一所地方，名叫三宝井，听说这是中国最有名的古迹。……太监（指三宝太监郑和——引者注）于闭关时代，交通不便，往来跋涉，……周游南洋群岛，所至宣布大明德政，抚慰土人；又所至皆有遗迹，凿山开路，掘地取泉，至今英荷二属均有三宝井留存，这种豪举，殊令人佩服"①。"满剌加到现在还有三宝城和三宝井的遗址。三宝城便是郑和下西洋所建立的根据地。三宝井正在城的旁边，据说满剌加人是从郑和那里学会……掘井取水的本领。"②"距马六甲市约一条石（原注：即一英里），有古城一座，建于山峰上，名为三宝城。……城外更有一古井，名三宝井，亦传为郑和所掘。水极清洌甘美，市人竞喜饮之。马来人则群集井旁，汲其水以冲凉，谓可却病延年。故井上汲水者，终日纷纭不绝，亦一奇观。井旁有宝山亭，供奉郑和神主，土人时有入内膜拜者，或亦饮水思源之意欤？"③郑和航海来到社会条件尚处于原始状态的南洋土著居民区，将掘井取水和修建道路的技术传授给当地的土著居民，大大改善了他们的

---

①　梁绍文：《南洋旅行漫记·三宝井与喷火山》。

②　许云樵：《三宝公在南洋的传说》，《珊瑚》1933 年第 2 期。

③　宋蕴璞：《南洋英属海峡殖民地志略》第 3 编《马六甲·调查》。

生活条件，使他们可以利用便利的交通道路走出自己的村落，为到远处去谋生创造更好的机会，并且惠及后人，所以连他们的子孙后代也都出于感恩，对郑和顶礼膜拜，这正是"饮水思源之意"。

4. 农业生产技术的传播

当时颁给海外各国的历法及历注中，记载有"栽种、牧养""开渠穿井""安碓砲"等方面的事项，介绍了一些有关农作物栽种、加工和家畜牧养的技术知识。郑和船队官兵很多来自农村地区，掌握一定的农业生产技术，郑和航海需要国内供应大量的农副产品，作为总负责人的郑和，也必须对国内农副产品的生产情况有充分的了解，这就使他们能够在海外一些农业比较落后的地区，手把手地向当地农民传授中国先进的农业生产技术，提高其生产效率和农副产品的产量。如相传遥罗农民种田不大会使用肥料，据说是"一天三宝公在田间行走，看见许多暹罗人正在壅肥"，便教他们说："你们把稻草烧在田里便是肥料了，不必放什么沃壅的。""因为稻草灰经三宝公神口一说，真的很肥了"，于是从那以后他们种田就不过多地壅肥了。① 诸如此类的传说，反映出郑和一行在海外国家访问期间，也很关注当地农业生产的状况，发现有落后之处，便教给他们中国先进的农业生产技术和经验，促进了当地农业生产的进步。

5. 先进历法和度量衡规制的传播

郑和航海所到之处，颁中国先进的历法，对促进海外国家天文历法的进步，起了重大的作用。明代严从简在研究了占城国受中国历法影响的情形后，曾评论道："《星槎胜览》载占城不解正朔，但看月生为初，月晦为尽，如此十次盈亏，为一岁昼夜。善槌鼓十更为法。酋长及民下非至午不起，非至子不睡。见月则饮酒歌舞为乐。然观《吴惠日记》，有上元烟火之宴，则已知有节候，非但视月生晦者。惠云：'夜鼓以八更为节'，又与十更异矣。大抵外国虽陋，久与中华往来，渐沾王化。时异制殊，前后

① 许云樵:《三宝公在南洋的传说》,《珊瑚》1933 年第 2 期。

难以概视耳。"①中国先进的历法及其他科学知识和生产技术，随郑和航海而传播到亚非各国，久而久之，"时异制殊"，必然推动这些国家科学文化和生产技术的发展。

度量衡规制的赠予，也是郑和航海时期中国向海外国家传播中国先进科技的一个重要方面。中国度量衡器具的种类，至明而大备。度器有"铜尺""木尺"，量器有"斛""斗""升"，衡器有"秤""等""天平""砝码"等区分，各器均有一定法则，均制样颁发，不得有所出入，便于民间行使。当时，海外诸国没有像中国这么完善的度量衡制度，不仅不便于国内民间行使，在各国之间相互贸易时，也有很多不方便之处。特别是当时有些国家，如占城国，"国人狠而狡，贸易往往不平"②。则度量衡制度的不完善，正给其以可乘之机，不仅害民，而且损坏国家的形象。所以，在永乐年间，有些文明程度相对较高的国家，就要求实行同中国一样的度量衡制度，以便民利国。据《明成祖实录》记载："永乐二年（1404）九月辛亥（十三日），暹罗国王昭禄群膺哆罗谛剌承玺书赐劳，遣使奈必等奉表谢恩……奈必复乞赐量衡，俾国人永遵法式。从之。"③在古代，一个国家度量衡制度发达的程度，也是其科技发达程度的一种表现；明初各项度量衡制度规则的产生，也是具有一定科学文化水平的专家参与度量衡规制制定的结果。所以，永乐二年（1404）向暹罗国赠予中国的度量衡制度，从一定的意义上讲，也是把当时中国科学文化发展中的一种成果传播到海外国家，对促进海外国家文明的进步，进一步加强明朝与各国的科技文化交流，是一件很有意义的事。

---

① 严从简：《殊域周咨录》卷 7《占城传》。

② 明张燮：《东西洋考》卷 2《西洋列国考·占城》。

③ 《明成祖实录》卷 31。

第四节　郑和航海时代中外文化科技交流与人类海洋世纪

一、中外文化交流对人类海洋世纪形成的意义

中国和古希腊、罗马、埃及、巴比伦、阿拉伯、印度这些国家，虽然都是世界文明的发源地，但从历史的发展来看，因为中国地大物博，人口众多，较早地进入封建时代，又长期保持统一局面，物质基础比较雄厚，文化发展源远流长，有着文化科技持续发展的广阔的社会基础，所以历代以来，人才辈出，成果累累，使中国文化成为长期存在而没有中断的一种独立的东方文化。尤其在中国强盛时代，声教文物，远播四方，致使世界各国人民的生活，无论是在物质方面，还是在精神方面，都或多或少地接受了中国文化的影响。这在隋唐以后，更有显著的表现。自人类进入阶级社会以来，在长期的历史发展过程中，中国文化发达的程度，相对而言，始终是高于四邻国家的；中国的物质文明和精神文明，在古代东方始终居于领先地位，占有很大的优势。因此，自古以来中国文化就对世界各国，尤其是对周边国家的文化产生着深刻的影响。

当然，世界各国历史上也有过高度发达的精神文明与文化成果。例如，阿拉伯的科学（包括天文历算、航海、物理、化学及医学等等）、印度的哲学，以及其他国家的科学艺术（数学、建筑、绘图、雕刻等方面），都为中国人民所喜好，并且吸取其精华，融合成为中国文化的有机

组成部分。尤其重要的，是宗教思想的影响。我们知道，几千年来，对中国文化和人民生活习惯产生影响的外来文化中，莫过于佛教和伊斯兰教的传入。佛教和伊斯兰教不但对中国影响广泛而深远，在中国周边国家间也极为广泛地流行着。无数事实证明，若干世纪以来，不但不少国家的文化受到中国文化相当深刻的影响，甚至有渊源于中国的，如日本很多著名学者就公开承认日本的文化源头在中国。另一方面，中国人民也吸取了其他国家的传统文化，使之在中国广为传播。历史发展的趋势表明，中国与世界各国的文化，历来是通过相互交流，相互影响与借鉴，在不断丰富本国人民的精神生活和物质文明的同时，形成丰富多彩的文化。在这个过程中，中国文化对世界各国的影响，往往要大于其他国家文化对中国的影响。郑和航海时期对中国文化的传播，中国与海外各国间在文化上的相互交流，正是对这一历史发展趋势的有力见证。

人类海洋世纪的形成，需要世界各沿海国家以海洋为纽带，通过走向海洋发展出一条形成全人类利益共同体、实现互惠共赢的现实可行之路。中国与海外各国形成利益共同体的基础既不是血缘，也不是种族，而是文化。中国与海外各国各民族、各地区、各群体文化上的差异，对中国与海外各国形成利益共同体的作用和影响各不相同，有积极的方面，也有消极的方面，因此需要求同存异，实现文化包容与共享价值观和道德观，才能在各沿海国家形成利益共同体的基础上，形成人类海洋世纪。郑和在航海时期对中国传统文化的传播，促进中国与海外各国间在文化上的相互交流与借鉴，做出了有突破性的贡献，将所访问的亚非40余沿海国家和地区团结在"共享太平之福"的旗帜之下，实现了海洋上不同种族和不同血缘社会的安定和团结，从而迎来了人类海洋世纪的曙光。

二、中外科技交流对人类海洋世纪形成的意义

让世界各沿海国家互相往来，走到一起，必须建立在一定的造船和航海技术水平的基础之上，但这只是解决海上交通的问题，此外，还必须通过科技交流，促进生产和社会的进步，给各国人民带来实惠和各种利益，各国之间的海上往来才能日益密切。郑和航海促进了中外科技交流，在加强中外海上联系，促进各国社会进步上发挥了重要作用，显示出人类海洋世纪的形成对于海洋国家发展的重大意义。郑和航海时期中国科学文化和生产技术向海外国家的传播，彰显了中国科学技术的优越地位。美国当代著名演化生物学家贾雷德·戴蒙德指出："直到公元 1450 年左右，中国在技术上比欧洲更富于革新精神，也先进得多，甚至也大大超过了中世纪的伊斯兰世界。中国的一系列发明包括运河闸门、铸铁、深钻技术、有效的牲口挽具、火药、风筝、磁罗盘、活字、瓷器、印刷（不算菲斯托斯圆盘）、船尾舵和独轮车。"[①]就是说，郑和航海时期，中国在技术上居世界领先地位，在向海外各国传播中国技术的过程中，中国的一系列富于革新精神的发明，都能普遍用于改善当地的生存条件，促进社会的进步。如运河闸门可以用于开渠蓄水和控制水量，铸铁可以用于打制各种坚利的生产用具，深钻技术可以用于掘井取水，有效的牲口挽具可以提高牲口的使用效能，火药可以用于凿山开路，风筝可以用于辨明风向，磁罗盘在陆上远行和海上航行都可以用于指明方向，船尾舵的应用可以准确地控制航向，活字印刷可以让人们广泛地通过书籍、文书、告示等书面形式交流、沟通、传递信息，瓷器可以改善人们的生活质量和进行交易，独轮车可以用作便利的运输工具等等。在 1450 年以前，居于世界领先地位的中国技术，尤其是造船和航海技术对外的传播，不仅使亚非国家受益，也促使欧

---

① ［美］贾雷德·戴蒙德著，谢延光译：《枪炮、病菌与钢铁：人类社会的命运》，第 260 页，上海世纪出版集团，2014 年。

洲的航海事业获得重大的进步。14 世纪，中国发明的指南针用于航海的技术，经阿拉伯人传入欧洲，极大地推动了西方航海事业的发展。在没有使用指南针导航之前，举世闻名的商业帝国威尼斯的帆船都无法远离海岸线航行，自掌握了指南针导航的技术，加上航海图的改进，威尼斯的商船就能远航到北非埃及的亚历山大港。与此同时，中国发明的船尾舵技术也用于欧洲各国的造船，开始用艉柱舵代替了拖桨，从而能更有效地控制航向。

海外国家的民众在日常生活中体验到中国科技的优越，给他们生活带来的变化，就更愿意发展与中国的海上往来，使当时中外海上往来发生了划时代的变化。这种变化，显示了郑和航海已促使中外海洋国家形成利益共同体，这是人类海洋世纪形成的重要标志之一。

郑和航海不仅彰显了中国科技的卓越地位，而且显示了中国在政治、经济、航海文化等方面的世界领先地位，综合各种成果，致使郑和航海对人类海洋世纪形成产生了重大的影响。贾雷德·戴蒙德又指出："中世纪的中国在技术上领先世界，……它在政治权力、航海和海上管制方面也曾在世界上领先。15 世纪初，它派遣宝船队横渡印度洋，远达非洲东海岸，每支船队由几百艘长达 400 英尺的船只和总共 2800 人（按：此误，应为28000 人——引者注）组成。这些航行在时间上也比哥伦布率领 3 艘不起眼的小船渡过狭窄的大西洋到达美洲东海岸要早好几十年。"[①]这反映出，由于郑和航海体现了中国在科技和政治权力、航海和海上管制等方面在世界上领先，并且远达非洲东海岸，在长达 28 年的时间内，亚非数十个国家通过海路与中国持续交往，在海洋上覆盖面之广前所未有，实现了具有划时代意义的海洋上洲际间的联通，所以，世所公认，它是人类海洋世纪形成的先驱。

---

① ［美］贾雷德·戴蒙德著，谢延光译：《枪炮、病菌与钢铁：人类社会的命运》，第443 页，上海世纪出版集团，2014 年。

第四章　郑和航海的经济基础与人类海洋世纪

第一节　郑和航海的国内经济基础

1368 年正月，农民起义军领袖朱元璋在南京登上皇帝宝座，宣告了明帝国的建立。然而朱元璋从蒙古贵族手中打下的江山，所呈现出的却是一片不幸与苦难的景象。元朝末年，由于封建统治极其腐败，加以连年灾荒，社会经济已陷入全面崩溃的境地。广大农村田园荒芜，城乡百业凋敝，流民如潮，少则数十万，多则百数十万，大江南北，哀鸿遍野，饿殍满路。到朱元璋即位之时，在经历了近 20 年的战乱之后，广大农村更是一片荒榛，人烟断绝。能否改变这种极为严重的社会残破局面，关系着新创国家的存亡。明朝建立之初，以朱元璋为首的封建统治者，总结了历代王朝治乱兴衰的统治经验，特别是吸取了元朝灭亡的一些教训，采取了一系列恢复农业生产、扶持工商、发展经济的措施，力求国家臻于富强。经过元末农民战争之后，土地集中的趋势得到缓和，自耕农的数量大大增加，为恢复农业生产创造了有利条件。明朝政府又下令把农奴和奴婢解放为自由民，限制官私奴婢的数目，并招抚流民，"使游惰皆尽力田亩"，又"减省徭役，使农不废耕，女不废织"。[①]从事农业生产的人口急剧增多，原有耕地不敷使用，明朝政府又积极采取措施，大力开垦荒地，移民屯田，免其租税三年。与此同时，又大力提倡改良土壤和革新农具，推广经济作物的种植，并重视水利建设，取得了显著的效果。朱元璋出身

---

① 《明太祖实录》卷 176。

贫贱，深谙民间疾苦，因此他不允许以过多的田赋徭役来扰害人民，而对那些鱼肉百姓的贪官污吏，更是严加惩治。由于在农村实行了有利于休养生息、发展生产的政策，激发了广大农民的生产积极性，使凋敝的农村经济很快就得到了恢复和发展。据统计，洪武元年（1368）全国垦田数字为180多万顷，到了洪武二十六年（1393），就翻了几番，激增至8507623顷，辽阔的农村出现了"骎骎无弃土"[1]的兴旺景象。

明初把发展手工业也放到重要的地位。朱元璋曾明令各行"工技专于艺业"[2]，规定诸工匠在应役之外，允许个人自由从事商品生产，鼓舞了手工业者的生产热情，也刺激着他们努力提高工艺水平。其产品受到广大消费者的欢迎，手工业生产的门路愈来愈广，就吸引了越来越多的人加入手工业者的队伍。据洪武年间的统计，全国共有匠户232089名，为明初的手工业生产提供了雄厚的技术力量。在明朝政府努力经营之下，矿冶、纺织、陶瓷、造船、造纸和印刷等行业，都有较大的发展。官方在全国各铁、铜产地设立冶炼所，进行大规模的生产；同时奖励民间开采冶炼，每三十分仅抽税二分，民间开办的冶铁炼铜等小矿业，在全国各地纷纷兴起。全国一些大城市，特别是在经济较发达的东南各城镇，建立起很多丝织厂，招收工人，使用提花机等进行生产。明初规定苏、松、杭、嘉、湖五府织造，都有生产常额，而生产上的需要，使这些地方传统的"男耕女织"式家庭纺织业，逐步向具有一定规模的纺织工场发展。杼机的广泛使用和纺织工场的增多，使丝织品的产量有了大幅度的增加。另一方面，由于奖励种植桑、麻、木棉，在盛产桑棉的地区，丝织和棉纺成为农民主要的副业，又生产出大量的绫、绢、纱、罗、绸供应国内外市场。其时苏州、杭州、南京、嘉兴、潞安（今山西长治）、成都、广州、福州等地的丝绸彩缎，花色品种日新，精密鲜明，享有盛誉。陶瓷业发展尤为迅速，

① 《明史》卷77《食货志1》。
② 《明太祖实录》卷177。

形成了大规模的手工工场，出现了像景德镇这样的瓷器生产中心——拥有官窑、民窑3000多所，年产品种繁多的精美瓷器数以百万计。陶瓷工艺在各方面都有很大的进步，如以陶车旋刀代替了以前所用的竹刀旋坯，用吹釉法代替了以前所用的蘸釉法，这些都是很大的技术革新。景德镇先进的瓷器工艺，更表现在用种种不同的釉彩，代替了雕塑印造的图案，色彩绚丽夺目。五彩瓷器主要的着色剂，是铜、铁、钴、锰等金属盐类。当时技工已能在瓷器制造的技术上应用化学知识与原理，并取得很大成就，如著名的青花瓷器，就是用了钴盐的色料绘成的。在宋元以来造船业发达的基础上，明初造船业居于世界领先地位，在江苏、浙江、福建、广东、江西、湖广、山东、河北，乃至东北吉林、黑龙江等省，都设有造船厂，而以南京城西的龙江船厂规模较大（郑和下西洋时期又有规模更大的宝船厂），能造载重千吨以上性能良好的大船。

　　商业方面，明初针对元代弊政，于洪武十三年（1380）裁撤了全国的税课司局354所，改由各府州县直接征税，税率很低，规定"凡商税，三十而取一，过者以违令论"①。农具以及军民嫁娶丧葬之物、舟车丝布之类全部免税。②在农业、手工业和工业生产都得到较快发展的情况下，货源自然充足，加以朱元璋重视"商贾以通有无"③的作用，对发展商业采取了一系列保护性的措施，商业经济也很快繁荣起来。明初，不仅一些大城市"以是薪粲而下，百物皆仰给于贸易"④；就是一些中小城镇，也都成为"商贾往来兴贩"的场所。商业在社会生活中所起的作用日益重要。

　　明朝洪武年间农、工、商业的迅速发展，带来了社会经济的繁荣。

---

① 《明史》卷81《食货志5·商税》。

② 《明太祖实录》卷132。

③ 《明太祖实录》卷177。

④ 顾起元：《客座赘语》卷2《民利》。

虽然朱元璋侈行分封，导致建文帝执政时，中央政权与各地诸王的矛盾激化，爆发了一场"靖难之役"，但这恰恰成为明帝国走向极盛时期的一个重大转折点。终于在永乐朝出现了境况更"倍于往时"[①]的明代鼎盛时期。

明成祖朱棣继承了朱元璋"安养生息"和发展经济的政策，并有许多发展。永乐时期的军屯在发展中逐渐形成了一套完整的制度，大大推动了军屯事业的发展。当时全国各地"在在兴屯"[②]，乃至"沿海卫所，皆有屯田"[③]"屯田米常溢三之一，……以是边饷恒足"[④]。军屯所获，不仅很大程度上节省了军费开支，而且军屯税粮又成为明朝政府财政收入的一个重要来源。朱棣执政以后，为了发展农业，搞了不少重大的水利工程，使"农田大利"[⑤]。为了发展商业，除了照旧实行洪武以来的轻税政策，更在"商贾不通"的地方，"免征二年"[⑥]商税，以促进商业的兴起。在迁都北京以后，于皇城四门钟鼓楼等处各盖铺房，称为"廊房"，"召商居货"[⑦]，鼓励各地商贩来京城营业。当时为便于南粮北运，重新开通济宁至临清的会通河，又引汶水、泗水入运河，自是南北通航，行商往来，大为便利。影响所及，运河沿岸"淮安、济宁、东昌、临清、德州、直沽，商贩所聚"[⑧]，"四方百货，倍于往时"[⑨]。作为全国商业集散中心的 33 个大城市，在永乐年间开始形成，全国各地商业贸易日趋繁荣。洪武时获得一定发展的矿冶、纺织、陶瓷、造船等各项生产事业，由于郑和航海所产生的客观需要，以及为了适应国内商业经济发展的形势，不仅经营和生产

---

① ⑨ 《明成祖实录》卷 125。

② ④ 《明史》卷 77《食货志 1》。

③ 唐顺之：《条陈海防经略事疏》，《明经世文编》卷 260。

⑤ 《明成祖实录》卷 21。

⑥ 《明成祖实录》卷 20 下。

⑦ 沈榜：《宛署杂记》卷 7《河字》。

⑧ 《明史》卷 81《食货志 5》。

规模扩大了许多，并且在各地又增添了不少新的工厂（场）。明成祖朱棣大力促进农、商、工业的发展，使洪武时期社会经济初步繁荣昌盛的局面，至永乐朝达到鼎盛。在永乐一朝，全国人口、税粮征收、丝棉布帛征收等的数字，都创下了有明一代的最高纪录。史称，明朝"洪、永、熙、宣之际，百姓充实，府藏衍溢"①，"仓廪充积，天下太平"②，又出现了封建社会后期的盛世，国家财力雄厚，四方百货充实，使郑和航海具备了坚实的经济基础。

---

① 《明史》卷77《食货志1》。

② 《明仁宗实录》卷5。

第二节　郑和航海时代海外主要沿海国家的基本经济状况

郑和航海主要经历了东南亚、南亚、西亚和东非四个地区，其中经济状况较好或比较重要的国家，东南亚地区主要有占城、暹罗、满剌加、爪哇、苏门答剌、旧港（三佛齐），南亚地区主要有古里、柯枝、大小葛兰、锡兰山，西亚地区主要有忽鲁谟斯、阿丹、祖法儿、天方、剌撒，东非沿岸地区主要有木骨都束、卜剌哇、竹步、麻林。郑和航海的经济活动，主要在这些国家进行。

一、东南亚地区

1. 占城国

占城国资源比较丰富，出产金、银、锡、铁、狮、象、犀牛、山牛、玳瑁、朝霞大火珠（大如鸡蛋，形状像水晶，中午把它放在太阳下，能把置于该珠下面的艾草点燃起火）、菩萨石、蔷薇水、经岁香（将这种香水洒在衣服上，其香味一年以后还闻得着）、猛火油（这种油遇到水燃烧得愈炽烈，占城国人用于水战）。又产乌木、伽兰香、观音竹、降真香、乳香、沉香、檀香、丁香、槟榔、茴香、贝多叶、龙脑香、乌檏木（当地土人做木柴烧火）、苏木、胡椒、荜澄茄、白藤、吉贝（吉贝树名，其萃盛时如鹅毛，抽其纤维可以纺制成布，也可以染成五色，织为班布）。乌木甚是润黑，比其他国家出产的都好。伽兰香尤为珍贵，唯有此国一大山中

出产，天下再无出处，其价甚贵，以银对换。观音竹样子如细藤棍，长一丈七八尺，像铁一般黑，每一寸有二三节，也是别的地方没有出产。在班布之外，还出产丝纹布和白㲲布。占城山林众多，常有孔雀和山鸡出没其间。占城国的马低小如驴，水牛、黄牛、猪羊俱有。鹅鸭稀少。鸡矮小，最大的不过 2 斤，脚高 1 寸半到 2 寸为止。雄鸡红冠白耳，细腰高尾，人拿在手中则啼叫不止。水果有梅、橘、西瓜、甘蔗、椰子、波罗蜜、芭蕉子之类。蔬菜则有冬瓜、黄瓜、葫芦、芥菜、葱姜而已，其余果菜并无。

占城国的贡品和贸易物资主要有象、象牙、犀角、孔雀、孔雀尾、橘皮、抹身香、龙脑、薰衣香、金银香、奇南香、土降香、檀香、柏木烧碎香、花梨木、乌木、苏木、花藤香、芜蔓番沙、红印花布、油红绵布、白绵布、乌绵布、圆壁花布、花红边缦、杂色缦、番花手巾、番花手帕、兜罗绵被、洗白布泥等。奇南香即伽南香，因其极为稀少，是占城国的国宝，也是向中国进贡的最珍贵的贡品，所以占城国王派专员在出产伽南香的那座大山中看守，严禁老百姓进山采取，有违犯者砍断其手。伽南香在占城国被看得很贵重，在中国也很珍贵，由于其香甚为清远，在中国用它制成的腰带，有的价值在百金以上。"人多以渔为业，少耕种，所以稻谷不广。土种米粒细长多红者，大小麦俱无。"[1]占城国的对外贸易在国家经济中占有重要位置，出口物品主要为香料、布匹及土特产，"其国所产巨象犀牛甚多，象牙犀角广贸别国"[2]。

2. 暹罗国

暹罗国主要出产黄速香、罗斛香、降真香、沉香、花梨木、白豆蔻、大风子油、血竭、藤结、苏木、花锡、象牙、翠毛等。该国由暹国和罗斛

---

① 马欢：《瀛涯胜览·占城国》，转引自郑鹤声、郑一钧：《郑和下西洋资料汇编》（增编本）上册，第 324 页，海洋出版社，2005 年。

② 费信：《星槎胜览》前集《占城国》，转引自郑鹤声、郑一钧：《郑和下西洋资料汇编》（增编本）上册，第 324 页，海洋出版社，2005 年。

两部分合并而成，"暹国土瘠，不宜耕种。罗斛土田平衍而多稼，暹人岁仰给之"①。其国"酿蔗为酒，煮海为盐"②，还"有米酒、椰子酒，二者俱是烧酒，其价甚贱"③。出口物品主要为罗斛香等香料、苏木、象牙、翠毛等。

3. 满剌加国

满剌加国属地狭小，贫穷落后，仅靠天然资源难以维持生计，它得以生存全靠海外贸易，并主要仰赖其位于印度尼西亚香料群岛与印度马拉巴（Malabar）海岸之间的中点这一优越的地理位置。满剌加的集市开辟以后，迅速成为整个印度洋上著名的海外贸易集散地，满剌加一跃而成国际上屈指可数的商港。满剌加出产一种打麻儿香，原本是一种树脂，流入土中，掘出如松香沥青一样，火烧即燃，当地人都点燃此物当灯照明；当地工匠把船造完，则用此物熔涂于缝，水莫能渗透，防水性能甚好。当地人多采取此物以转卖他国。其中有明净质纯的，好似金珀一般，名损都卢厮（Sindarus），当地人做成帽珠出售，这种帽珠也叫做水珀。满剌加还出产花锡，有二处山坞建有锡场，国王拜里迷苏剌命手下头目主持锡场事务。山坞内有一山泉流于溪下，头目雇人从溪流中淘沙取锡，煎制铸成斗的样子，成一个个小块，缴纳给官府。每小块锡重官秤 1 斤 8 两，或 1 斤 4 两，每 10 块用藤缚为小把，40 块为一大把。在满剌加，这种锡块被当作货币，通市交易都使用斗锡。在满剌加的集市上，当地的人用打麻儿香、锡块、一种用芭蕉心织成的席子、肉豆蔻、丁香等香料，以及珍珠、帽珠、鸟羽等土产，来换易来自中国的丝绸锦缎和瓷器，来自印度的纺织

---

① 严从简：《殊域周咨录》卷八《暹罗》，转引自郑鹤声、郑一钧：《郑和下西洋资料汇编》（增编本）上册，第 336 页，海洋出版社，2005 年。

② 费信：《星槎胜览》前集《暹罗国》，转引自郑鹤声、郑一钧：《郑和下西洋资料汇编》（增编本）上册，第 336 页，海洋出版社，2005 年。

③ 马欢：《瀛涯胜览·暹罗国》，转引自郑鹤声、郑一钧：《郑和下西洋资料汇编》（增编本）上册，第 336 页，海洋出版社，2005 年。

品、五色烧珠、金银器皿之类。海外贸易的兴起，使满剌加获得很多的经济利益，成为其赖以生存的基础。

4.爪哇国

爪哇国土著居住区的经济较为落后，而华侨居住区的经济却比较发达。当时爪哇的华侨居住区名叫"新村"，马欢记载道："新村番名曰革儿昔，原系沙滩之地，盖因中国之人来此抛居，遂名新村，至今村主广东人也。约有千余家，各处番人多到此处买卖，其金子诸般宝石一应番货多有卖者，民甚殷富。"[1]"土产苏木、金刚子、白檀香、肉豆蔻、荜拨、斑猫、镔铁、龟筒、玳瑁。"[2]因"在通商之处"，"其国富饶"。[3]土著居民亦多因从事贸易而致富，马欢对此记述道："番人殷富者甚多，买卖交易行使中国历代铜钱。"[4]当时不仅新村"铺店连行为市，买卖聚集"，为"通商之处"，还有"苏鲁马益（《瀛涯胜览》一作苏儿把牙，今华侨名其地曰泗水）亦一村地名也，为市聚货商舶米粮港口"[5]。爪哇国商业经济比较发达，除了因为有一批中国人在此创业，还在于有"一等回回人，皆是西番各国为商流落此地"[6]，这批来自阿拉伯国家的商人在爪哇国定居创业，便于发展爪哇国与西亚各国的贸易，促进了当地贸易港口的形成和商业经济的繁荣。

5.苏门答剌国

苏门答剌虽然田土不广，但物产却相当丰富，在粮食生产上，只种早

---

[1][4][6] 马欢：《瀛涯胜览·爪哇国》，转引自郑鹤声、郑一钧：《郑和下西洋资料汇编》（增编本）上册，第422页，海洋出版社，2005年。

[2] 马欢：《瀛涯胜览·爪哇国》，转引自郑鹤声、郑一钧：《郑和下西洋资料汇编》（增编本）上册，第368页，海洋出版社，2005年。

[3] 费信：《星槎胜览》前集《爪哇国》，转引自郑鹤声、郑一钧：《郑和下西洋资料汇编》（增编本）上册，第368页，海洋出版社，2005年。

[5] 费信：《星槎胜览》前集《爪哇国》，转引自郑鹤声、郑一钧：《郑和下西洋资料汇编》（增编本）上册，第422页，海洋出版社，2005年。

稻，一年两熟。盛产胡椒，每官秤 100 斤，在当地卖 80 个金钱，值 1 两银子。从苏门答剌往西去一昼夜的航程，在南渤利洋（指今印度尼西亚苏门答腊岛西北端与印度尼科巴［Nicobar］群岛一带的海域）之内，有一座独峙于海中的岛屿，这就是以出产龙涎香而著名的龙涎屿（今印度尼西亚苏门答腊岛北端韦岛北部）。每年春季，成群的抹香鲸来到龙涎屿一带海面交配，在波激云腾、泛起一片片五彩斑斓水汽的大洋上排出"涎沫"。这时，来自苏门答剌国的渔民，驾着独木舟，等待抹香鲸出没，瞄准抹香鲸排出"涎沫"的机会，随时上前采取。如遇上风大波涌，采香渔民则纷纷跳下海，一手抓住独木舟的边缘，一手划水，而得至岸。其"涎沫"初若脂胶，黑黄色，颇有鱼腥气，久则成大块。或从抹香鲸的腹中刺出，如斗大，焚之清香可爱，名曰龙涎香。苏门答剌因为地近龙涎屿，成为当时龙涎香的主要产地之一。此外，苏门答剌还出产一种珍贵的宝石，名叫螺子黛，每颗价值千金。苏门答剌位处东西洋海上交通的孔道，地理位置十分重要，在开展国际贸易方面具有优越的条件，加以该地买卖公平，本地土特产价格低廉，所以吸引了各国的客商，纷纷前来贸易。因此，当时的苏门答剌四方商贾辐辏，商业贸易相当发达，市场上不但本地土特产应有尽有，各国的货物也琳琅满目，有许多品种在出售。比较畅销的有胡椒、龙涎香、鹤顶、木香、丁香、降真香、沉速香、苏木、锡斗、阔布、马、撒哈剌、梭眼、宝石、水晶、玛瑙、番弓、石青、回回青、硫黄等货物。苏门答剌国商业贸易使用金钱和锡钱，当地称金钱名为底那儿（dinar），与波斯文和阿拉伯文称金币的名称是一样的。金币用 7 成淡金铸造，每个圆径官寸 5 分，币底有纹，重官秤 2 分 3 厘。还有一种算法是，每 48 个金币，含金 1 两 4 分。锡钱当地名叫加失。凡买卖一般都使用锡钱。国中所有的买卖交易，都以 16 两为 1 斤。

6. 旧港（三佛齐国）

旧港"土产鹤顶鸟、黄速香、降真香、沉香、金银香、黄蜡之类"①。其地"田土甚肥，倍于他壤。古云一季种谷，三季生金，言其米谷盛而为金也，民故富饶"②。旧港因为地处东西洋海上交通的要冲，过往商旅频繁，该地成为东南亚海洋贸易比较兴盛的地区。在市场交易中，也可用"烧炼五色珠、青白瓷器、铜鼎、五色布绢、色段、大小瓷瓮、铜钱之属"③进行等价交换。

二、南亚地区

1. 古里国

位于印度西海岸的古里，在西洋诸国中号称大国，人口众多，物产丰富，文明程度较高，以"西洋诸番之会"而闻名于世，古代航海往波斯诸国，船舶多由此起航，与小葛兰、柯枝同为古代印度对外贸易的三大重要海港。从古代到中世纪，古里国长期以来是东西方国际贸易交汇的商贸大国，在开展国际贸易方面有着悠久的历史传统。

古里国的气候常热多雨，很适合稻谷的生长，红稻、白稻皆有种植。没有大麦和小麦，需要从其他地方贩麦与面来用。椰子树特别多，用途也特别广泛，椰子嫩者浆甜可食，又可酿酒，老者肉打成油，做糖或做饭，外皮用于打索造船；壳可制成碗和酒盅，又可作烧酒燃料；灰可用于打镶细巧金银器；树干可当造房屋的木料，树叶盖在屋顶可挡日晒雨打。富者一般都要种椰子1000棵，至少也要种二三百棵，成为世代相传的家业。

---

① 马欢：《瀛涯胜览·旧港国》，转引自郑鹤声、郑一钧：《郑和下西洋资料汇编》（增编本）上册，第355页，海洋出版社，2005年。

② 费信：《星槎胜览》前集《旧港》，转引自郑鹤声、郑一钧：《郑和下西洋资料汇编》（增编本）上册，第355页，海洋出版社，2005年。

③ 费信：《星槎胜览》前集《旧港》，转引自郑鹤声、郑一钧：《郑和下西洋资料汇编》（增编本）上册，第416页，海洋出版社，2005年。

住在山脚下的乡下人家，都拥有自己的田园，多种胡椒，到十月间胡椒成熟，摘取晒干，自有收椒大户前来收买，进到官库盛贮，若有买者，由官方给与发卖，按数量多少计算税钱，交纳国库。胡椒每 250 斤为 1 播荷，合官秤 400 斤，能卖 200 个金钱。古里还盛产菠罗蜜和芭蕉，到处都有卖的，此外蔷薇露和孩儿茶也有出产。有一种木鳖树，高 10 余丈，结子如大个柿子，内包种子三四十个，熟则自落。蔬菜有芥菜、姜、萝卜、蒜、葱、芫荽、茄子、葫芦、冬瓜、小瓜等；其中葱紫皮，如蒜一般，大头小叶，称斤而卖。小瓜如手指般大小，长 2 寸许，味如青瓜。水牛不甚高大，黄牛重三四百斤；羊灰色，腿脚甚高，似驴之驹，可以乘骑。有鸡、鸭，没有鹅，还有兔、鸦、鹰、鹭鸶、孔雀、燕子、鹿。海鱼最多，价格极贱，山中的鹿和兔，在市场上也有卖的。该国还蓄有不少良马，这种骏马来自西域，每匹价格为金钱 1000 个。西洋布，在古里国名叫扯黎布，产出于邻境坎巴夷等处，每匹阔 4 尺 5 寸，长 2 丈 5 尺，卖金钱 8 个或 10 个。古里国的印花被面手巾颇有特色，系将蚕丝练染织成，有的手巾中间染有一道道花纹，阔 5 尺，长 1 丈 2 尺多，每条卖金钱 100 个；有的手巾上面还绘有花卉、人物、马、象等图案；此外，还有红丝花毛巾和线结花靠枕等。古里国的手工工艺水平很高，不仅在印染织造被面手巾等丝棉制品方面如此，其在打造细巧金银器和金饰品方面，也达到很高的水平。其所精制的金缕宝带，用赤金 3 斤，抽丝如发，结花缀八宝珍珠鸦鹘石而成，曾作为贡品献给明朝政府。上述之外，在古里市场上还出售宝石、五色鸦鹘石、珊瑚珠、琉璃瓶、琉璃碗、宝铁刀、拂郎双刃刀、金系腰、金箔、锡、阿思摸达涂儿气、龙涎香、苏合油、乳香、檀香、木香、栀子花、花毡单伯兰布、宓布等，基本上都是从其他国家贩来的商品。各国商船到古里时，"哲地"多收买下各色宝石珍珠，并做成珊瑚珠等物，拿到市场出售；与此同时，古里国王也派出头目并写字人等，对哲地富户与外商的贸易活动进行跟踪，就地收取税钱纳官。

2. 柯枝国

柯枝国田地贫瘠，收成不丰，各种谷物，像米、粟、麻、豆、黍、稷皆有，独独没有大小二麦；象马、牛羊、犬猫、鸡鸭皆有，只是没有驴骡与鹅。临海村民都以捕鱼为业。柯枝国的胡椒种植甚为广泛，国人大多置有园圃，以种植胡椒为业。该国还出产一种名叫蓬蓬奈的水果，肉红味甘，当地人将它晒干，远行时带着充作食物。此外，柯枝所产珠宝、香布等物，色段、白丝、青白花瓷器、金银手工制品等，颇受各国商贾的青睐。

柯枝国的商业相当发达，买卖兴隆，大小商人都善于做生意，能在交易中令双方都不吃亏，都有较丰厚的利润可赚。因此这里经商的氛围很好，是开展国际贸易的好地方。国人多置园圃以种植胡椒为业，每年胡椒成熟之时，当地自有收椒大户往各处胡椒种植园收买，置仓盛贮，以待各国商贩来买。在买卖胡椒时，是按胡椒重多少"播荷"（播荷为当时通行于印度、马来半岛一带的一种计算重量的单位。其重量往往因地而异，一般 1 播荷约等于 400 磅）来论价。每 1 播荷相当于柯枝本地秤 25 封剌（frasila）。每 1 封剌相当于柯枝本地秤 10 斤，相当于柯枝官秤 16 斤，每 1 播荷相当于柯枝官秤 400 斤，可卖得柯枝金钱或 100 个，或 90 个，值银 5 两。那些财主专门收买下宝石、珍珠、香货之类，候中国或别国客人来买。珍珠以重量的分数论价而买，如珠每颗重三分半，可卖得柯枝国金钱 1800 个，相当于值银 100 两。珊瑚枝梗，"哲地"论斤重买下，雇请匠人剪断车旋成珠，洗磨光净，也是称重量而卖。在柯枝国，铸造钱币的事，由国王直接掌管，国王以九成金铸钱行使，名曰法南（fanam），重官秤 1 分 1 厘。又以银为钱，比海螺大，每个官秤 4 厘，名曰答儿（tar）。每金钱 1 个，倒换银钱 15 个，在街市上贸易时零用，都拿此钱支付。

3. 小葛兰国

小葛兰国商业比较发达，是印度洋地区著名的国际贸易港口，自唐以迄宋元，中国在印度洋上的贸易活动，过了锡兰山（斯里兰卡）之后，西边长期以此国为界，在那里同来自西亚各国的阿拉伯商人进行贸易活动。在宋代，中国商人也有直接赴阿拉伯诸国从事商务活动的，但都必须自小葛兰中转，换乘较小的商船前往。南宋周去非在《岭外代答》一书"故临国"条中说，故临国与大食国（指阿拉伯国家）相近，从广州出发的商船，航行40天可到蓝里（也作南渤利、南巫里，在苏门答腊岛的西北角，即今班达亚齐，又称大亚齐），在蓝里过冬以后，来年再从此出航，大约航行一个月，可以到故临。中国商船要想到大食国去，必须自故临换乘小船而往，顺风（南风）一个月便可到达。由此可见，小葛兰国在明代以前，在中国的印度洋贸易中，就占有重要的地位。小葛兰国王对该国的商业贸易甚为重视，直接掌管以金铸钱之事，每个金钱重官秤1分，通行使用，规定买卖都用金钱。所用金钱大者名偈伽，数个重8分；小者名吧喃，1个偈伽可以换40个吧喃。该国之人一天只吃两顿饭，皆用酥油拌饭而食，所以卖酥油的很多。其国土产为麝香、胡椒、苏木、菠萝蜜等物，产量不多；在其国市场出售的木香、乳香、珍珠、珊瑚、酥油、孩儿茶、栀子花等，都来自其他国家；本国出产的商品有胡椒、苏木、丁香、豆蔻、色段、麝香、金银铜铁器、铁线、黑铅之类。

4. 大葛兰国

大葛兰国位于印度西南沿海，因为所处海域波涛激滩，船舶难以停泊，所以各国商贾很少到这里来做生意，即使有极少数海商敢来此国贸易，载货也不敢满，商船在此停泊时间也不敢过长，否则就有被波涛吞没的危险。该国土质肥沃，本宜耕种谷麦，但当地百姓懒事耕作，每年都得依赖从乌爹（在印度半岛东部有乌爹，在奥里萨邦；另在印度半岛西部有大乌爹，即今印度西部之乌代浦儿，这里说的乌爹，应为大乌爹）进口大

米以供食用。大葛兰虽然国小，港口条件也差，但其与海外国家交往的意识，却比甘巴里、加异勒、阿拨把丹这几个国家强，在洪武初年曾遣使来明朝进贡，与中国还建立过友好的关系。该国与小葛兰国相邻，习俗物产多与小葛兰类似，主要土产有胡椒、椰子、溜鱼、槟榔等；其国所产青白花瓷器尤佳，除供应周边国家，还远销阿拉伯一些国家，成为国家财政收入主要来源之一。在大葛兰市场上除了交易大量青白花瓷器外，还从事金钱和布缎的交易。

5. 锡兰山国

在中古时代，锡兰山国的别罗里港由于位于印度半岛的南端，是联系东西方国际航海贸易的枢纽港，商业贸易比较发达。锡兰山国盛产宝石和珍珠，离王宫不远的地方，有一座大山，山内出产有红雅姑（雅姑是阿拉伯语及波斯语 yaqut 之对音，又作鸦鹘）、青雅姑、黄雅姑、青米兰石、昔刺泥、窟没兰等各色各样的宝石。每逢下大雨将宝石冲出土，流至山下的沙土中，往往有人在此寻拾到从山内冲下来的宝石，当地盛传这些宝石乃是由佛祖的眼泪结晶而成。在锡兰山国的沿海海边，有雪白的一片浮沙，日月照在这片沙滩上，光彩潋滟，每天都有许多珍珠螺蚌聚集于这片沙滩上，所以这里的沙滩又被称作"珠帘沙"。由于此处盛产珍珠，锡兰山国王在这里修筑了珠池，二三年一次，令人用网从沙中捞取螺蚌倾入池中，并派人看守此池，等到这些螺蚌坏烂，则用水淘珠，交纳给官府，此时也有人乘机偷盗出一些珍珠卖给他国。除宝石和珍珠，还产龙涎香、乳香，"米谷芝麻绿豆皆有，惟无大小二麦。椰子至多，油糖酒酱皆以此物借造而食"，"惟食山芋、菠萝蜜、芭蕉子之类，或海中捕鱼虾而食"①。该国规定以金为钱，通行使用，每一个金钱，重官秤 1 分 6 厘。由于锡兰

---

① 马欢：《瀛涯胜览·锡兰国》，转引自郑鹤声、郑一钧：《郑和下西洋资料汇编》（增编本）上册，第 383 页，海洋出版社，2005 年。

山国盛产珍珠，"诸番贾争来市珠"①，又"多龙涎乳香"②，也很吸引各国商贾争来采购。这些价值较高的产品给锡兰山国民带来丰厚的收入，所以其国"俗朴富饶，米谷足收"③。

三、西亚地区

1. 忽鲁谟斯国

忽鲁谟斯为古国名，也作忽里模子、忽里谟思，为 Ormuz、Hormuz 之对音，故地在今伊朗。它位于波斯湾与阿曼湾之间，霍尔木兹海峡之北，是霍尔木兹海峡中最大岛屿，面积 1336 平方公里。忽鲁谟斯为古代波斯湾主要海港，自印度洋进入波斯湾以至巴格达诸大城，此为必经之地。忽鲁谟斯港故址原在大陆上，即今米纳卜（Minab），13 世纪时是西方通航要地，后因受外族所侵，于 13 世纪末期由边海迁至岛上，仍名忽鲁谟斯，迁岛上后的海港，因位处海上交通的要冲之地，来自东西方各地的商船，以及西亚乃至欧洲各国的商家，都汇聚于此，使此地成为闻名遐迩的国际商城。忽鲁谟斯气候有寒暑，春天开花，秋季落叶，冷时有霜降，但不下雪，一年中雨少露多。土产米麦不多，粮食都是从别处贩来粜卖，价格极贱。在忽鲁谟斯市场上，各色各样的海外宝货都有，更有青红黄雅姑石，并红剌祖把碧、祖母剌、猫睛、金刚钻；大颗珍珠如龙眼大，重一钱二三分；珊瑚树珠，并枝梗。金珀、珀珠、神珠、蜡珀、黑珀，国外称撒白值（波斯语琥珀名称 šahboī 之译名）。各色美玉器皿、水晶器皿。十样锦剪绒花单，其绒起一二分，长 2 丈，阔 1 丈。各色梭幅、撒哈

---

① 郑晓：《皇明四夷考》卷下《锡兰山传》，转引自郑鹤声、郑一钧：《郑和下西洋资料汇编》（增编本）上册，第 384 页，海洋出版社，2005 年。

② 黄省曾：《西洋朝贡典录》卷中《锡兰国传》，转引自郑鹤声、郑一钧：《郑和下西洋资料汇编》（增编本）上册，第 384 页，海洋出版社，2005 年。

③ 费信：《星槎胜览》前集《锡兰山国》，转引自郑鹤声、郑一钧：《郑和下西洋资料汇编》（增编本）上册，第 383 页，海洋出版社，2005 年。

喇毡、毯罗、毯纱、各国的青红丝嵌手巾等类。家畜如驼、马、骡、牛、羊都很多，果品如核桃、把聃（波斯语 badam 之对音）果、松子、石榴、葡萄干、桃干、核桃、花红、万年枣、西瓜、菜瓜、甜瓜等，市场上都有卖的。

在这个繁荣的国际都市里，烧羊、烧鸡、烧肉等肉食，薄饼、哈喇澌面食等面食，市场上都有卖的。忽鲁谟斯人的饮食习惯，凡食物多以酥油拌煮而食。因为"各处番船并旱番客商，都到此地赶集买卖，所以国民皆富"[①]。二三口之家多不举火做饭，只买熟食而吃。在该国的市面上，各式各样的铺面百货皆有，就是没有酒馆，国家法令规定，凡饮酒者一律处死。该国有一座大山，山的四面出四样矿物，一面如海边所出之盐，红色，本地人用铁锄凿起一块，有三四十斤重，又不潮湿，什么时候想食用，则捶碎为末而用；一面出红土，如银珠之红；一面出白土，如石灰，可以粉墙壁；一面出黄土，如生姜一般的黄色。这四种土矿各有用途，都有商业价值，所以山的四面都有头目守管，自有各处的客商前来贩卖为用。与忽鲁谟斯在国际贸易中的地位相适应，在当地的买卖交易中，其国国王以银铸钱，名底那儿（dinar），径官寸 6 分，底面有纹，重官秤 4 分，通行使用。

2. 阿丹国

阿丹即今也门民主人民共和国之首都亚丁，正当红海南口，濒临亚丁湾，自古为国际贸易中心。该国地处阿拉伯半岛南端，东面由阿拉伯海通印度洋到南亚，西面与东非海岸一衣带水。在贯通亚洲和欧洲的海上丝绸之路尚未完全打通以前，这里是东西方国际贸易的主要通道，在印度洋国家、东非沿海国家和地中海沿岸国家之间起着货物中转站的作用。亚丁港东为亚丁半岛，上有舍姆桑山（Jabal Shamsan），高 553 米；西为小亚

---

① 马欢：《瀛涯胜览·忽鲁谟斯国》，转引自郑鹤声、郑一钧：《郑和下西洋资料汇编》（增编本）上册，第 440 页，海洋出版社，2005 年。

丁半岛，上有木札勒凯姆山（Jabal am Muzalkam），高 373 米。两半岛构成一天然良港，是世界各地船舶东西往来必经的著名大港。阿丹国田地肥沃，物产丰盛，米粟豆谷大小二麦芝麻并诸色蔬菜俱有。果子有万年枣（又作波斯枣、海枣，即 date-palm）、松子、把担（波斯语，badam）、干葡萄、核桃、花红、石榴、桃、杏之类。象、驼、驴、骡、牛、羊、鸡、鸭、猫、犬皆有，无猪鹅。有一种大尾无角绵羊，白毛无角，头上有黑毛二团，如中国童子顶搭子，其颈下如牛袋一般，其毛短如狗，其尾大如盘。其地所产草木，又有蔷薇露、檐卜花、无核白葡萄；动物还有花福鹿（斑马）、青花白驼鸡、麒麟（长颈鹿）、狮子、千里骆驼、黑白花驴、驼啼鸡、金钱豹等。当地还产一种九尾羚羊，自胸至尾垂九块，名为九尾羊。此外，还产质量上乘的珊瑚树和宝石等。

阿丹国的商业相当发达，各类店铺林立，各色百货应有尽有，叫卖声相闻，呈现一派繁荣景象。阿丹国在买卖中一般使用硬通货，国王用赤金铸钱行使，名甫噜黎，每个重官秤 1 钱，底面有纹；又用红铜铸钱，名甫噜斯，作零钱使用。在市场上，金银、色段、青白花瓷器、檀香、胡椒之类作为通货，在交易中也被广泛使用。

3. 祖法儿国

祖法儿国在阿拉伯半岛南岸，临卡马尔湾，为中古时代西亚一重要贸易港。又作佐法儿，为 Dhofar、Djofar、Zufar、Zafar 之对音。今阿拉伯半岛阿曼南部犹有佐法尔地区，即为中古时代祖法儿所在地，该区西界哈迈尔角（Ra's Hamar），东界萨木汉山（Jabal Samhan），北以山谷为界。自赖苏特港（Bandar Rayzut）至东侧的米尔巴特角（Ra's Mirbat）长约 74 公里，其西段约 40 公里处为低平沙地，东段则为高地，本地区是海岸至山地间面积最大的低平地带，为阿拉伯南部最肥沃的地区。祖法儿省首府萨拉拉（Salalah）滨海处有宫殿建筑，从海上望去，白色建筑颇引人注目。祖法儿港口故址即在萨拉拉以东约 3 公里的地方。萨拉拉市西有白塔，市东约26公里处为塔卡（Taqah）村，自村至米尔巴特角约35公里，沿途距岸2公里处为陡坡，高30米，大部分居民于坡地筑石屋为住所，石室面海，高3—5层，夜间灯火一片，极为显眼。马欢在《瀛涯胜览》中说："其国边海倚山，无城郭，东南大海，西北重山。"①费信在《星槎胜览》中记载："临海聚居，石城石屋，垒起高三五层者，若塔其上。"②可见这是一个颇有特色的国度。祖法儿国气候常热，一年之中，气温常像中国八九月的样子。土地肥沃，适于各种农作物的生长，米麦豆粟稷黍麻谷及各种蔬菜皆有，盛产瓜茄，尤多芥瓜。有牛、马、驴，亦普遍饲养猫、犬、鸡、鸭。山中有驼鸡，身形如鹤，脚高三尺，二趾，身扁颈长，其毛如骆驼，行走的样子亦如骆驼，故名驼鸡，食米豆等物，土人捕获来卖。又出骆驼，有单峰、双峰两种，国人皆骑坐，亦宰卖驼肉。还有西马、祖剌法（长颈鹿）、花福禄（斑马）和金钱豹。香料药材亦多，有血竭、芦荟、没药、乳香、沉香、龙涎香、安息香、苏合油、木鳖子、鹤顶、片脑等。由于祖法儿地区盛产乳香、安息香、没药等珍贵香料药材，素有"香料之乡"的美誉。在西亚诸国，祖法儿特别以盛产乳香而闻名，国内普遍生长乳香树，其树很像榆树，叶子尖长，砍树取其树脂，即得乳香。其国也多有安息香树，其树高可3丈，叶有四角，黄花而碧心，其树脂犹如饴糖，颜色如紫檀，即所谓安息香。用安息香入药，可医治"鬼疰"。安息香树的树汁浓净而无滓，名曰苏合油，可用于治疗"风"病。③"鬼疰"，即"疰夏"之病，中医指夏季长期发烧的病，患者多为小儿。多由排汗机能发生障碍引起。症状是持续发烧，食欲不振，消瘦，

---

① 马欢：《瀛涯胜览·祖法儿国》，转引自郑鹤声、郑一钧：《郑和下西洋资料汇编》（增编本）上册，第241页，海洋出版社，2005年。

② 费信：《星槎胜览》后集《佐法儿国》，转引自郑鹤声、郑一钧：《郑和下西洋资料汇编》（增编本）上册，第241页，海洋出版社，2005年。

③ 黄省曾：《西洋朝贡典录》卷下《祖法儿传》，转引自郑鹤声、郑一钧：《郑和下西洋资料汇编》（增编本）上册，第399页，海洋出版社，2005年。

口渴，多尿，皮肤干热，天气愈热体温愈高等。祖法儿国气候常热，易得"鬼疰"之病，所以其国多出产有安息香，对保障国人的身体健康是很重要的。其他"疰夏"之病多发的国家，祖法儿所产安息香是难得的药材，具有很高的经济价值。作为西亚重要的贸易港口，祖法儿国的商业贸易比较发达，交易商品主要为乳香、安息香、苏合油、血竭、芦荟、没药、沉香、木别子（木鳖子）、龙涎香等香料和药材，其"王铸金钱名倘伽（tanka），每个重官秤二钱，径一寸五分，一面有纹，一面人形之纹。又以红铜铸为小钱，约重三厘，径四分，零用"[1]。在市场交易中，也可用金银、檀香、米谷、胡椒、色段、绢、瓷器之类进行等价交换。[2]

4. 天方国

天方国（今沙特阿拉伯的麦加［Makkah］）自古便是阿拉伯国家发展国际贸易商道中的重要一站。早在公元前 7 世纪左右，以也门东南部哈达拉毛王国的戛纳港为起点，往北经过这个王国的首都谢卜瓦、古特班国首都泰木纳、萨巴国首都马里卜以及马因国首都盖尔纳，形成了一条陆上贸易的国际通道，古曰"香料之路"。这条通道，向西北延伸，经过麦加、麦地那，一直通到古代巴勒斯坦的加沙港和叙利亚。唐贞观三年（629），伊斯兰教的创立者穆罕默德进入麦加，并于两年后统一了阿拉伯半岛。接着，他和他的继任者哈里发们以宗教为旗帜，建立了物产殷富、文化科技发达、版图辽阔、横跨亚欧非三大洲的阿拉伯帝国，成为西方政治、经济与文化的中心。由于这种历史渊源关系，在郑和航海时代，天方国仍是西域著名的伊斯兰教大国；更由于当年伊斯兰教创立者穆罕默德最先在此传教，其国为伊斯兰教的发祥地，每年从世界各地来此朝圣的

---

① 马欢：《瀛涯胜览·祖法儿国》，转引自郑鹤声、郑一钧：《郑和下西洋资料汇编》（增编本）上册，第 443 页，海洋出版社，2005 年。

② 费信：《星槎胜览》后集《佐法儿国》，转引自郑鹤声、郑一钧：《郑和下西洋资料汇编》（增编本）上册，第 443 页，海洋出版社，2005 年。

教徒众多，促进了物流的发展，使天方国成为阿拉伯地区重要的国际商业中心之一。

天方国"四时常热如夏，并无雨电霜雪，夜露甚重，草木皆冯（凭）露水滋养"①。当地适宜于各种动植物的生长繁衍，其国物产和物质资源也就格外丰富。其"土产：米谷少，皆种粟麦及黑黍，有瓜菜，其西瓜甜瓜有以二人举者，果有葡萄、万年枣并石榴、花红、梨、桃皆有，大重四五斤者。亦有似绵花树，如中国大桑树，高一二丈，其花一年二收。牲畜有驼、马、驴、骡、牛、羊、猫、犬、鸡、鹅、鸭、鸽，其鸡鸭有重十斤以上者。土产蔷薇露、俺八儿香、麒麟、狮子、驼鸡、羚羊，并各色宝石、珍珠、珊瑚、琥珀等宝"②。此外，其国特产还有"押不卢，土人采之，每以少许磨酒饮，人则通身麻痹而死，虽加以刀斧，亦所不知，至三日，别以少药投之，即活"③。又有"草上飞，番名昔雅锅失，形如大犬，浑身玳瑁斑，两耳尖黑，如猫，性复驯善，若狮象等类猛兽见之，即伏不动，乃兽之王也"④。据各种史籍所载，当时其国物产尚有豹、麂、天马（高八尺）、犀角、金银、镔铁锉、花铜锤、赛兰石、瑙砂、金刚钻、眼镜、锁服、羚羊角、铁角皮等。天方国商业贸易也较发达，是一个商业经济比较发达的国家。"王以赤金铸钱名倘加（Tanka）行使，每钱官寸径七分，官秤重一钱，其金比中国足十二成。"⑤"货用金银、段匹、色绢、青花白瓷器、铁鼎、铁铫之属。乃日中不市，至日落之后以为夜市，盖其日色热之

① 马欢：《瀛涯胜览·天方国》，转引自郑鹤声、郑一钧：《郑和下西洋资料汇编》（增编本）上册，第319页，海洋出版社，2005年。

② 巩珍：《西洋番国志·天方国》，转引自郑鹤声、郑一钧：《郑和下西洋资料汇编》（增编本）上册，第402页，海洋出版社，2005年。

③④ 慎懋赏：《海国广记·天方物产》，转引自郑鹤声、郑一钧：《郑和下西洋资料汇编》（增编本）上册，第402页，海洋出版社，2005年。

⑤ 巩珍：《西洋番国志·天方国》，转引自郑鹤声、郑一钧：《郑和下西洋资料汇编》（增编本）上册，第446页，海洋出版社，2005年。

故也。"①

5. 剌撒国

剌撒国（在今阿拉伯半岛南岸木卡拉［Mukalla］附近 La'sa 村）由于"连山旷地，草木不生"，土地条件较差，农业比较落后，"田瘠少收，惟有麦耳"；而渔业相对发达，"牛羊驼马皆食鱼干"；主要出产龙涎香、乳香、千里骆驼等。②由于物产和物质资源不够丰富，该国商业经济也欠发达，本国不铸金、铜钱币，在市场上，金银、色段、色绢、瓷器、米谷、檀香、胡椒之类作为通货，在交易中通过等价交换，被广泛使用。

四、东非沿岸地区

1. 木骨都束国

木骨都束国（今索马里首都摩加迪沙［Mogadishu］）商业虽比较发达，农业却比较落后，"山连地旷，黄赤土石，田瘠少收。……其富民附舶远通商货，贫民网捕海鱼，晒干为食，及喂养驼马牛羊。地产乳香、金钱豹、龙涎香"③。该国濒临印度洋和亚丁湾，为东西方交通要冲，东西方往来商船经常在此驻留，所以那些有点经商资本的"富民"得以有方便条件搭乘路过的外国商船，到那些较远的国际商业城市进行贸易，而多数贫困民众则只能从事祖辈沿袭下来的传统的农牧渔业。由于农业经济欠发达，本国不铸金、铜钱币，在市场上，金银、色段、色绢、瓷器、米谷、檀香之类作为通货，在交易中通过等价交换，被广泛使用。

---

① 费信：《星槎胜览》后集《天方国》，转引自郑鹤声、郑一钧：《郑和下西洋资料汇编》（增编本）上册，第 446 页，海洋出版社，2005 年。

② 费信：《星槎胜览》前集《剌撒国》，转引自郑鹤声、郑一钧：《郑和下西洋资料汇编》（增编本）上册，第 399 页，海洋出版社，2005 年。

③ 费信：《星槎胜览》后集《木骨都束》，转引自郑鹤声、郑一钧：《郑和下西洋资料汇编》（增编本）上册，第 405 页，海洋出版社，2005 年。

2. 卜刺哇国

卜刺哇国（今索马里东南岸布腊瓦［Brava］）与木骨都束国接壤，自然条件也与之相似，也是商业经济情况较好，而农业落后，其"地广斥卤，有盐池，投以树枝，良久捞起，结成白盐。不藉（编者按：不可依凭之意）耕种，捕鱼为业，有葱蒜，无瓜茄"。农业经济比较落后，"地产马哈兽、花福禄、豹、麂、犀牛、没药、乳香、龙涎香、象牙、骆驼"①。由于农业经济落后，本国不铸金、铜钱币，在市场上，金银、色段、色绢、瓷器、米豆之类作为通货，在交易中通过等价交换，被广泛使用。

3. 竹步国

竹步国（今索马里南部朱巴河口的准博［Giumbo］）的自然条件不适于发展农业，其地"山地黄赤，数年不雨，草木不生，绞车深井，网鱼为业"②。是一个以渔业为主的国家。所产有狮子、金钱豹、驼蹄鸡、龙涎香、乳香、金珀等。由于经济落后，本国不铸金、铜钱币，在市场上，土珠、色段、色绢、金银、瓷器、胡椒、米谷之类作为通货，在交易中通过等价交换，被广泛使用。

---

① 杨一葵：《裔乘·西南夷》卷7《卜刺哇》，转引自郑鹤声、郑一钧：《郑和下西洋资料汇编》（增编本）上册，第405页，海洋出版社，2005年。

② 费信：《星槎胜览》后集《竹步国》，转引自郑鹤声、郑一钧：《郑和下西洋资料汇编》（增编本）上册，第406页，海洋出版社，2005年。

第三节　郑和航海贸易与人类海洋世纪

明初永乐时期，对外还算是开放的，其主要标志是郑和航海这一历史事件的出现。郑和船队每次远航，"涉沧溟十万余里"[①]，不仅在海外空前地扩大了中国的影响，使亚非30余国与中国建立了友好的外交关系，而且大大促进了海上丝绸之路的发展，使中国在当时以一种海洋大国的雄姿，屹立于世界民族之林。当时海外诸国之间的交往，航海贸易占有重要地位，沿海各国形成东南亚和印度洋两大贸易圈，以重要的国际商贸中心为纽带，将各海洋国家联系在一起。郑和航海的出现，使各海洋国家的联系通过郑和航海贸易的推动，持续得到加强。郑和航海贸易在国际航海贸易中发挥主导作用，并成为一种有效机制，催生着人类海洋世纪的形成。

永乐年间社会经济的繁荣，为郑和船队一次次连续下西洋，与西太平洋、印度洋沿岸各国广泛交往，提供了雄厚的物质基础；而郑和船队为了与海外诸国开展大规模的贸易与经济活动，以空前的规模发展远洋交通运输事业，又使海上丝绸之路获得了空前的发展。在永乐至宣德时期，中国与海外各国的经济交往，除了在各国来中国朝贡时，与之进行有限的"朝贡"贸易以外，主要还是依靠郑和船队大艅和分艅组成大小不等的外交贸易使团，往返穿梭于各国之间，与之进行持久的、大规模的国际贸易

---

① 郑和：《娄东刘家港天妃宫石刻通番事迹碑》，转引自郑鹤声、郑一钧：《郑和下西洋资料汇编》（增编本）上册，第17页，海洋出版社，2005年。

和民间互市活动。这与洪武时期中外之间仅靠"朝贡贸易"，彼此进行极其有限的贸易往来，是大不相同的。郑和船队分赴亚非沿海各国开展贸易与经济活动，在决策过程中，是经过周密筹划的。首先，郑和船队的规模是史无前例的，每次航海动用"海船百余艘"[①]，其中大、中型宝船共有63艘，大型宝船长44丈4尺，宽18丈；中型宝船长37丈，宽15丈。以1明尺合0.317米计算，大型宝船长140.75米，宽57米；中型宝船长117.29米，宽47.55米。建造这种超大型船舶，并不仅仅是为了显示中国的富强，主要是为了满足装载下西洋应用物资和海外贸易货物的需要。当时的海外贸易是由国家垄断的，并且主要由郑和船队来进行。以一支船队来承担一个富强的大国与众多海外国家的贸易，其海洋货运量之大，是可想而知的。这样，提高海船的远洋运输能力，就非常有必要了。为此，郑和航海重点发展超大型船舶，使船队海洋货运量大幅度增加。郑和船队装载货物的宝船，是一种福船船型的宝船，很适宜装载大批货物。郑和宝船每艘的载重量，可达数千吨；整个船队的运载量，则是以若干万吨计了。郑和航海拥有极其强大的海洋交通运输能力，不仅是当时的海洋贸易能获得空前发展的一个先决条件，而且也是人类海洋世纪的特征之一。

在解决交通运输工具的问题之外，郑和航海还要解决每次航行航程远、时间长、所到国家和地区众多、在进行贸易中运输货物周转不便等问题。为此，船队在东南亚和印度洋各主要贸易区，都建立了交通中心站和航海贸易基地。为了便于同众多的海洋国家发展交通运输，进行贸易活动，郑和船队以占城、苏门答剌、锡兰山别罗里、古里为海外航行的四大交通中心站；其中占城、苏门答剌属中南半岛、马来半岛范围，是郑和船队发展南海及南洋海上交通，与东南亚各国进行航海贸易的要冲之地；锡兰山别罗里、古里属印度半岛及其附近范围，是郑和船队发展印度洋及

①　郑和：《娄东刘家港天妃宫石刻通番事迹碑》，转引自郑鹤声、郑一钧：《郑和下西洋资料汇编》（增编本）上册，第17页，海洋出版社，2005年。

阿拉伯海海上交通，与南亚、西亚和东非沿岸各国进行航海贸易的要冲之地。郑和船队大綜利用这四大交通中心站，遵循惯常的主航线，与亚非各主要沿海国家开展贸易活动，另外，郑和船队若干分綜从此四大中心站出发，分别作扇形前进。郑和下西洋所访问的各个大小国家和地区，形成几条主要的分綜贸易线：一、以占城新州港为据点，分别向东南的渤泥与西南的中南半岛和马来半岛诸地进发；二、以苏门答剌为据点，一支北航榜葛剌，一支西航锡兰山，一支经溜山直航东非沿岸木骨都束国，再沿东非海岸南下至卜剌哇、竹步、麻林、慢八撒等地；三、以古里为据点，一支北航波斯湾直达忽鲁谟斯，或绕阿拉伯半岛经祖法儿、阿丹，深入红海到

图 13　郑和船队到东非海岸（想象图）

郑和对非洲所进行的成功访问，在中国历史上是中央使团首次对非洲进行访问，不仅在中国历史上是史无前例的，在当时非洲与世界各国的交往中，也是绝无仅有的，因而在历史上也产生了深远的影响。

天方国；一支则北航经波斯湾、亚丁湾，过曼德海峡，沿索马里的北海岸到东北方再经过须多大屿（索科特拉岛）、葛儿得风（瓜达富伊角）和哈甫泥（哈丰角），从而到达非洲东岸诸国；一支则经小葛兰径航东非沿岸的木骨都束、卜剌哇、竹步、麻林、慢八撒等地；四、以别罗里为据点，向西南经溜山国直航到东非沿岸木骨都束国。郑和航海以上述四大交通中心站为海运的枢纽，在东南亚和印度洋那么广大的范围内发展起了与亚非各个国家、各个地区之间纵横交错的海上交通，使船队与各国进行贸易和经济交往的机动性大为增强，从而大大加强了船队发展远洋贸易的能力，同时也建立和激活了海上丝绸之路沿线的贸易网络，为当时海上贸易的持续发展建立了有效的运行机制。

郑和航海以马来半岛和阿拉伯半岛为其在东西方的两个主要的贸易区，在这两个地区内，各建立有航海贸易基地。在马来半岛一带，满剌加是东南亚的一个商业中心，也是东西洋水陆交通的枢纽，为郑和船队向东南亚以西远航和由东南亚以西返航的必经之地。郑和船队在此建立了航海贸易基地，"宝船到彼，则立排栅，如城垣。设四门更鼓楼，夜则提铃巡警，内又立重栅，如小城，盖造库藏仓廒，一应钱粮顿在其内。去各国船只回到此处取齐，打整番货，装载船内，等候南风正顺，于五月中旬开洋回还"①。郑和船队在满剌加盖造仓库以后，当船队前往各国时，将暂时用不着的钱粮货物存放此地，不但增加了船队的有效载荷，还可以避免船队财物在海难或意外事故中遭受更大的损失，而且可以根据需要随时从该仓库提取钱粮货物以供应用。另一方面，船队将从各地贸易来的"番货"暂存于该仓库内，可以进一步增强船队航海贸易的机动性，使船队能多次往返满剌加，加强与各国的贸易。这样，就能确保船队在"开洋回还"时满载而归，最大限度地完成远洋贸易的任务。在阿拉伯半岛及波

---

① 马欢：《瀛涯胜览·满剌加国》，转引自郑鹤声、郑一钧：《郑和下西洋资料汇编》（增编本）中册，第991页，海洋出版社，2005年。

斯湾一带，忽鲁谟斯位处亚、欧、非三洲之间，为中世纪时著名的国际贸易中心；又是海上交通孔道，自印度洋进入波斯湾以至巴格达诸大城，此为必经之地。因此，"凡亚细亚、欧罗巴、利未亚（即非洲——引者注）之富商大贾，多聚此地。百货骈集，人烟辐凑。凡海内极珍奇难致之物，往辄取之如寄，土人尝言，天下若一戒指，此地则戒指中之宝物也"①。从第四次下西洋开始，郑和航海都把西行的重点放在忽鲁谟斯，以此为航海贸易基地，同来自亚、欧、非洲各国的商舶贾人进行贸易；如果说郑和航海以满剌加为据点，便于购买和换易东南亚诸国盛产的香料、药材等，那么，其以忽鲁谟斯为据点，则便于购买和换易西亚诸国名贵的宝石、琥珀、手工艺品等，并能同来自欧洲大陆的"旱番客商"进行贸易，互通有无。郑和船队在满剌加和忽鲁谟斯建立航海贸易基地，对加强船队在东西方的贸易起到重要的作用，并有助于贯通海上丝绸之路东西两端的贸易往来，有力地推动了海上丝绸之路全线国际贸易的发展。

郑和航海分别以满剌加和忽鲁谟斯为船队在东南亚和西亚的贸易基地，能够有效地将东南亚、南亚和西亚的贸易网络连接在一起，便于船队发展与亚洲各地区的海洋贸易，但对发展与东非沿岸国家的贸易而言，就有鞭长难及的局限。这就需要船队在东非也建立航海贸易基地。木骨都束和卜剌哇都是当时东非重要的城邦国家。郑和船队来到非洲，主要以这两个国家，特别是以木骨都束为发展与非洲国家航海贸易的基地。从东非沿岸国家发展海外贸易的历史来看，郑和船队的这一选择是正确和明智的。自公元 7 世纪大批阿拉伯人移民东非沿岸，东非沿岸各国的海洋贸易得以迅速发展，木骨都束和卜剌哇等邦国，在明代以前就靠着海外贸易发展起来。木骨都束和卜剌哇位于东非之角，濒临印度洋和亚丁湾。亚丁湾位于木骨都束北部，而亚丁湾通过曼德海峡与红海相连，是往来印度洋和地中海的必经之地，是国际海上航运的一条重要通道，是把亚、非、欧三大洲

---

① 艾儒略：《职方外纪》卷 100《尔西亚》。

连为一体的桥梁，具有重要的地缘交通和战略地位。无论从地中海还是从印度洋经亚丁湾到东非沿岸各国，一登上非洲大陆，木骨都束都是第一站，如要发展与东非沿岸各国的贸易，也是首先在木骨都束进行，然后再南下渐次与东非其他国家进行贸易。中国自唐代开辟了至东非沿岸各国的航线，就是以木骨都束为抵达非洲东海岸各国的第一站，也即是说，至迟从唐朝开始，中国商人前往东非沿岸，往返都要经过木骨都束。卜剌哇与木骨都束接壤，是从木骨都束南下遇到的第一个国家，所以木骨都束和卜剌哇在海外贸易上具有"近水楼台先得月"的地理优势，在东非沿岸各国中具有比较好的开展海外贸易的基础。所以，郑和船队以这两个邦国为横渡印度洋直航东非海岸的航海贸易基地，在相当大的程度上，是从商业利益来考虑的，并对发展当时的中非贸易发挥了重要的作用。依托着海洋交通中心站、航海贸易基地和贸易大本营所构建的贸易网络，郑和远航非洲将东非木骨都束、卜剌哇、竹步、麻林、慢八撒等地纳入海上丝绸之路的贸易体系，空前加强了东非沿岸各国在海上丝绸之路中的地位与作用，促进了亚非之间海洋交通运输和贸易事业的发展，将海上丝绸之路延伸到非洲，较之历代更显示出海上丝绸之路具有极其重要的国际意义，成为构建人类海洋世纪的要素。

郑和船队并不是简单和一般性地进行海外贸易，而是制定并实施中国与海外各国的贸易与经济计划，为此还聘请海外国家有关专家来加以协助。当时，身为"占城政府官员"①的彭德庆，是"协助郑和制定并实施中国与东南亚各国的贸易与经济计划的一个重要人物……一四一九年，彭德庆被郑和任命为整个东南亚华人社会的协调人，其下分设许多华人甲必

---

① ［马来西亚］哈林姆：《爪哇九圣》，《马来西亚使者报》星期日刊，1980年，转引自许友年：《郑和在爪哇等地传播伊斯兰教初探》，《思想战线》1983年第6期。

丹（即按军队编制设立的华人地方首领）"。①由此可见，郑和航海在开拓海外贸易的新局面之际，其领导者郑和表现出与其使命相称的开阔的战略眼光，勇于打破传统的华夷界限和偏见，起用海外"番夷"有关人才来协助制定并实施中国与海外各国的贸易与经济计划，使郑和航海贸易能够按照海外各国的实际情况有计划地进行，避免了盲目性，而有针对性，就能取得较好的经济效益。

郑和航海"充舶而归"的货物，奇珍异宝只是少数，大部分是五金、香料、大米、贵重木材、药品、布匹等日常用品和各国的土特产。法国学者弗朗索瓦·德勃雷在谈到郑和船队的航海贸易时说："中国出口丝、茶、明朝的陶器和瓷器，从印度、爪哇、菲律宾和暹罗进口大米、贵重木材、锡、金子以及一种精美的食品——燕窝，这是郑和在婆罗洲停留时发现的。"②由于郑和船队在海外采办的珍宝毕竟是少数，所以弗朗索瓦·德勃雷在介绍郑和从海外进口的大宗货物时，就不再提及从海外贸易来的少量的奇珍异宝。从郑和船队在海外从事贸易的一个典型事例来看："中国宝船到彼（指祖法儿国——引者注），开读赏赐毕，其王差头目遍谕国人，皆将乳香、血竭、芦荟、没药、安息香、苏合油、木别子之类，来换易纻丝、瓷器等物。"③两国相互交易的，大都是日常生活用品，适合于社会各阶层人士应用。又如占城国"买卖交易，使用七成淡金或银，中国青瓷盘碗等品，纻丝、绫绢、烧珠等物，甚爱之，则将淡金换易"④。金、银等贵重金属，为中国国用不可或缺的，郑和船队从海外贸易进来以充国

---

① ［印度尼西亚］斯拉默穆利亚纳：《印度——爪哇王朝的覆灭和努山打拉伊斯兰国家的兴起》，转引自许友年：《郑和在爪哇等地传播伊斯兰教初探》，《思想战线》1983 年第 6 期。

② ［法］弗朗索瓦·德勃雷著，赵喜鹏译：《海外华人·序言》，第 5 页，新华出版社，1982 年。

③ 马欢：《瀛涯胜览·祖法儿国》。

④ 马欢：《瀛涯胜览·占城国》。

用，是很有必要的。至于在明清一些有关郑和航海的著述中，对郑和船队从海外贸易来的物质，多提其所"贸采琛异"，而少言及其所大量进口的一般货物，都是"自和后""莫不盛称和以夸外番"①这种心理在作怪；既要"盛称和"，难免舞文弄墨，夸夸其谈，渲染其所得之奇珍异宝，而不乐道其所进口之一般货物了。应该说明的是，对中国这样一个大国，尤其又是在明帝国的强盛时代，从海外进口少量贵重物品，如黄金、珍珠、宝石、龙涎香诸物，也是国用所需，不可缺乏，郑和航海进行采办，也是有必要的。郑和下西洋采办来的珍宝，回国一律上交国库，往往用来作为皇帝赐给皇亲国戚或重臣的特别礼物，以示恩宠。这从近年的考古发现中已得到证实。2001 年 4 月中旬至 5 月初，由湖北省文物考古研究所主持，对湖北省钟祥市长滩镇大洪村梁庄王墓进行了发掘，出土金、银、玉器和珠饰宝石等 4800 余件，其中的一块金锭背面刻着两排铭文："永乐十七年（1419）四月日西洋等处买到九成色金壹锭伍拾两重"。据《明成祖实录》记载，郑和第五次下西洋在永乐十四年（1416）十二月至永乐十七年（1419）年七月之间，这块金锭的铭文表明，郑和一行是在回国前 3 个月于西洋某国购买了这块金锭。梁庄王名朱瞻垍，为明仁宗第九子，生于永乐九年（1411），十四岁（1424）被册封为梁王，十九岁（1429）就藩湖广安陆州，正统六年（1441 年）去世，其生活年代正值郑和下西洋时期，这块金锭就是当时郑和船队从海外买得后，回国上交国库，然后由皇帝赐给他的。此外，墓中出土的珍宝中，还有金镶宝石带、云形金累丝镶宝石簪、金累丝镶宝石青玉镂空双鸾鸟牡丹簪、金镶宝石绦环等，其上镶嵌的红宝石、蓝宝石、祖母绿、金绿宝石、金绿宝石猫眼、石英猫眼等宝石近百颗。在金镶宝石帽顶上，镶嵌一颗约 200 克拉的橄榄形无色蓝宝石，是目前发现最大的蓝宝石。这些珍宝所使用的金量达到 16 公斤，用银量达到 13 公斤，用玉量达到 14 公斤，出土的宝石 700 多颗。经中国地

---

① 《明史·郑和传》。

质大学检测，这些宝石的产地都不在国内，多为西洋（今东南亚、南亚、西亚地区）所产，很可能有部分文物与当时郑和下西洋带回有关，与马欢《瀛涯胜览》、巩珍《西洋番国志》中的有关记载正相符。[①]郑和船队是用从国内带去的铜钱，或是用出售丝绸和瓷器等中国特产得来的当地货币购买奇珍异宝一类贵重物品。丝绸和瓷器是海外诸国各阶层十分喜爱的中国特产，也是郑和航海与各国贸易的主要物品，这样就能通过丝瓷贸易将中国与海外诸国联结在一起，使海洋成为各海洋国家利益共同体的载体，从而有助于形成人类海洋世纪。

郑和船队为了实施其对海外各国的贸易与经济计划，除了利用各交通中心站和航海贸易基地外，还把位于满剌加、忽鲁谟斯中间的东西方贸易辐辏之地古里国，建成船队实施其对东西方贸易与经济计划的一个大本营。据马欢记载，在古里国有"二大头目，受中国朝廷升赏，若宝船到彼，全凭二人主为买卖"[②]，专门负责协助郑和船队在古里的外贸事务。以古里为大本营，郑和船队既可以与南亚诸国频繁进行贸易活动，又可以加强和协调船队在东南亚和西亚、东非沿岸的贸易，起到东西方贸易纽带的作用。此外，郑和船队在各地还采取多种方式进行经商。在有的国家，如在古里国，每做一笔生意，要会同该国的商人富户和书算会计人员等，在一起看货议价，"非一日能定，快则一月，缓二三月"[③]。由此可见，船队在一些海外国家做买卖，进行的是大宗货物交易，而不是做小笔生意，是有计划地与各国通过反复多次的谈判达成交易，双方有利必争，互利互惠，而不是不注重经济效益，随便和顺便做点生意，更不是以"厚往薄来"作为对外贸易的原则。这样，我们就更能理解郑和船队为什么有必要在占城等地设立大本营，并聘请海外经贸专家协助制定并实施对海外各国

---

① 参阅：《湖北钟祥市梁庄王墓发掘记》（下），来源：2015-09-06 RK588。

②③ 马欢：《瀛涯胜览·古里国》，转引自郑鹤声、郑一钧：《郑和下西洋资料汇编》（增编本）上册，第435页，海洋出版社，2005年。

的贸易与经济计划了。郑和航海船队在发展与各国的贸易中，秉持着共赢互利的原则，而要做到这一点，就需要双方通过谈判，在争利的过程中相互做出必要的妥协，化解一些矛盾，彼此以友好为重，求同存异，"快则一月，缓二三月"，最后实现共同的利益。各海洋国家这样通过耐心地谈判，以利益共同体将各国团结在一起，这种和解和宽容的精神的培育，是人类海洋世纪得以形成的必要条件之一。

在漫长辽阔的海上丝绸之路上，郑和船队以占城、苏门答剌、锡兰山、古里为四大海洋交通中心站，在满剌加、忽鲁谟斯以及木骨都束和卜剌哇建立航海贸易基地，在占城等地设立规划并实施中国与海外各国之间贸易与经济交流计划的大本营，又以古里为东西方贸易的大本营，在近30年的时间里，始终与众多的亚非国家开展了多种形式的贸易活动。这样就可以充分发挥郑和航海从事海外贸易的潜力，使郑和船队成功地肩负起国家赋予的开展海外贸易的重任，并得以在永乐年间连续六次下西洋，极大地发展了海洋交通运输和海上贸易事业，不但为促进中国与亚非国家间的经济交流做出重大的贡献，而且也大大推动了海上丝绸之路和明初海洋经济的发展，使中国成为当时世界上最强大的海洋大国，"联数十国翕然而归拱，可谓盛矣"[①]。郑和航海通过发展海洋贸易将海外数十国联结在一起的盛况，正展现出人类海洋世纪的曙光。

由于郑和航海在东南亚、印度洋沿岸开拓了愈来愈多的海外市场，中国的海外贸易量激增，在国际市场上备受欢迎的中国青花瓷器，各色纻丝、绫绢、纱罗、锦缎、文绮、袭衣、布匹、铜铁用具、铜钱、烧珠、漆器、麝香、樟脑、干鲜果品等，出口量日益增多，这又大大刺激了国内官私工业、民间手工业和农副产业的迅速发展。为了满足海外市场的需要，以景德镇为中心的瓷器业，以苏州为中心的丝织业，以松江为中心的棉

---

① 黄省曾：《西洋朝贡典录·自序》，转引自郑鹤声、郑一钧：《郑和下西洋资料汇编》（增编本）上册，第537页，海洋出版社，2005年。

织业，以芜湖为中心的漂染业等，都有了较快的发展。另一方面，郑和船队的海洋交通运输事业不断获得发展，也大大推动了造船业的发展。所有这些，对中国社会经济的进一步发展，起到一定的促进作用。与此同时，郑和航海大力发展海洋交通运输和海上贸易事业，也为海外各国的商品开拓和扩大了在中国的销售市场，不仅海外国家从中获得很大的经济利益，就是普通老百姓也多因此致富。正如严从简所说："自永乐改元，遣使四出，招谕海番，贡献毕至，奇货重宝，前代所希，充溢库市；贫民承令博买，或多致富，而国用亦羡裕矣。"①由于郑和航海开拓和扩大了海内外市场，促进了中国社会经济的发展，对保障永乐年间财政状况的稳定起到重要作用。当时，造巨舰通海外诸国，又营建北京新都，"供亿转输以巨万计"；而"国用不绌"②，"资用未尝乏"③。这与郑和航海大大促进了当时海外贸易和海洋经济的发展，给国家财政收入以有力的补充，有着很大的关系。

郑和船队为海外各国的商品开拓和扩大了在中国的销售市场，其中尤其是胡椒，当时"小民持一钱之货，即得握椒展转交易，可以自肥"④，就迅速扩大了胡椒在中国的销售市场，因而对南洋一些国家的胡椒种植业和农业经济的发展，起到一定的推动作用。"很多学者忽视了中国胡椒贸易的重要性；中国对于胡椒的大量需要导致了爪哇和苏门答剌胡椒种植的增长，这样必然会刺激经济的发展。"⑤郑和航海同时从各国进口了大量各种农业、工业和手工业产品，相应地也推动了各国农业、工业和手工业的

---

① 严从简：《殊域周咨录》卷 5《佛郎机传》。

② 《明史》卷 149《夏原吉传》。

③ 《明史》卷 154《黄福传》。

④ 《古今图书集成·方舆汇编·边裔典》卷 89《南方诸国总部》，转引自《广东通志》。

⑤ 山田宪太郎：《东亚香料史研究》，东京，1976，P.IV，PP. 240—244。《亚细亚历史事典》，东京，1962，卷 3，第 385 页。转引自田汝康：《郑和海外航行与胡椒运销》，《上海大学学报》1985 年第 2 期。

发展，加之中外之间经济交流和贸易往来的发展必然会刺激各国商业的发展，所有这些，对各国社会经济的发展，都会起到一定的促进作用。郑和航海不仅促使了南京港、刘家港和太平港等港口的繁荣，而且也给与郑和航海密切相关的海外诸国港口带来了繁荣。弗即索瓦·德勃雷在论及郑和航海在发展亚非国际贸易上所取得的巨大成就时，对此曾作过如下较客观的评论："郑和的七十艘宝船载着三万余人开始了中国历史上的第一次海上远征，这次远征将使中国帝国向外部世界开放。………皇帝的旗帜飘扬在南洋各处，从菲律宾到印度，从爪哇到阿拉伯甚至非洲的摩加迪沙。中国的商业获得巨大的发展，……正是在这一时期，印度的港口开始巨大的繁荣。"[①]郑和航海时代，中国和亚非多数海洋国家经济状况良好，有着发展海洋贸易的传统，出现了一些著名的国际贸易都会。进一步发展互通互补的海洋国际贸易，是时代发展的要求，郑和航海贸易正适应了这一客观需要，将传统的海上丝绸之路由亚洲推进到非洲，推动了亚非各国经济的发展，也推动着亚非数十个海洋国家以中国为贸易目标走到一起。海洋空间利用的规模日益扩大，带来了海洋贸易空前的繁荣，为史上第一次，这正是人类海洋世纪形成的重要标志。

---

① ［法］弗朗索瓦·德勃雷著，赵喜鹏译：《海外华人·序言》，第4页，新华出版社，1982年。

第五章　郑和航海与建设21世纪海上丝绸之路

第一节　郑和航海是古代海上丝绸之路的最高阶段

郑和航海之所以能够促进人类海洋世纪的形成，还在于它具有深厚的历史底蕴，其渊源起于古代海上丝绸之路。海上丝绸之路开辟之初，因技术与安全方面等因素，不如陆上丝绸之路可靠，其在中西交通上的重要性不及陆上丝绸之路。自唐朝后期西北战乱频繁，陆上丝绸之路屡废，加以宋元以后中国经济重心南移，开始以扬州、明州（宁波）、广州、泉州为重要港口，由海路输出丝绸、陶瓷、茶叶，以及输入香料、药材、珠宝等。于是作为连接亚欧大陆的交通大动脉，海上丝绸之路便逐渐取代了陆路丝绸之路以往的重要地位，而且一直保持持续发展的势头，元代泉州甚至发展成世界第一大港。东南沿海城市，陆续先后繁荣兴盛，终于在明代郑和航海之际出现了"海上丝绸之路"最为繁荣的历史时期。

郑和航海是古代海上丝绸之路的最高阶段。在郑和航海之前，唐、宋、元代海上丝绸之路虽然也不断地发展，但缺乏国家统一的强有力的组织与领导，没有强盛的综合国力作支撑，也没有建立相应的激励机制，因而在规模、地域和成就等方面都不能与郑和航海相比。海上丝绸之路的发展，与当时中国同海上丝绸之路沿线各国各地区的关系发展的程度成正比关系。在封建集权时代，中国与沿海国家之间关系发展的程度，往往又取决于最高封建统治者对发展中国海外关系的重视程度。郑和航海得以启动和发展，正是背后有明成祖朱棣的重视和支持。朱棣是一位"锐意通四夷"的君主，其执政理念是要通过大力发展海外关系，在中国实现一种为前代所未曾有过的中外共享太平之福、万国咸宾的盛世。在这种执政理念的指导下，中国与海外的关系迅速发展，一些明代以前从未与中国交往的海外国家，因郑和船队的到来，第一次来华访问，实现了历史性的突破。在明代，因郑和航海所至，受郑和下西洋的影响而与中国相联系的海上丝绸之路沿海国家，据明清两代学者的记载，多寡不一，其中明马欢《瀛涯胜览》记 20 国，明费信《星槎胜览》前集记 22 国、后集记 20 国，明巩珍《西洋番国志》记 20 国，《郑和家谱》记 20 国，明黄省曾《西洋朝贡典录》（卷一至卷三）记 21 国，明严从简《殊域周咨录》（卷四至卷十二）记 17 国，明杨一葵《裔乘》记 69 国（朝鲜、日本等国除外），明罗曰炯《咸宾录》（卷二至卷六）记 53 国（朝鲜、日本等国除外），明茅瑞征《皇明象胥录》（卷一至卷七）记 33 国，明申时行等《明会典》（礼部卷 105 至卷 107）记 35 国，明丘浚等《寰宇通志》记 40 国（朝鲜、日本等国除外），明茅元仪《武备志》（四夷传，卷 235 至卷 236）记 30 国，明查继佐《罪惟录》（卷 36）记 45 国。清傅维鳞《明书》（四国传，卷 166 至卷 167）记 29 国；清张廷玉等《明史·外国传》（卷 323 至卷 333）记 42 国；清张廷玉等《明史·郑和传》所列有 37 国，而这 37 国有两国重名，实际为 35 国。在诸书中，以明慎懋赏《海国广记》所记载国家为最多，计 98 国。其中个别国重复，如不剌瓦与卜剌哇国，苏门答剌国与须文达剌国等，实为一国，然而不相重复的至少有 90 国以上，可见郑和航海范围之广大，在此影响下明朝与海外各国各地区联系之广。在与中国有联系的 90 多个沿海国家和地区中，主要的国家有 40 余个，超过了历代与中国相联系的海上丝绸之路沿岸国家和地区的数量。郑和航海所至国家和地区之多，航海范围之广、规模之大，航海技术运用之全面与高超，连续出洋时间之长，不仅在海上丝绸之路历史上是空前的，在世界历史上也是史无前例的。

　　在郑和航海时期，中国海洋事业获得空前的发展，其开拓的来往于海上丝绸之路各国各地区的航线，也是历代所未及的。在海上丝绸之路的大通道上，主要航线达 42 条之多，其航线最西到达赤道南面，航线西端延伸到比剌（今莫桑比克港）、孙剌（今索法拉港）两个国家，最南到达印度尼西亚爪哇等地，最北到达红海的天方（今沙特阿拉伯的麦加）等地，并在西亚著名古贸易大港同来自欧洲的"旱路"客商频繁进行交易。郑和下西洋不仅是中国古代海上丝绸之路的鼎盛，也是集大成者，在永乐至宣德的 28 年间，郑和船队一次次连续下西洋，与西太平洋、印度洋沿岸各国广泛交往，与海外诸国开展大规模的贸易等经济活动。除了在各国来朝贡时，中国与之进行有限的"朝贡"贸易以外，主要的还是依靠郑和庞大的船队有分有合地组成大小不等的外交贸易使团，往返穿梭于各国之间，与之进行持久的、大规模的国际贸易和民间互市活动。与唐、宋、元各代不同，郑和下西洋与各国开展海外贸易，是在与各国建立了比以往任何朝代都更为良好和紧密的外交关系的基础上进行的，因此能得到各国国王和头目的全力支持，如在阿丹国，其国王"即谕其国人，但有珍宝，许令卖易"①；在祖法儿国，"中国宝船到彼，开读赏赐毕，其王差头目遍谕国人，皆将乳香、血竭、芦荟、没药、安息香、苏合油、木别子之类，来换易纻丝、瓷器等物"②。像这样以一国之王相号召，举全国之物力来与中国船队贸易，中外国家充分互利互惠，其所带来的海上丝绸之路上的繁荣景象，为历代所未有。

　　郑和航海构建了海上丝绸之路完善的持之有效的贸易网络，更是一项创举，为前代不可企及。在漫长辽阔的海上丝绸之路上，郑和船队建

---

① 马欢：《瀛涯胜览·阿丹国》，转引自郑鹤声、郑一钧：《郑和下西洋资料汇编》（增编本）上册，第 443 页，海洋出版社，2005 年。

② 马欢：《瀛涯胜览·祖法儿国》，转引自郑鹤声、郑一钧：《郑和下西洋资料汇编》（增编本）上册，第 593 页，海洋出版社，2005 年。

立了四大海洋交通中心站——满刺加、苏门答剌、锡兰山、古里。在满刺加和苏门答剌都设有"官厂"。四大海洋交通中心站成为郑和船队分艕分头向亚非各个国家和地区远航的始发基地。两大航海贸易基地——忽鲁谟斯、木骨都束和东西方贸易的两个大本营——占城、古里，成为郑和航海连接东南亚、南亚、西亚和东非海洋贸易的枢纽和重要节点。郑和航海通过在海上丝绸之路上的这种战略布局，引领船队发展与各国的友好关系，促进中国与各国在政治、经济和文化上的联系之发展，在向外广泛输出丝绸、瓷器等商品的同时，也向海内外传播了各国人民的友谊和各族人民光辉灿烂的文化和科学技术，综合国力的效益得到彰显，海外诸国的共同利益也得以充分体现，较之前代更显示出海上丝绸之路具有极其重要的国际意义。

郑和航海对海上丝绸之路的一个重大发展，就是较之前代有着明显的对外开放的精神和举措。这里举两个比较典型的事例，一是引进国外科技人才，聘请国外航海专家担任"火长"，即文献中称之为"番火长"的外国航海技术专家。他们主要是航海经验丰富的阿拉伯航海技术人员，比较熟悉从南亚航至印度西南沿海以西至非洲北部和东部沿海的海况和航线，对保障郑和船队从南亚沿海出发再远航至西亚沿海各国乃至东非沿岸，发挥了重要的作用。二是大胆聘用国外熟悉当地贸易的人才和头目担任郑和航海东西方贸易的大本营占城和古里的顾问和贸易代理人。在占城，郑和聘任"占城政府官员"[①]彭德庆为顾问，"协助郑和制定并实施中国与东南亚各国的贸易与经济计划"[②]。彭德庆为郑和船队发展与东南亚各国的贸易做出了重要贡献。后来出于协调整个东南亚华人社会的需要，彭德庆

---

① ［马来西亚］哈林姆：《爪哇九圣》，《马来西亚使者报》星期日刊，1980 年。参阅：郑一钧：《论郑和下西洋》（修订本），第 372 页，海洋出版社，2005 年。

② ［印度尼西亚］斯拉默穆利亚纳：《印度——爪哇王朝的覆灭和努山打拉伊斯兰国家的兴起》。参阅：郑一钧：《论郑和下西洋》（修订本），第 372 页，海洋出版社，2005 年。

进一步得到郑和的重用，成为东南亚华侨领袖。在古里，则聘用该国两大头目为海外贸易的代理人。郑和船队成员马欢记载宝船在古里开展贸易的情况说："其二大头目，受中国朝廷升赏。若宝船到彼，全凭二人主为买卖。"①从古代到中世纪，古里国长期以来是东西方国际贸易交汇的商贸大国，在开展国际贸易方面有着悠久的历史传统，建立了一套比较完善的国际贸易制度，该国的官员也有着比较丰富的从事国际贸易的经验。根据这种情况，再结合对当地的实际考察，郑和一行深知在古里这个地方开展国际贸易，如要获得最大的经济利益，最有效的办法是发挥古里国在进行海外贸易方面的优势。古里国王有大头目二人，负责国内外贸易事务，郑和船队来到古里，就让其代理船队的一切贸易事务，所有买卖上的事，全凭二人做主。郑和这样做，是一种非常明智的选择。在古里这个地方开展贸易，要与来自东西方各个国家和地区的商人做生意，在买卖过程中要应付各种复杂的局面，如果对各地的物产资源、生产经济、商业贸易、风俗习惯和语言文字不熟悉，对各种货物的品质和市场价格了解得不够，对对方的经济实力和背景不清楚，不谙熟对方的策略，进行交易时的谈判技巧不到位，如此等等，就很难在交易中赢利。此外，郑和下西洋，率领庞大的船队与海外各国开展大规模的贸易活动，集中代表了富强的明帝国在发展海外贸易方面的国家利益，绝不是以"给予丰厚，收取微薄"，即所谓的"厚往薄来"作为对外贸易的原则，而是无一例外地遵循了做生意必以赢利为目的的原则。在古里开展海外贸易，就熟悉和掌握各个有关方面的情况而言，正是这两个大头目的强项，何况为职责所系。他们富有经营海外贸易的经验，做生意时赢利的意识也很强，并且在天时、地利、人和方面有一定的优势。因此，在古里开展贸易活动，如果让郑和船队自己来操作，肯定不如交给这两个大头目来操作更能盈利。况且，郑和船队在古里这个国际大商场做的是一桩桩大生意，而不是几笔小买卖，若想较多地赢

---

①　马欢：《瀛涯胜览·古里国》。

利，在时间和精力上没有相当多的投入，也是不行的。在这方面，郑和船队为外交使命所限，就有一定的局限性，将会力不从心。另一方面，做生意要赚钱，少不了要讨价还价，越是想尽量多地赚到钱，就越需要费上时间和精力讨价还价。在这个过程中，买卖双方都是寸利必争，不讲情面。此事如果让郑和使团来干，面对一些小国，如此斤斤计较将有失"天朝大国"的风范。所以，要想既能赚到大钱，又避免亲自出面，最好的方式就是让古里的这两个大头目全权代理船队在当地的一切外贸事务。而要做到这一点，就必须具有对外开放的意识，摒弃传统的自视为"天朝上国"，而视海外国家为"蛮夷之邦"的偏执观念，虚心接纳海外国家的长处。在海外事务中具有为历代所未有的甚至是超前的对外开放的意识，这是郑和航海能带来海上丝绸之路最为繁荣的历史时期的重要原因之一。

郑和航海对海上丝绸之路的另一个重大发展，就是为了保障海上丝绸之路的安全与畅通，建立了相应的激励机制。郑和下西洋，为了保障海上丝绸之路的安全与畅通，需要克服来自人为的和自然界的各种障碍和危难，为此，郑和船队建立了相应的激励机制。来自人为的障碍和危难，主要指海盗的威胁和其他外部武装力量的袭击。如郑和第一次下西洋因陈祖义海盗集团的偷袭，在旧港发生了一场歼灭陈祖义海盗集团的海战；在第三次下西洋时，因锡兰山国王"亚烈苦奈儿谋劫钱粮船只"[1]，"欲图害使者。用兵五万人，刊木塞道，分兵以劫海舟"[2]，郑和官兵奋起反击，从而发生锡兰山之役；第四次下西洋时，因曾为苏门答剌国王的儿子苏干剌"领兵数万邀杀官军，和率众及其国兵与战"[3]，导致发生苏门答剌之役。这三次战役，由于郑和官兵奋勇作战都取得胜利，事后明朝廷都制定了战

---

① 《南京静海寺郑和下西洋残碑》，转引自郑鹤声、郑一钧：《郑和下西洋资料汇编》上册，第 202 页，齐鲁书社，1983 年。

② 玄奘：《大唐西域记》卷 11《僧伽罗国》，明末嘉兴府楞严寺刊本。

③ 《明成祖实录》卷 97。

功升赏条例，按功劳大小分别给予奖赏。在克服来自自然界的各种障碍和危难方面，明朝廷充分考虑到郑和下西洋广大官兵所经历和克服的种种海上艰险，"远涉艰苦，且有劳效"[1]，屡屡给予各种奖赏。这些奖励机制的建立，极大地鼓舞了郑和船队广大官兵勇于战胜海上丝绸之路上的各种艰难险阻，对保障海上丝绸之路的安全与畅通，对促进海上丝绸之路的持续繁荣，发挥了重要的作用。这是郑和航海在发展海上丝绸之路上显著优于历代之处，不仅彰显了郑和航海缔造了海上丝绸之路最为繁荣的历史时期来之不易，而且大大丰富了海上丝绸之路的内涵，显现出国家政治权力对保障海上丝绸之路的安全与畅通的作用和意义。上述郑和航海超越历代海上丝绸之路的各个方面，充分说明郑和航海为古代海上丝绸之路发展的最高阶段。

---

① 《明成祖实录》卷78。

第二节　郑和航海与阿拉伯人航海之比较

从古代至中世纪，在海上丝绸之路的东西两端，世界上只有中国和阿拉伯国家是航海强国，并且随着海上丝绸之路的发展，航海事业一直在发展，而没有中断，并且长期在世界航海事业中居于领先地位。这就存在一个中国人航海与阿拉伯人航海的比较问题，特别是郑和航海与同时代阿拉伯人的航海，在"过洋牵星"术和航海范围上，究竟谁居领先地位。迄今仍存在不同的观点，需要通过比较给出答案。此外，郑和航海与阿拉伯人航海的航海范围，以及对人类在海洋上的发展各起到怎样的作用，也需要通过比较来加以说明。所有这些，都是郑和航海研究和海上丝绸之路研究值得关注的问题。有一种观点，认为郑和航海的"过洋牵星术"是阿拉伯的技术，郑和航海没有突破阿拉伯人航海的范围。这种观点不符合历史事实，有加以澄清的必要。下面即围绕这两个方面，就郑和航海与阿拉伯人的航海加以比较，还原历史的真相。

一、郑和船队的"过洋牵星术"不是阿拉伯人的技术

航海中使用的"牵星术"，就是通过观测星辰（主要是北极星）的海平高度（仰角），来确定船舶航行方向和在南北纬度上所处位置的一种技术；"过洋牵星术"，顾名思义，就是在茫无边际的大洋中运用"牵星术"越洋抵达彼岸的航海技术。中国自古在航海实践中产生和发展起具有

中国特色的"牵星术"和"过洋牵星术"，郑和航海继承和进一步发展了这种天文航海技术，即是说，郑和船队的"过洋牵星术"就是起源于中国的航海技术，而非阿拉伯人发明的航海技术。

在大海航行中，确定船舶的方向和位置，是至为紧要的。若是沿岸航行，陆地上的各种标志，在白天可用以导航，若在夜间航行，或在水天一色的大洋中航行，既看不见岸上的目标，又没有海中岛屿可作航行指标，就只有靠观测日月星座来辨明方向，以及确定船舶在航行中的位置了。这就产生了天文航海技术。我国人民很早就开始了航海活动，在航海中应用天文航海技术也有着悠久的历史。在商代甲骨文与《夏小正》中，与"斗"字相关的记载屡屡出现，这说明当时人们已能利用观察北斗星来判断方位。商周之际，人们"仰则观象于天，俯则观法于地"，对天文知识的应用，已成为人们社会生活和生产实践的常态，在航海中会以"观象于天"来导航也在情理之中。早在商周先秦时代，不断有航海去朝鲜、日本的记载，如商代的始祖契（与夏禹同时代，即公元前21世纪之时）的孙子相土，曾大力扶持渤海外诸岛屿上的部落，与他们航海往来，对促进海外诸部的社会进步做出了重要的贡献。商朝后裔在追颂相土的功绩时说："相土烈烈，海外有截。"[1]相土首先要善于航海，即善于在海外航行中"观于天文"来导航，才能与海外诸部保持经常性的联系，才有可能在海外干出一番轰轰烈烈的事业来，成为我国有文字可考的第一位航海历史人物。至迟到周朝，我国同一些海外国家与部落之间，已建立了一定的藩属关系。王充《论衡》中有周时"越裳（今越南北部——引者注）献白雉，倭人（今日本——引者注）贡鬯草"的记载。周武王封箕子于朝鲜，一大批商朝遗民浮海随往。春秋战国时期，燕国与朝鲜存在着贸易关系，燕、齐、越等地人民为避战乱，不断泛海移居朝鲜。当时，通过海路，中国已能同朝鲜、日本等沿海国家保持来往。依靠这种航海技术和船舶条件，秦

---

① 《诗经·商颂》。

朝徐福才能率领三千余人的船队东渡到日本。而这都离不开当时凭着"观于天文"发展起来的天文航海技术。

至迟到西汉时期，通过长期的航海实践，有一定体系的天文航海技术已发展起来。在《汉书·艺文志》天文类中，记有海中星占验书六种，即是有关天文航海方面的书籍，其中《海中星占验》十二卷，是讲述航海过程中进行海上占星的。《海中五星经杂事》二十二卷，属于五星占。《海中五星顺逆》二十八卷，属于五星占。"顺逆"指躔度的盈缩。《海中二十八宿国分》二十八卷，属于二十八宿占。"国分"，是以天下郡国上应天星，讲星野划分。《海中二十八宿臣分》二十八卷，属于二十八宿占。"臣分"，是以天下官曹上应天星，讲星官划分。《海中日月彗虹杂占》十八卷，是以日月、彗星、虹霓占。这六种书共一百三十六卷之多，是当时众多航海者经年累月无数次乘船于汪洋大海中，在海上占星导航的经验总结。由于这些书早已亡佚，我们无从详究汉代天文航海技术的发展水平。当时，中国船队已能顺利地往返于南洋、印度洋之间，这与舟师掌握了海上观星术，能较好地利用观测天体来导航，有着极大的关系。汉代远航印度洋的成功，海上丝绸之路的开辟，证明当时中国的天文航海技术已达到很高的水平。汉代关于应用天文知识进行海上占星的一批著作，总结了当时的天文航海技术，具有一定的科学水平。西汉时刘安等著《淮南子·齐俗训》中记载："夫乘舟而惑者，不知东西，见斗、极则寤矣。"[1]就是说，乘船的人分辨不清东方或西方，那只要观测到北斗和北极星便可明白了。可见，当时在茫茫大海中靠观测星斗及北极星来导航，已成为普通的常识。

自汉代以后，我国海船凡往返于印度洋、南洋之间，必依靠天文航海术而行。东晋葛洪《抱朴子》记载："夫群迷乎云梦者，必须指南以知

---

① 刘安等：《淮南子·齐俗训》。

道，并失乎沧海者，必仰辰极以得反。"①这里明确指出，在航海中一旦迷失方向，必须靠看北极星来辨明航向，才能返回。这也从当时中国人的航海记录中得到印证，如东晋高僧法显回忆自印度和斯里兰卡乘船回国的经历时说："大海弥漫无边，不识东西，唯望日、月、星宿而进。"②至迟到了唐代，中国人已经掌握了准确测量北极星距离地面的高度的方法，如唐朝开元年间天文学家僧一行已利用一种名为"复矩"的仪器来准确测量北极星距离地面的高度，这为中国航海者在航海中通过测量北极星等准星距海平面的高度来准确定位，提供了有力的技术支撑。

仅靠观测天体来导航，有一定的局限性，就是当阴云遮天或海雾浓浓的时候，日月星辰都看不见，天文航海术便无从施展，船舶难免迷失方向。宋代指南针开始应用于航海之后，才破解了这一难题。据宋朱彧《萍洲可谈》记载："舟师识地理，夜则观星，昼则观日，阴晦观指南针。"③利用指南针导航，可以不受天气阴霾的影响，较之仅利用天文航海术导航具有很大的优越性。但仅用指南针导航，也有很大的局限性，就是它只能指示方向，而不能确定船舶所在的地理位置。所以，郑和船队在天气晴朗时夜航，主要靠天文航海术，同时配合以罗盘指向。郑和船队在太平洋和印度洋上纵横驰骋几三十年，不仅开辟了横渡印度洋直达非洲的新航路，而且在各个海域又分别开辟了许多新航线。在这个过程中，郑和船队发展了天文航海技术。这种情形，正像郑和船队成员巩珍在《西洋番国志》中描述的那样："经济大海，绵邈弥茫，水天连接。四望迥然绝无纤翳之隐蔽。惟观日月升坠，以辨西东，星斗高低，度量远近。皆斫木为盘，书刻

---

① 葛洪：《抱朴子·外篇·嘉遁卷第一》。

② 法显：《佛国记》。

③ 朱彧：《萍洲可谈》卷2。

干支之字，浮针于水，指向行舟。"①像这样创造性地把航海天文学与导航仪器罗盘相互结合起来应用，不仅克服了各自的局限性，而且大大提高了航行方位的精确程度。其所记载"斫木为盘，书刻干支之字，浮针于水，指向行舟"的指南浮针，其"书刻干支之字"，一看就是中国制造，而不是阿拉伯人制造的。郑和航海技术的这一巨大进步，使郑和船队获得了更大的海上自由，这又促进了郑和船队天文航海技术的不断发展。

郑和船队的天文航海术，与汉代以来单纯的海中占星法不同，由海上对星象的占验，发展到牵星过洋，形成了一整套行之有效的"过洋牵星"的航海术。茅元仪《武备志》中收录的《郑和航海图》及所附《过洋牵星图》四幅，为我们提供了了解郑和船队如何应用这种航海术的实例。郑和船队在进行过洋牵星时，常南北或东西两星同时并用，互相核对。最常用的是通过观测北辰星的海平高度，来确定在南北方向上的相对船位。牵星术的应用，是通过一种专用以观星的器具"牵星板"来进行的。据明李诩所著《戒庵老人漫笔》记载："苏州马怀德牵星板一副，十二片，乌木为之，自小渐大，大者长七寸余。标为一指、二指，以至十二指，俱有细刻，若分寸然。"②所谓十二指，即用十二片牵星板来表示。牵星板是用优质乌木制成的正方形木板。最大的一块边长约明尺七寸七分强，合今尺 24 厘米，叫十二指；次一块边长约 22 厘米，叫十一指；这样以下每块边长依次递减 2 厘米，分别叫十指、九指……到最小的一块每边的长只有 2 厘米，叫一指。此外，"又有象牙一块，长二寸，四角皆缺，上有半指、半角、一角、三角等字，颠倒相向"③。这个象牙小方块四角缺边的长度，分别是一指牵星板边长的二分之一、八分之一、四分之一、四分之三，就是说，一指等于四角。使用时，左手拿牵星板一端的中心，手臂伸直，使牵

---

① 巩珍：《西洋番国志·序》，转引自郑鹤声、郑一钧：《郑和下西洋资料汇编》（增编本）上册，第 121 页，海洋出版社，2005 年。

②③ 李诩：《戒庵老人漫笔》卷 1。

星板和海平面垂直，眼看天空，使木板的上边缘对准所测星体，下边缘对准海平线，这样便能量出星体离海平面的高度。在测量高度时，可随星体高低的不同，以十二块牵星板和象牙块四缺刻替换调整使用，直到所选之板上边缘和所测星体相切，下边缘同海平线相合为止。此时使用的牵星板是几指，这个星体的高度就是这个指数。如不能相切，就从略大的那块板边上细分划处观测，以象牙块测角的度数，就可以得到所测星体地平高度之指与角的读数。牵星板加上象牙块，测角精度当可达 0.5° 以内。如果观测的星体是北辰星，则求得北辰星的指数，再换算成度数，还可以得出测点的地理纬度。在进行观测时，为使牵星板和人目之间的距离保持固定，可以用不持板的右手，从板的下端和中心，引出一根长度固定的绳子，拉直牵引到人目。一般人手臂的长度为 60 厘米左右，因此，一指的角度为：

$$\mathrm{TanG} = \frac{2\,（厘米）}{60\,（厘米）} = 0.0333333$$

G=1° 9091524′

即一指约 1° 9′ 左右，合今图 1° 54′。早在秦汉时代，我国在天文观测中已广泛使用"指"作为角度测量单位，并且一指也约合 1° 9′（一作 1° 6′）。如唐代《开元占经》所引汉代著作《巫咸占》中，就记载有金星与月亮最大南北向角距为五指，用现代方法计算，这个差数是 9° 4′，一指为 1° 88′。《巫咸占》一书虽早已失传，但在马王堆 3 号汉墓中出土的帛书《五星占》的占文中，已有用"指"作角度单位的记载，这是我们目前所能看到的有关的最早文献记载。

郑和船队的过洋牵星术，不仅在天文观测中使用"指"作为角度测量单位源自中国古代，就是其测量"星斗高低"的方法，也源于中国古代民间航海者。在海南船家的海洋民族志上，我们仍能寻到其轨迹，当地船家测量"星斗高低"的最原始方法是"裸掌测星"。海南文昌市清澜南岛的渔民，仅用裸掌五指衡量北极星的出水高度；他们在海平面上方伸出右手，展开手掌，掌心朝前，拇指向下。拇指指端与海天连接线相切为零指，末指向上，所观察到的食指、中指、无名指、末指位置上的北极星出水高度就分别为一指、二指（半掌）、三指、四指（一掌）。海南岛渔民黄华荫在海南岛附近海面测得的北极星高度将近一掌（四指），船在越南中部海面的北极星高度指数为半掌（二指）。据韩振华先生测算，一指合纬度值 5° 44′，一掌合 22° 38′，北极星高度不到一掌的海南岛则为 20°左右，而今海南岛北部正处于北纬 20° 多；北极星高度为半掌（二指）的越南中部则为 11° 24′，与今越南中部金兰湾一带所处纬度北纬 11° 55′也相差不大。这种原始裸掌测星法对于研究古代量天尺的起源具有重要的启发。①正因为古代航海的量天尺度源于这种"裸掌测星"，所以中国古代水路簿、航海图凡涉及北极星出水高度的，均以"指"为单位。可见，郑和船队过洋牵星以"指"为单位，也是有其本土渊源的。

　　海南海洋民族志的这些以"指"宽为尺度的"裸掌测星"，反映了测星定位导航技术的最原初形态，应是宋明以来航海量天尺、牵星板等专用测星工具的前身。1974 年福建泉州后渚港宋代沉船出土一件竹尺，它的特殊结构在于，全尺长 20.7 厘米，一端刻一格，另一端刻四格，中间间隔约三格位置没有刻画，每一格间距约 2.6 厘米，是宋代航海的量天尺②。中间空着的三格正是舟师拳头握手之处，或者安装支架或手柄处。使用时四格刻度一端朝上，四格正与"裸掌测星"的四指相当，实测四格高度也正与一般人一掌（约 10 厘米）相当。舟师向前伸出手臂，紧握尺子的下端（没有刻度处），拇指与食指间的平面对准尺子上端的第一刻度，并与海天连接线相切，北极星在四格刻度上的位置，正是其出水高度。如此使用

① 刘南威等：《航海天文学》，第 11—13 页，科学出版社，1984 年。韩振华：《我国古代航海用的量天尺》，载于文物编辑委员会编：《文物集刊》第 2 辑，第 220—221 页，文物出版社，1980 年。

② 韩振华：《我国古代航海用的量天尺》，载于文物编辑委员会编：《文物集刊》第 2 辑，第 218—219 页，文物出版社，1980 年。

法，与延续到现在的海南文昌市船民使用度尺测量天体的方法一样：他们手持竖尺，下端与海面平切，上端量出天体高度的寸数。福建惠安靖海舟子世传的针路簿中的牵星术为"定了午高低法"，如"昌宋子午高五寸六分，表尾子午高七寸二分，浯屿门子午高一尺七寸"①，直接以尺寸标示星辰的出水高度，应该是使用航海量天尺测量的结果。可见，过洋牵星术在中国民间船民中自古就普遍存在，是他们从航海实践中探索、总结出来的，与阿拉伯无关。从海南海洋民族志上源自古代传统的"裸掌测星"到郑和船队的过洋牵星术，体现着中国古代过洋牵星术合乎逻辑的自身的发展，确凿证明了郑和船队的过洋牵星术与阿拉伯无关。

郑和船队的过洋牵星术，不仅以"指"为测量单位源自中国古代，其测量"星斗高低"的方法源于中国古代民间航海者，就是所用星辰也是用中国名称。如"北辰"星，即指北极星，古名勾陈一，星座名为小熊座 α 星；"灯笼骨"星，为南天四颗明亮之星，组成光亮灯笼形星状，故名"灯笼骨星"，如将其对角线相连，甚似十字架，故古名曰南十字，星座名为南十字架星座；"织女"星，古名织女，即天琴星座，等等；充分说明郑和航海的过洋牵星术是中国本土的天文航海术，并不是偶然产生的，也不是在受阿拉伯航海术影响之后才有的，更不是阿拉伯的技术。那种声称郑和船队的过洋牵星术是阿拉伯的技术的观点，实际上是沿袭西方航海史学家曾经主张过的陈旧观点。郑和航海的过洋牵星术，是郑和船队继承了中国古代在天体测量方面，以及中国民间船家运用"裸掌测星"等航海法导航所取得的重大成就，并把它创造性地运用于更大范围的航海区域，从而形成的一种自成体系的先进航海技术。当然，也不排除郑和船队在某些海域航行时，有借鉴阿拉伯人的天文测量技术成果的可能存在，但起主导和决定性作用的，还是郑和船队在继承中国航海传统的基础上，结合自己的航海实践，自己总结创造出来的过洋牵星术。甚至可以说，不

---

① 刘南威等：《航海天文学》，第 12 页，科学出版社，1984 年。

仅郑和航海的过洋牵星术不是阿拉伯人的，而且恰恰相反，阿拉伯人用的过洋牵星的航海术也有可能是向中国人学的。正如我国老一辈著名中西交通史和航海史专家向达先生所说："过洋牵星的航海术，中国与阿拉伯究竟孰先孰后，谁学谁，尚无定论。"向达还批判了西方著名学者所谓包括"过洋牵星术"在内的郑和航海图是阿拉伯人所创的谬论，尖锐地指出："西欧资产阶级东方学家如法国的伯希和（P.Pelliot）、荷兰的戴闻达（J.J.L.Duyvendak）所说'航海图'（指《郑和航海图》——引者注）是以阿拉伯人的地图为蓝本云云，那全是逞臆之谈，举不出何种证据。"[①]不仅郑和航海运用的"过洋牵星术"不是阿拉伯人的，而且事实有可能恰恰相反，阿拉伯人用的过洋牵星术极有可能是学习中国人的。有些西方航海史学家坦承，中国古代在航海上曾"开导"过阿拉伯人。例如，在根据唐代来华的阿拉伯商人苏莱曼等人的见闻所撰的《中国印度见闻录》（又称《苏莱曼游记》）一书法译本的作者 J.索瓦杰在译序中曾指出，该书原著的某些章节的编写特点以及部分地名译名都富有中文色彩，因此，"应该承认中国人在开导阿拉伯人近东航行中的贡献"。同时，他还据《印度珍奇记》指出："波斯湾的商人乘坐中国的大船才完成他们头几次越过中国南海的航行。"[②]

在公元 10 世纪中叶，马考地（Macoudi）曾记述当时阿拉伯商人东航，自波斯湾头之巴士拉（Basrah）乘大食商船至吉剌（Killah）市[③]之撒马尔罕（Samarkand）须在此地换乘中国船，方能来到中国："吉剌（市）位于（自沙兰生国）往中国半途之稍前。此市为今日自尸罗夫及阿

---

① 　向达：《整理郑和航海图序言》，向达整理：《郑和航海图》，第 15—16 页，中华书局，1961 年。

② 　穆根来等译：《中国印度见闻录》法译本序言，中华书局，1983 年。

③ 　吉剌即《宋史》卷 489、《宋会要稿》册 199、《诸番志》卷上等所记之注辇国。《岭外代答》卷二称"注辇国是西天南印度也"，故地在今印度科罗曼德尔海岸一带。

曼来之回教徒商舶之集合点，于此与中国来之商舶相会，视为惯例。但以前（黄巢之乱前）则不然，彼时支那商船开往阿曼、尸罗夫港、波斯及马林（Bahrein）沿岸一带，乃至奥波拉（Obollah）、马士拉等港，而诸地商舶亦直接航至支那（诸港）云。……自支那内状如上述以来，两国商舶乃于中间地（吉刺）会同。故（欲与支那通商）之（撒马尔罕）商人，须在吉刺换支那船以向 Khanfou（广府）云。"马考地著书记述此事的年代在 950 年左右，可见在唐末五代之际，阿拉伯商人都是中途换乘中国船才得以到达中国。到南宋至元代，有越来越多的阿拉伯商人搭乘中国船来到中国，"至元末伊本巴都他时，海舶之往来印度、中国者，几全为中国船矣。"①就是说，在郑和航海之前，阿拉伯人来中国，都是从印度转乘中国船，而从印度至中国这段航程，恰恰要用到过洋牵星的航海术，说明阿拉伯人是依靠掌握了从印度至中国这段航程的过洋牵星的航海术的中国船的帮助，才得以实现来中国的目的。

由于郑和船队遍历南洋和印度洋广大海域，甚至往南越过赤道 4° 以上，所观测天体的范围，大大超过以往人们，包括阿拉伯人航海观测所能涉及的范围，所以郑和船队的天文航海术，就应用范围而言，不但进一步发展了我国传统的航海天文学，也超过了阿拉伯人的航海技术。《郑和航海图》中所注的过洋牵星数据及所附四幅《过洋牵星图》，即反映了郑和航海在这方面的成就，从而为后世留下了我国最早、最具体、最完备的关于过洋牵星术的记载。

郑和船队在航海中，以过洋牵星图为依凭，视"星斗高低，度量远近。皆斫木为盘，书刻干支之字，浮针于水，指向行舟"②。这样把观测星斗高低与浮针指向紧密结合起来，也就是将航海天文学与导航仪器罗盘

---

① ［日］桑原隲藏著，陈裕菁译订：《蒲寿庚考》，第 72 页，中华书局，2009 年 5 月。
② 巩珍：《西洋番国志·自序》，转引自郑鹤声、郑一钧：《郑和下西洋资料汇编》（增编本）上册，第 121 页，海洋出版社，2005 年。

结合起来，或者说将天文航海术与地文航海术紧密结合起来运用，既克服了各自的局限性，又提高了航行方位的精确度。这一具有中国特色的过洋牵星术，明显优于阿拉伯人单纯观测星辰的过洋牵星术。郑和航海依靠这种自身独创的航海术，完全掌握了从某地出发，途经某地，最后到达某地的某某星座的方位和高度，"牵星为准，的实无差，保得无虞矣"[①]。这保障了郑和航海能屡次成功访问亚非诸国，不仅开创了横渡印度洋直航非洲的记录，同时也频频往返于东南亚、南亚与阿拉伯诸国之间；其间的各条航线相当复杂，非依靠多种牵星图不能顺利"过洋"。茅元仪《武备志》中所收入的过洋牵星图，不过是郑和航海所用过洋牵星图中有代表性的四幅图而已。但仅这四幅图，已能为船队在横渡大洋往返于东南亚、南亚与阿拉伯之间，以及由斯里兰卡直航非洲的航途中，解决判断船舶的地理位置与航行方向，确定船队的航线等一系列问题。这四幅具有中国特色的《过洋牵星图》高度概括了郑和使团的天文航海技术，代表着 15 世纪初利用天文导航的世界先进水平。

二、郑和航海超过了阿拉伯人的航海范围

众所周知，航海，如同陆上行进一样，必有所要到达的目的地。航海的目的，决定了航海所要到达的目的地，同时也决定了航海范围的大小。在中世纪，即郑和航海时代，中国和阿拉伯虽然航海技术均位于世界前列，但两者航海的目的并不相同，这决定了两者航海的范围也各有不同，各有大小。

1. 阿拉伯人航海是为商业目的服务

公元 7 世纪，阿拉伯帝国建立。之后阿拉伯帝国击败拜占庭帝国和波斯萨珊王朝，从而控制了整个中东地区，而中东是所有横贯欧亚大陆的商路的枢纽；这里既有通往黑海和叙利亚各港口的陆路，又有穿过红海和

---

① 向达校注：《指南正法·序》，中华书局，1961 年。

波斯湾的水路，为阿拉伯人发展东西方海上交通创造了便利的条件。阿拉伯人重视商业和航海，他们重视航海是为商业目的服务的，因此，他们航海的目的地都是商业贸易比较繁荣的地方。在中世纪，世界上商业贸易比较繁荣的地方主要在印度、东南亚和中国，因此当时阿拉伯人为了在这些地方做生意，其航海的范围是：渡过阿拉伯海，到印度西南部沿海各商业港口，如卡利卡特（［Calicut］又译科泽科德，中国古称古里）、柯钦（［Cochin］，中国古称柯枝）、奎隆（［Quilon］，中国古称小葛兰）等地，再继续南下，到斯里兰卡（中国古称锡兰）。阿拉伯人从斯里兰卡再继续航海，最后达到的范围，正如享誉世界的美国历史学家斯塔夫里阿诺斯在其权威性著作《全球通史》中所说："穆斯林商人继续航行，从印度和锡兰到达马来亚沿海的卡拉巴尔（吉打），由此，一部分人南下，到达苏门答腊和爪哇，另一部分人则穿过马六甲海峡，然后北上，抵达中国南方的坎富（广州）。"①阿拉伯商人和船队为什么把自己往东方的航海范围局限于印度、斯里兰卡、卡拉巴尔、马六甲、苏门答腊、爪哇，最远到中国为止呢？斯塔夫里阿诺斯解释道："穆斯林商人的通常计划是：9、10月份离开波斯湾，乘东北季风航抵印度和马来亚，再及时赶到中国海域，乘南季风航达广州。在广州度过夏季，然后乘东北季风返回马六甲海峡，穿过孟加拉湾，次年初夏回到波斯湾——来回航程耗时一年半。"②利用季风开展东西方贸易是阿拉伯人的传统，依靠季风航海是阿拉伯人在航海上最大的特点，他们也是按照这一特点制定航海计划，决定了他们东来航海的范围最南到达苏门答腊和爪哇，最北到达中国。另一方面，当时，阿拉伯人往西航海的范围，则是到达北非沿岸，再由北非南下到达东非沿岸。

2. 郑和航海主要为政治目的服务

郑和航海主要目的，正如郑和等主要领导成员表述的那样，是"所以

---

①② ［美］斯塔夫里阿诺斯著，吴象婴等译：《全球通史：从史前史到21世纪》（第7版，修订版）上册，第200页，北京大学出版社，2014年。

宣德化而柔远人也"①，有着明显的政治目的。根据郑和航海决策者明成祖命郑和下西洋的指导思想，其在海外"宣德化而柔远人"的范围，"当如天地之大，无不覆载"②，根本不局限于只航海去那些具有较大商业利益的地方，而是"南极溟海，东西抵日出没之处，凡舟车可至者，无所不届"③。因此，郑和航海的范围，大大超过了阿拉伯人。

在明代，因郑和航海所至，受郑和下西洋的影响而与中国相联系的国家，据明清两代学者的记载，多寡不一，在诸书中，以明慎懋赏《海国广记》所记载国家为最多，计 98 国。其中个别国重复，如不剌瓦国与卜剌哇国，苏门答剌国与须文达剌国等，实为一国，然而不相重复的至少有 90 国以上，可见郑和航海范围之广大。在这 90 多个国家和地区中，主要的国家有 40 余个，其中有不少国家是郑和航海所至而阿拉伯人未曾涉足的。如渤泥（今文莱）、苏禄（今菲律宾的苏禄［Sulu］群岛）等国。在郑和航海近百年之后，受欧洲人东来的影响，阿拉伯人的航迹才到达苏禄等菲律宾一些群岛。此外，据《郑和航海图》显示，郑和航海的范围曾扩大到澳洲沿岸。按《郑和航海图》所示之航路，由爪哇、吉利闷可延伸至澳洲及马达加斯加；在苏门答腊岛以南，一条没有标注针路的重要航线下面，画有一大片陆地，陆地上标绘有若干无名的山脉。这片未名陆地的边缘线两端，均中断在图页下脚，没有画完，说明下面隐没着的那部分，是郑和船队尚未探明的地域。这片陆地在图中所占部分相当大，其形态与该图非洲部分相似，从《郑和航海图》的绘图手法和一般原则来看，这片陆地的实际面积相当之大，事实上，正是由于它的面积太大，以致当时郑和船队未能将它环航一周，搞清楚它的形状和大小。在苏门答腊岛以下，

---

① 郑和：《天妃之神灵应记》，转引自郑鹤声、郑一钧：《郑和下西洋资料汇编》（增编本）上册，第 18 页，海洋出版社，2005 年。

② 《明成祖实录》卷 23。

③ 《明史》卷 332《坤城传》。

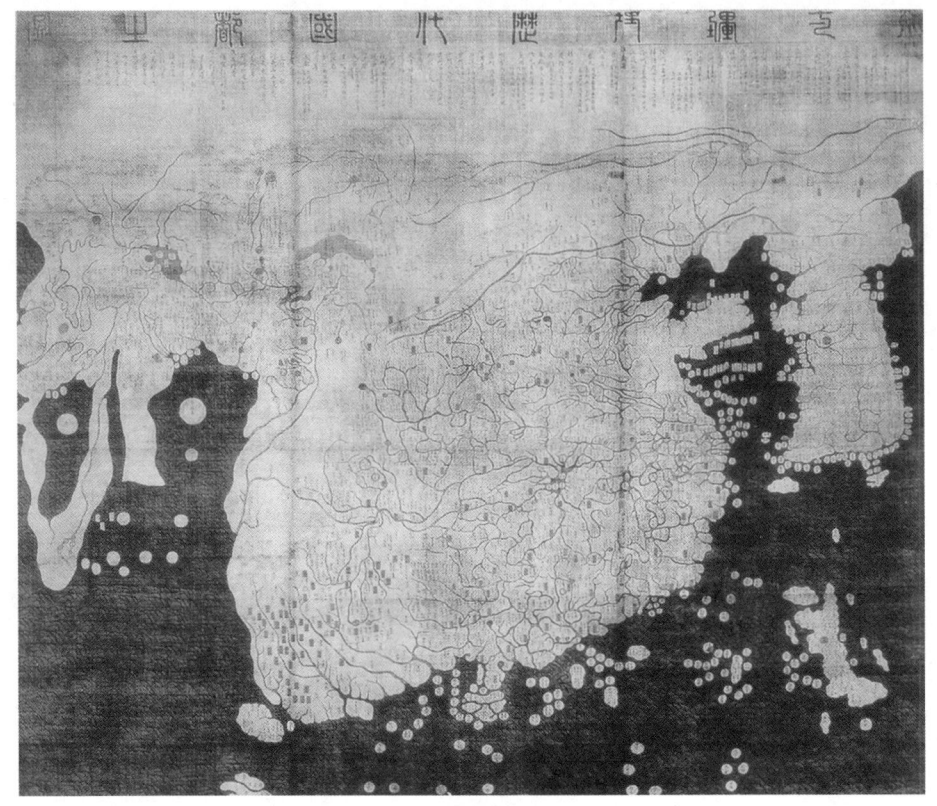

图 14　明初绘有非洲的古地图

　　这幅地图由南非国会档案馆贝利先生复制，范春歌从南非带回中国，长约 80 厘米，宽约 145 厘米。地图原作绘制在丝绸之上，十分清楚地绘出了亚洲和非洲的全貌。相传其绘制年代为明初，绘制人不详，但无疑是中国人。最早由一名明初出使中国的朝鲜使者带回朝鲜，后流到日本的一所大学里。这幅古地图佐证了最早到达好望角的航海家应是中国人。

　　确切地说，在苏门答腊岛东南海域，距郑和船队常年活动的苏门答腊、爪哇岛最近的大陆，唯有澳洲符合这一条件。绘于郑和第六次下西洋之后的《郑和航海图》，赫然出现这片神秘的大陆，正反映了郑和航海过程中，其自满剌加东航的分艑，又向东南越过赤道，在绕爪哇岛航行的过程中，在爪哇岛东南海域进行探索，曾到达澳洲的情形。

　　在非洲海域，阿拉伯人也是出于商业目的，其航海范围局限在北非和东非可以开展商业活动的地区。郑和船队则把凡有人家的地方都视为航海的目的地，并在地图中留下标识，认为是在航海中值得一记的地方，在《郑和航海图》上就注明哪些偏僻地方"有人家"。即便是没有人家的地方，出于要航海到"际天极地"①的动机，郑和船队在第六次下西洋中，也开赴东非沿海的远洋分綜曾南下航过莫桑比克海峡，进入南非海域。1459 年，即郑和船队停航 26 年以后，在欧洲地图家弗拉·毛罗绘制的世界地图上，有两段注记提到，从印度启航的中国帆船（junk），在郑和第六次下西洋期间（1421 年以后），曾进入南非海域，甚至到达好望角附近。其中的一处，标明在索法拉角（德尔加多角）和绿色群岛（阿尔达布拉群岛、科斯莫莱多群岛、科摩罗群岛）的外海，曾有船先西南后转西进行过海上冒险，往返达 4000 英里，远至非洲西海岸，推测至少越过了非洲南端的厄加勒斯角。另一处在迪布角的题词是："约在 1420 年来自印度（extra ga-ngem）的一艘中国帆船，通过男、女岛，绕过迪布角，横越印度洋，取道绿色群岛和黑水洋，向西和西南向连续航行 40 天，但见水天一色，别无他物。据随员估计，约行 2000 英里。此后情况不妙，该船便在 70 天后转回迪布角。"海员们曾登岸求食，获见巨大的鸵鸟蛋。②根据这两段注记，则这次出使到非洲的一支分綜船队，自索马里、肯尼亚向坦桑尼亚继续南下；另有一支分綜则从拉克代夫和马尔代夫群岛，向西通过奔巴岛和桑给巴尔岛，然后折向西南，与从索马里、肯尼亚南下的船队先后取道绿色群岛，穿越莫桑比克海峡，航经马达加斯加岛、莫桑比克、南非沿海；其中一支分綜则继续南下进行海上探险，绕过厄加勒斯角、好

① 郑和：《天妃之神灵应记》，转引自郑鹤声、郑一钧：《郑和下西洋资料汇编》（增编本）上册，第 18 页，海洋出版社，2005 年。

② ［埃］尤素甫·卡米勒：《非洲和埃及地图集》（*Youssouf Kamal, Monumenta Cartographica Africae et Aegupi*），第十卷第四册，1409 页以下，见李约瑟：《中国科学技术史》第 4 卷第 3 册。

望角，进入大西洋，深入西南非洲沿岸。这两支分舰的远航范围也是郑和船队到过而阿拉伯人没到过的地方之一。

不仅在郑和航海之际，而且在此之前，中国在航海上的综合实力都是领先于阿拉伯人的，这种优势一直保持到郑和航海时代。正如斯塔夫里阿诺斯所指出的那样："12世纪末，中国人开始取代穆斯林在东亚和东南亚的海上优势。蒙古人征服中国建立元朝（1279—1368）后，中国船体积最大、配置最佳，中国商人遍布东南亚和印度港口。明朝（1368—1644）中国的航海活动达到极盛，15世纪初短暂而辉煌地主宰了太平洋和印度洋。1405—1433年，宦官郑和率船队七次下西洋，规模和成就均史无前例。"①

史称郑和航海"遍历东西洋"②，之所以能有如此之广大的航海范围，是多种因素所使然。其一，郑和航海主要出自政治目的，这是根本原因；其二，郑和航海不仅规模大，而且持续时间长，前后28年，七次大规模航海，有六次是不间断进行的；其三，郑和航海船队采取了大舰和分舰分头活动的方式，使郑和航海具有了充分的海上航行的自由，其航海就更具灵活性、主动性和创造力；其四，郑和航海的造船与航海技术达到古代木帆船航海的顶峰，加以船队成员具有忠于使命、勇往直前、敢为天下先的英勇奋斗与刻苦耐劳的战斗精神，促使郑和航海能够突破前人航海区域的局限，走前人未走的海路，到达前人未曾到过的海域；所有这些利于不断扩大航海范围的条件，都是同时代阿拉伯人所不具备的，因此，郑和航海的范围大大超过阿拉伯人就是势所必然的了。

3.阿拉伯人不能开创人类海洋世纪的原因

郑和航海之所以能开创人类海洋世纪，在于它秉承了中国文化，以实

---

① ［美］斯塔夫里阿诺斯著，陈继静译：《全球通史：从史前史到21世纪》（青少年版），第66页，北京大学出版社，2014年。

② 王鸿绪：《明史稿》卷三百二《列传第一百九十七》。

现人类的大同梦想为宗旨，具有为实现人类海洋世纪所必需的基础。这个基础就是以各国"共享太平之福"相号召，使中国与海外诸国形成利益共同体。这个利益共同体贯穿了中国传统文化和谐包容的博大精神，求大同而存小异，不寻求扩展领土，而是要将海洋打造成将各沿海国家团结在中国周围的载体，从而为形成人类海洋世纪创造了条件。

公元 610 年，在阿拉伯半岛这个特殊的风土环境中，穆罕默德创立了伊斯兰教，12 年后，即 622 年，穆罕默德率领信众迁至麦地那，建立起最初的伊斯兰共同体。629 年，穆罕默德占领麦加，并于两年后统一了阿拉伯半岛。穆罕默德于 632 年去世后，伊斯兰世界进入哈里发时代，伊斯兰共同体得到快速扩大。穆罕默德的继任者哈里发们以宗教为旗帜，锐意扩张，建立了物产殷富、文化科技发达、版图辽阔、横跨欧亚非三大洲的阿拉伯帝国，成为西方政治、经济与文化的中心。新崛起的阿拉伯帝国奉行对外征服的方针，在被征服的国家和地区，推行唯伊斯兰文化独尊的政策。若被征服之子民按照其意图皈依伊斯兰，便可成为伊斯兰共同体的成员，而与征服者享有平等地位；若不愿皈依伊斯兰，则课以人头税和土地税，并依照其信仰之宗教性质进行分类与差别待遇。在法律制度上，则没有选择的余地，厉行伊斯兰法（Shari'ah）的统治。在阿拉伯帝国之后，阿拉伯人无论航海到什么地方，都是单一传播伊斯兰教，而将信仰其他宗教，或有其他文化信仰的人视为"异教徒"。郑和航海则体现了中国传统文化追求和谐、天人合一、兼容并蓄、共生共存的"世界大同"思想理念，具有全人类的共同包容性，所以能开创人类海洋世纪。伊斯兰思想的前提为一神论，伊斯兰那套建立在一神论基础上的超越性思想，排除了在文化上与各国求大同而存小异的可能性，其向海洋上发展，只能形成"人类伊斯兰海洋世纪"，而不可能形成人类海洋世纪。

在伊斯兰法所呈现的世界观中，人类世界分为"伊斯兰之家"（伊斯兰世界）与"战争之家"（非伊斯兰世界）。所谓的"伊斯兰之家"，指的是纳入穆斯林体系支配之下，完全接受伊斯兰法的共同体（United community ruled by the Shari'ah）。与此相对，"战争之家"则是不受穆斯林支配、由各式各样异教徒的政治共同体相互竞争的复数世界。[①]但问题不限于此，在伊斯兰教法中"伊斯兰之家"和"战争之家"的划分，仅具有暂时性的意义，其长远的意义是随着穆斯林方面主观能动的不断努力，真主信仰与先知圣训将持续向世界各地传播，所有的"战争之家"最终都将演变成"伊斯兰之家"。穆斯林将这种促使"战争之家"渐次转变成"伊斯兰之家"的努力，也就是不断将世界"伊斯兰化"的行为，称为"神圣的奋斗"。这种将人类世界划分为两个世界，以及"神圣的奋斗"的世界观，与明初"治天下，凡日月所照，无有远近，一视同仁"，[②]将人类世界视为同一个世界的天下观，是截然不同的。中国人的世界观符合全球一体化的世界历史发展趋势，而阿拉伯人的世界观则与全球一体化的世界历史发展趋势格格不入；因此，当时中国与阿拉伯国家虽然同为航海强国，但世界观的不同，成为郑和航海能够开创人类海洋世纪，而阿拉伯人却不能开创人类海洋世纪的根本原因。

---

① 参　阅：M.Khadduri, War and Peace in the Law of Islam（Baltimore: Johns Hopkins Press, 1955）。

② 《明太祖实录》卷 34。

第三节　郑和航海在人类海洋世纪的地位与影响

在人类海洋发展史上，郑和航海占有突出的地位，不仅因为它是航海史上空前的壮举，而且在于它实施了全面的海洋发展方略，在政治、经济、外交、文化、军事各个方面都取得了重大的成就。作为一代航海事业，这样在海洋上全面发展，为史上第一次，更由于郑和航海的价值取向和丰富内涵，使它得以开创人类海洋世纪。这需要将视野投射到全球层面来加以分析。

一、以中国在海洋上的发展的视角

在中国，以国家力量来发展海洋事业，由来已久。然而在各个朝代，所采取的海洋发展方略不尽相同。在春秋战国时期，齐、吴、越等海上强国，发展海洋事业的方略主要是发展海军，兴鱼盐之利，增强国家的军事、经济实力，以谋取霸权。秦始皇统一中国后，五次沿海巡视，又派遣徐福入海寻觅"三神仙"，虽带有海上探险的性质，但其目的却是求"长生不老"之药，使秦始皇的统治得以延续下去，这是秦始皇企图长久维持秦朝一统天下的统治秩序而做出的一种努力。可见秦代经略海洋，主要出自政治上的目的，是为巩固"大一统"的封建统治服务的。汉朝时，汉武帝曾七次沿海巡视，打通了北起辽宁丹东，南起广西北仑河口的海上航路。在此基础上，汉武帝更派遣使节远航南亚及东南亚，访问了印度半

岛、马来半岛、中南半岛、斯里兰卡和印度尼西亚沿岸地区。在汉代，随着航海事业向外海发展，海上丝绸之路得以开辟。可见汉代经略海洋之目的，是外交与外贸同时并举。汉代所实行的这一海洋发展方略，对后世有深远的影响。三国时期的孙吴，立国江南，积极开拓海外事业，以扩大自己的势力。当时孙权曾派朱应、康泰出使南洋诸国，"其所经及传闻，则有百数十国，因立记传"①。朱应、康泰的沿海诸国之行，历时一二年之久，到达东南亚及印度洋沿岸数十个国家，不仅访问了更多的东南亚中南半岛、马来半岛国家，而且新访问了印度尼西亚爪哇岛和苏门答腊岛及其周边一些国家，显示了吴国的航海和海外交往的实力，对提高吴国的威望起了积极的作用。吴国的海外贸易也相应地较为发达。孙吴所属的交广一带，为当时南洋诸国来华经商或朝贡的必经之地，"贵致远珍、名珠、香药、象牙、犀角、珊瑚、琉璃、鹦鹉、玳瑁翡翠、孔雀，奇物充备"②。这使吴国垄断了当时中国与南洋诸国的海上贸易，以使曹魏方面不得不遣使至吴，"求雀头香、大贝、明珠、象牙、犀角、玳瑁、孔雀、翡翠、斗鸭、长鸣鸡"③等南洋诸国特产。此后相继立国江南的东晋、宋、齐、梁、陈各朝，都很重视与南洋诸国的交往，他们经营海洋事业的方略，既有扩大海外影响的政治目的，也有发展海外贸易的经济目的，总的来说，是以扩大海上通商为主。史称，南朝刘宋时期（420—479）"舟舶继路，商使交属"④。刘宋元嘉五年（428）狮子国（今斯里兰卡）所上文中说："虽山海殊隔，而音信时通。"⑤像狮子国这样位于南亚的沿海国家，虽与中国相距较远，仍经常与中国进行海上往来，反映了当时因实行以海上通商为主的海洋发展方略，使中国的海洋事业在战乱频仍的年代仍得以

① 《梁书》卷54《南海传》。

② 《三国志·吴书·薛综传》。

③ 《太平御览》卷817。

④⑤ 《宋书》卷97《夷蛮传》。

发展。《梁书》上说："海南诸国，大抵在交州南及西南大海洲上，相去近者三五千里，远者二三万里，其西与西域诸国接……及宋、齐，至者有十余国，始为之传。自梁革运，其奉正朔，修贡职，航海岁至，逾于前代矣。"[1]阿拉伯著名历史学家马苏第在《黄金草原》一书中说，在公元 6 世纪时，中国的商船经常访问海湾地区，可以直航到阿曼、西拉甫、巴林、俄波拉、巴士拉等港，而上述各港的外国船只也能直航到中国。由此可见，秦汉以来，至隋唐以前，历代发展海洋事业的方略，大体经历了这样的变化：秦代以政治目的为主，汉代和三国时期则是外交与外贸并重，东晋、宋、齐、梁、陈各朝，则以海上通商为主。自汉代发展起与东南亚、南亚诸国的海上交通，开辟了海上丝绸之路以后，历代向海洋发展，重点都是由中国沿海南下，再向西延伸，直至波斯湾地区，这是海上丝绸之路的主线。与此同时，还存在由中国沿海向东北，前往朝鲜半岛和日本列岛的海上往来，而这在海上丝绸之路中居次要地位。由于中国航海往东北方向可去的海外国家仅有朝鲜和日本，当时都是经济比较落后，物产贫瘠的地区，与之交往，不能获得较大的商业利益，所以，当海上通商成为国家发展海洋事业的主要方略之后，到隋唐五代时期（589—960），以南洋航线为依托的海上丝绸之路迅速发展，出现了前所未有的繁荣。唐、宋、元三朝，以海上通商为主的海洋发展方略虽然没有改变，但又各表现出不同的特点。唐代开辟了贯通亚非两洲的远洋航线，大大加强了海上丝绸之路东西两端的商贸往来，促使向来善于海上贸易的阿拉伯商人来华经商，丝绸之路以海路为主的新格局开始形成。宋代比以前各代都更重视海外贸易，把重要的对外贸易项目收归政府经营，以获得巨额收入。据《宋会要》记载，太宗雍熙四年（987），"遣内侍八人，赍敕书金帛，分四纲，各往海南诸蕃国，勾招进奉博买香药、犀牙、真珠、龙脑。每纲赍空名

---

① 《梁书》卷 54《南海传》。

诏书三道，于所至之处赐之。"①这里所说的"勾招进奉"，就是大力招引海外商人来华贸易，"空名诏书"实际上是鼓励外商来华的特许通行证。大力发展海外贸易，给宋王朝带来巨大的经济利益，对此宋高宗曾深有体会地说："市舶之利最厚，若措置合宜，所得动以百万计，岂不胜取之于民？"南宋时期，"市舶之利，颇助国用"②。海外贸易收入成为国家主要财政来源之一。元代对海外贸易的重视程度并不亚于宋朝，甚至态度更为积极。至元十四年（1277），元世祖攻占浙、闽，初定江南后，即招降并重用在海外有广泛影响的原南宋掌管泉州市舶提举司的蒲寿庚，让他继续主持泉州市提举司的工作。次年八月，元朝廷命福建省中书左丞唆都和蒲寿庚等向海外宣布："诸蕃国列居东南岛屿者，皆有慕义之心，可因蕃舶诸人宣布朕意诚能来朝，朕将宠礼之，其往来互市，各从所欲。"③同时，又令唆都奉玺书"招谕南夷诸国"④；并遣亦黑迷失、扬廷壁、周达观、勃罗等频频出使南洋与印度洋沿岸诸国，积极进行招引贸易活动；此外先后在泉州、广州、温州、宁波、杭州、上海、澉浦等七个港口设置市舶提举司。元代又实行了比宋代更自由的海外贸易政策，允许官商合办进行海外贸易，这对民间商人经营海外贸易是一种鼓励。所有这些都促进了元代海外贸易的繁盛。由于元代以海上经商为主的海洋发展方略较宋代又有发展，元代的海外贸易也随之比宋代有了进一步的发展。元代泉州港一跃成为"梯航万国"、舶商云集的东方第一大港，元代海外贸易的地区较之宋代也有扩大。元代的海洋发展方略还有一个不同于前代的特点，就是一度向海外大规模用兵，如至元十八年（1281），元世祖忽必烈派遣由4400余艘舰船和14万余水师组成的庞大舰队东征日本，至元二十九年（1292）又派出由千余艘舰船和2万余水师组成的舰队远征爪哇。像这种在具有军

①② 《宋会要辑稿·职官四四》。

③ 《元史·世祖纪》。

④ 《元史·唆都传》。

事目的的海洋经营方略指导下的大规模海上军事行动，实际上就是将元朝统治者在欧亚大陆所实行的军事征服方略运用到海上。由于元朝统治者实施这种以军事征服为目的的海洋发展方略遭到惨重失败，在忽必烈之后就没有再实行过，因而只能视之为元代海洋发展方略中的一段插曲。自春秋战国以至元代，历代经略海洋的方略，或出自政治目的，或为了经济利益，或兼顾政治利益与经济利益，与统治阶级在大陆上实施统治而采取的方略有明显不同，即只看到了海洋能给自己带来的某一方面的利益，对待海洋没有像对待大陆那样，从国家利益的各个方面出发来进行发展。因此，由于对外贸易最能显示国家在海洋上发展所能获得的利益，从三国时代以后，封建统治者发展海洋事业的方略就主要从谋取"互市"之利上来考虑，因而限制了人们对海洋关系到国家多方面的利益的认识。这种状况，到郑和航海时代才发生改变。郑和航海所实行的海洋发展方略，并不是以发展海外贸易为主，而是从政治、经济、外交、文化、军事等各个方面齐头并进，将封建统治者在大陆上实施的治国方略移植、延伸于海上，实行了海陆一体化的发展方略，这不仅在中国的海洋发展史上是一个重大突破，而且在世界其他国家中也没有先例。

　　明初永乐、宣德年间，通过郑和航海实行的这种全方位的海洋发展方略，为前代所未有。其中原因，在于当时中国开始面临来自海上的威胁。历代以来，中国周边的海洋国家均比中国落后，为航海技术和造船水平所限，无力从海上对中国进行侵袭。大海成了一道天然屏障，所以明代以前，历代有海而无防，尽可放心地一味去海外各国进行贸易，而不必担忧海上民族对国家安全和封建统治会造成什么危害。况且中国相邻的海洋国家太少，仅朝鲜、日本而已，至于东南亚各国因为隔着浩瀚的南海，就显得更远了。在封建统治者看来，中国周边这些小国，"得其地不足以供给，得其民不足以使令"①，不值得为之花费大量人力物力去经营，所以

---

① 《明太祖实录》卷 60。

历代帝王除了海上贸易外，再没有兴趣去考虑国家在海洋上的其他方面的利益。中国在海洋上平安无事的局面，到明初发生了很大的变化。明初洪武、建文时期及永乐初年，中国与周边海外国家的关系上出现了从未有过的"多事之秋"。在西南沿海，由于安南黎氏政权对占城和中国肆无忌惮地侵略扩张，"占管人民，杀虏男女"①，造成了中印半岛以及中国西南边疆（包括沿海地区）严重的紧张局势。在东南沿海及南海诸岛屿，各种反明势力活动十分猖獗。从洪武元年（1368）开始，浙江昌国县兰秀山反明武装集团屡次叛乱，"入象山县，执县官，劫掠居民"②，失败后余党又以高丽等海外国家为避难之所。又有方国珍、张士诚的余党以及与之有着千丝万缕联系的豪强地主，这一部分反明势力，人数不多，但能量很大，"往往纠岛人入寇"③，渡海攻城劫掠，在沿海地区骚扰捣乱；或与其他反明集团或团伙串通一气，以沿海岛屿或南海诸岛为据点，"私自下番，交通外国"④，与海外的反明势力勾结起来，共同与明朝廷相抗衡。为了解除种种来自海上的威胁，明太祖朱元璋采取了一些对策。洪武三年（1370），明朝刑部遵照朱元璋的旨意审决了自高丽引渡回的兰秀山叛民陈君祥等，给予逃亡海外的反明势力一定的打击。洪武四年（1371）十二月七日，朱元璋又命令将方国珍旧部和兰秀山无田粮而充船户的居民凡111730人分隶各卫为军，加以羁束，并借以加强明朝海军的力量。另一方面，"仍禁濒海民不得私出海"⑤。洪武十四年（1381）十月十八日，又下令"禁濒海民私通诸城寨，增置卫所，设防御倭"⑥，同时厉行海禁，

① 《明成祖实录》卷46。
② 《明太祖实录》卷32。
③ 《明史》卷322《日本传》。
④ 《明成祖实录》卷10。
⑤ 《明太祖实录》卷70。
⑥ 《明太祖实录》卷139。

甚至"禁民入海捕鱼"①。唐宋以来，浙江、福建、广东沿海居民，以及部分沿海守军，纷纷靠贩海经商赢得厚利，有些从中牟取暴利成一方富豪霸主，而海外诸国商贾与他们进行贸易，赢利也很可观。在元末纷乱时期，沿海商贾及居民贩海经商更不受官方的约束管制，盈利丰于往时。明朝建立以后，朱元璋"以海道可通外邦，故尝禁其往来"②，对中外的民间贸易加以各种限制，又厉行海禁以防内外勾结，遂断海民衣食之源，又绝豪富海商发财之机，自然要激起海商和海民们强烈的反明情绪。尤其是舟山群岛兰秀山居民，因其生活于东南沿海与海外交通要冲之地，历来活跃于海上，从海外经商中获得厚利，更是不能忍受明朝政府的海禁政策。在兰秀山数次颇有规模的叛乱失败以后，虽有明朝政府的严厉镇压和三令五申，但舟山群岛兰秀山居民违禁出海，一直难以禁遏。明朝政府无计可施，只得在洪武二十年（1387）干脆废除在舟山群岛所设立的昌国县，"起遣其民，尽入内地，不容得业，乃清野之策也"③。明朝政府的迁海政策不仅针对舟山群岛，而且施之于东南沿海的浙江、福建、广东各省有人居住的海岛。据乾隆朝《福建通志》记载："明洪武中……（福建右卫指挥李）彝索贿无厌，民怨之。福清林扬者，素任侠尚气节，乃率里人逐彝，彝怒，遂画图以奏，且言'海坛山本一孤屿，外通琉球一昼夜，内接镇东城三昼夜'……太祖览图下旨曰：'各省孤屿，人民既不得他用，又被他作歹，可尽行调过连山附城居住，给官田与耕、宅舍与居。'于是，福建、广东暨澎湖三十六屿尽行调过，以三日为期，限民徙内，后者死。民间仓卒不得舟，皆编门户，床簀为筏，覆溺无算。"④而浙江强行迁海的做法更为苛刻霸道。据王士性《广志绎》记载：浙江"宁（波）、台

① 《明太祖实录》卷 159。

② 《明太祖实录》卷 70。

③ 胡宗宪：《筹海图编·浙江事宜》。

④ 郝玉麟修，谢道承、刘敬舆纂《福建通志》卷 66《杂记》。

（州）、温（州）滨海皆有大岛，其中都鄙或与城市半，或十之三，咸大姓聚居。国初汤信国奉敕行（巡）海，惧引倭，徙其民市居之，约午前迁者为民，午后迁者为军"①。朱元璋采取这些极端严厉苛刻的"海禁"政策，完全不顾海岛居民的死活，不仅达不到使海疆宁静的目的，反而激化了沿海"莠民"与朝廷之间的矛盾，使他们不惜铤而走险，勾结海外国家，尤其是与倭寇相勾结，联合武装走私，"遂同为劫掠"②，不仅为患浙、闽、粤沿海地区，而且阻断了中国与海外诸国传统的交通往来。

在明朝初年，一些犯事亡命之徒，逃居海外，纠众滋事，也严重损害了明朝在海上的利益，使明王朝痛切感受到来自海上的危险。洪武年间，广东人陈祖义等因犯事全家逃亡海外，占据通往西洋诸国海上交通孔道的旧港，接着不断有"广东漳泉州人逃居此地"，陈祖义"充为头目，甚是豪横，凡有经过客人船只，辄便劫夺财物"③。陈祖义"为盗海上"，不仅劫掠商旅，阻断中外贸易，而且劫掠西洋诸国来华使节，"梗我声教"，"贡使往来者苦之"。④在占城沿海，又有海寇张汝厚、林福等，"自称元帅，劫掠海上"⑤。在蓝玉案中株连被害者卢江何某，其第四子逃亡出海，"集舶为寇"，势力甚强。⑥在东南沿海海盗猖獗的同时，洪武十三年（1380），胡惟庸案发生。胡惟庸及其党徒为了颠覆朱明政权，不仅与蒙私通，而且通倭，企图"借兵助己"⑦，发动一场里应外合的政变。明朝廷内部发生的这一内外勾结，旨在颠覆中央政权的重大事件，因

① 王士性：《广志绎》卷 4。
② 《明成祖实录》卷 12（上）。
③ 马欢：《瀛涯胜览·旧港国》。
④ 《明史》卷 324《三佛齐传》。
⑤ 《明太祖实录》卷 84。
⑥ 《卢江何氏家记》，《玄览堂丛书续集》第 11 册。
⑦ 《明史》卷 322《日本传》。

为与海外国家日本直接有关，所以在海外产生了很大影响，甚至波及东南亚地区，因"胡惟庸谋乱，三佛齐遂生异心，给我信使，肆行巧诈"，而大明"天子亦不能问罪"①。中国在海外的威望由此一落千丈。在这种情况下，朱元璋也始终没有通过积极的外交努力来改善中国与海外国家之间的关系，这样到洪武末年时，中国与东南亚及南亚沿岸 30 国之间"商旅阻遏，诸国之意不通"②，以至明朝政府颇有"诸蕃久缺贡"之感。明朝政府在海上所遇到的一系列困难，所面临的来自海上的威胁，到明成祖朱棣执政之时，仍是有增无减。建文四年（1402）九月，"使臣有还自东南夷者言，诸番夷多遁居海岛，中国军民无赖者潜与相结为寇"③。这里，一个"多"，一个"潜与相结"，突出反映了由于朱元璋厉行"海禁"和不重视发展海外关系，导致当时中国所面临的来自海上的危险，为历代所未有。此外，在"还自东南夷"的使者带来这一情报的同时，社会上又"传言建文帝蹈海去"④，这不能不使朱棣虑及建文帝一派势力会利用建文帝在一部分人心目中的正统影响和号召力，在海外建立复辟基地。在明朝建立之前，从事海上经商、交通海外国家的举措，曾是朱元璋的宿敌张士诚、方国珍能以与朱元璋争雄的财政基础；明朝建立以后，张士诚、方国珍的余党，以及"中国军民"中的与朱明政权作对的集团和团伙，仍以交通海外国家，或在海外建立据点等手段与明朝政府相抗衡。因此，建文一派势力若在海外建立复辟基地，完全可能联络海外与朱棣政权相敌对的各种势力，并可像当年张士诚、方国珍那样从贩海经商中获得财力支持，进而与国内拥护建文帝的社会力量重新组合，形成卷土重来之势。明成祖朱棣执政之初，在海洋上面临这样严峻的形势，这是历代帝王所不曾遇到的。这种形势迫使朱棣不能不把视线转向海洋，为了稳固自己的皇权统

---

① ②《明史》卷 324《三佛齐传》。

③《明成祖实录》卷 12（上）。

④《明史·胡荧传》。

治，朱棣既不能允许一切异己势力在海外有立足之地，也不能听任海外贸易的巨大经济利益落入敌对分子之手，同时还要使他治理下的明王朝在海外享有较高的声望。事实已经证明，像其父朱元璋那样实行"海禁"政策是消极的、无济于事的，朱棣只有另图良策。唯一可行的，就是像在国内建立和巩固自己的皇权统治那样，在政治、经济、外交、文化、军事各个方面都在海外有所作为，最终达到"帝王居中，抚驭万国，当如天地之大，无不覆载"①这样的境界。在这种"四夷顺则中国宁"②，"四夷宾服，世所贵也"③的外交理念的指导下，郑和奉朱棣的旨意出使海外，实施了海陆一体化的海洋发展方略。由于实行这一方略，在郑和下西洋的近 30 年时间里，努力向海洋发展，在亚非沿岸各国中广泛开展了政治、经济、外交、文化等各方面的活动，在军事上也进行了三次大的战役，同时在海洋探险上作出了很大的努力，不仅为明王朝解除了来自海上的威胁，同时也取得了多方面的成就。概括地讲，政治上主要是开创了亚非国家间的和平局面，提高了中国在海外的威望；经济上发展了与亚非诸国间的国际贸易，促进了海上丝绸之路的繁荣发展；外交上使中国与海外各国的关系得到空前的发展，在中国对外关系史上写下了光辉的篇章；军事上的胜利使"海道由是而清宁，番人赖之以安业"④；文化方面主要向亚非各国敷宣了中国的教化，传播了中国先进的生产技术和医疗技术，并增进了中国人民与亚非国家人民之间的相互认识和了解。郑和航海所取得的这一系列成就，在世界海洋发展史上前所未有。郑和航海所执行的全方位海洋发展方略的历史意义，在于它在世界历史上第一次显示出一个国家走出国门、面

---

①　《明成祖实录》卷 23。

②　《明成祖实录》卷 127。

③　《明宣宗实录》卷 13。

④　郑和：《娄东刘家港天妃宫石刻通番事迹碑》，转引自郑鹤声、郑一钧：《郑和下西洋资料汇编》上册，第 40 页，齐鲁书社，1980 年。

向海洋，是如何通过海路有声有色地把海洋当作可以开展政治、经济、外交、军事、文化各个领域活动的大舞台的，表现出了人类在海洋上前所未有的开拓精神。郑和航海在海洋上所从事的多方面的活动表明，郑和航海对海洋空间和海洋活动的认识，已突破以往仅着眼于在海洋上从事外交、贸易或军事等单一活动的局限，同时发挥了海洋能以有益国家和造福人类的多方面的功能。在郑和航海之后，哥伦布、麦哲伦航海虽然取得了历史性的成就，但也仅限于地理发现这一方面，而未能在海洋发展上取得全面性的突破。郑和航海所体现出的人类对海洋所开发的多方面的功能，即对海陆一体化的认识和实践，以及这种实践所呈现的郑和航海所引领人类海洋世纪最初的发展，顺应了时代正面临全球化的发展趋势，无疑是 15 至 16 世纪世界大航海时代中人类文明的巨大成果，奠定了郑和航海开创人类海洋世纪的历史地位。

二、以世界在海洋上的发展的视角

自古代到郑和航海的 15 世纪初期，世界各沿海国家在海洋上发展的主要目的，一是通过海路掠夺别国的财富而向外扩张，二是通过海路与别国贸易而创造财富，三是通过海路传播伊斯兰教、佛教和其他宗教，四是通过海路与其他国家建立和发展外交关系。这四个方面虽然涵盖了政治、经济、军事、文化与外交，但这些国家在海洋上的发展，都不是像郑和航海那样，在这诸多方面同时并举，全方位向海洋发展，而是各有侧重，主要向着单一的方面发展，并且由于航海的宗旨与郑和航海不同，所以在航海实践中这些国家与郑和航海有两点显著的差别，一是采取的军事行动不是在航海中遇到袭击而进行自卫反击，二是航海的范围不是尽其所能地拓展，而是针对不同的目的，实施相应的航行，航线单一，并且不是采取大艐和分艐分别进行扇形航线的航行。

1. 通过海路向外扩张

自古以来，一些海洋强国都崛起于中国、埃及、古希腊、罗马、巴比伦、阿拉伯、印度等这些世界文明的发源地。但由于东西方文化和地理环境的不同，位于西方的海洋强国，很早就表现出通过海路向外扩张的强劲势头。就以文明起源较早的古埃及为例，早在4000多年前法老统治时代，就组建起强大的舰队，为掠夺别国的财富而通过海路向外扩张。尼罗河的许多支流分布在三角洲上，这些支流的河水可以通过许多河口流进地中海。埃及法老拉姆西斯二世根据这种地理形势，在红海北端向西开凿运河，直通东部三角洲上最近的一条尼罗河支流，法老的红海舰队就可以通过运河进入尼罗河的近东支流，然后顺流而下直抵地中海。由于这条运河的开凿，船只只需四天就能从红海抵达地中海。尼罗河上的船只随着运河的开通，还可以从东部三角洲出发，前往索马里海岸以及印度洋海峡。开凿这条运河，就是为了便于通过海路向外扩张。当时法老的舰队还通过水路向南征服了努比亚。努比亚是居住在苏丹和埃及南部的民族，现属于埃及的民族。相较于现在过着阿拉伯式生活的埃及人，努比亚人仍保持着自己民族的特色。努比亚人没有自己的文字，只有语言。驾驭帆船、打鱼，仍是努比亚人的基本生活。700年后，尼科二世统治了埃及，他是一个对海军充满激情的法老，怀有征服大海的野心，以至于宫廷侍女都带着小船造型的胸针。为了实现征服大海的野心，他决定修复这条早已荒废的运河，因此搭进去12万名奴隶的生命。在工程接近完工时，因祭司抛出一道神谕"你是在为野蛮人作嫁衣"，工程就此戛然而止。埃及前后相隔约700年的这两个法老都想向海外扩张，为此不惜耗费巨大的人力财力，甚至牺牲12万名奴隶的性命，在荒芜的沙漠上开凿作为出海通道的运河。这只不过是一些海洋强国无数次向外扩张历史上的一个事例。

2. 通过海路发展贸易

海洋成为沿海各国增加财富的载体，但以掠夺的手段获取财富并不是各国在海洋上发展的主流，也难以持久；通过海洋贸易而增加财富，成为各国在海洋上发展的常态，并且在持续发展中，形成各个地区的海洋贸易圈。自古代至中世纪，世界海洋贸易的重心在印度洋。印度洋贸易圈的形成，源自古希腊航海贸易的发展。古希腊诸城邦的商业重心是海洋贸易，其航海路线是从东地中海航路出发，以埃及作为中继站，连接红海航路，再往前向东南方向航行，可与波斯湾航路相连，从而向东经海路与印度半岛、东南亚及东亚相连。从更久远的年代溯源，存在于公元前 2500 年至公元前 1750 年的哈拉帕（Harappa, 在今巴基斯坦境内），这个代表了印度河文明的远古文明社会时期，已与西亚两河流域的另一个早期文明社会有了贸易往来。哈拉帕文化遗址是 20 世纪 90 年代由印度考古学家发现的，从发掘的文物发现，在哈拉帕时期，经由波斯与阿富汗的管道所开拓出来的印度河流域与阿拉伯世界之间的商业贸易，已经相当繁荣，交易商品主要有谷物、宝石、珍珠、象牙制品和珍贵木材等，已具备国际贸易的初始状态，实为印度洋贸易圈的滥觞。在公元元年前后，另一个古老的航海大国埃及，经过长期的海外经商活动，其商人首次发现印度洋季风，阿拉伯商人则很好地利用了这一发现，促成了印度洋沿岸海洋贸易的繁荣。印度洋海上交通网络渐次被开发出来，逐渐形成以印度洋为中心的印度洋贸易圈。

在东南亚，马来半岛是印度洋与中国东南沿海之间货物交易的中转站，在马来半岛东西海岸、苏门答腊岛西北海岸和东海岸分布的许多城邦，因其中转站的功能而繁荣起来。爪哇则是向北蜿蜒至中国东南沿海，向东蜿蜒至摩鹿加群岛的诸海上贸易航线的中转站，并与马来半岛、苏门答腊岛相连，逐渐形成以南洋为中心的东南亚贸易圈。郑和航海促进了东南亚贸易圈的形成，不仅具有经济上的意义，而且具有政治和外交方面的意义。郑和远航大力发展海外贸易，不只是为了商业利益，也是对海外各国实施睦邻友好外交方针的实际体现，是郑和作为和平使者在海外进行和

平实践的主要内容之一。中国周边的海外国家主要分布在东南亚地区，这一地区，尤其是南洋一带，散布着众多的岛国，南洋与大陆的空间不协调，地理的分散、不连续，缺乏进一步联结的基础。海洋空间上的限制，国与国之间难以沟通，是造成海外各国关系不和谐的重要原因，也是郑和航海致力于建立中国与海外各国间和谐友好关系的障碍。正是通过大力发展互惠互利的海外贸易，以经济交往为纽带，终于将分散于大洋中的各个国家和地区联结起来，这为郑和航海致力于中国与海外各国关系的协调发展，找到了一条现实可行的途径。当时东南亚贸易圈内各国与中国的关系都很密切，所体现出的郑和航海在发展中国与海外国家友好关系方面取得的成就最为显著，即突出展现出这一历史作用。

在西亚地区，阿拉伯人具有优良的航海传统，早在阿拉伯帝国建立之前，就通过地中海、红海、阿拉伯海、波斯湾，把阿拉伯半岛南部繁荣的滨海文明与周边地区联系起来，并逐渐向印度和非洲大陆扩展。当时以也门为中心，形成西亚贸易圈。也门地处阿拉伯半岛南端，东面可由阿拉伯海通往印度洋到南亚，西面与东非海岸一衣带水。在贯通亚洲和欧洲的海上丝绸之路尚未完全打通以前，这里是世界东西方国际贸易的主要通道，在同印度洋沿岸、东非沿海和地中海沿岸的国家、地区之间起着货物中转站的作用。早在公元前7世纪左右，以也门东南部哈达拉毛王国的夏纳港为起点，往北经过这个王国的首都谢卜瓦、古特班国首都泰木纳、萨巴国首都马里卜以及马因国首都盖尔纳，形成了一条陆上贸易的国际通道，古曰"香料之路"。这条通道，向西北延伸，经过麦加、麦地那，一直通到古代巴勒斯坦的加沙港和叙利亚。东方国家的商船队驶过印度洋和阿拉伯海，在夏纳港靠岸卸货，然后也门的骆驼商队将东方国家的货物，通过这条商道转口到巴勒斯坦、叙利亚、埃及、希腊等地中海沿岸国家。另外，哈达拉毛以及阿曼西部的佐法尔地区盛产乳香、没药等珍贵香料药材，俗称"香料之乡"。印度、埃及和希腊寺庙的宗教祭祀和木乃伊的制作与保存都需要大批也门的香料和没药，因此这些特产成为古代也门主要的出口货物，其价值甚至超过黄金。这些土特产通过这条商路运往东西方国家。古代也门人不仅控制了这条陆上商道贸易，还控制了同东非沿海国家和印度洋沿岸国家之间的海上贸易。当时哈达拉毛和奥桑国的帆船队，将香料和没药等土特产装船从也门的主要港口夏纳、亚丁和西哈尔出发，通过海路运到东非沿海国家以及埃及和印度。公元 1 世纪，希腊的一位航海家曾经到过也门的夏纳和亚丁港，目睹了当时海路贸易的繁荣景象，并在他撰写的《厄立特里亚海岸周游记》一书中作了记载，说也门港口各国船队密集，阿拉伯商人和船工熙来攘往，大批的商船满载也门的香料、没药从这里起航，驶往印度和东非海岸。另外，埃及的吉萨地区发现公元前 3 世纪间一位也门商人的古墓，墓道陪葬器物里有一条木帆船的残体。这可以证明，古代也门人的商船到过埃及。古代也门国家非常重视"香料之路"贸易。为此一方面募集数以千计的士兵，专门保护过往的商队，并同沿途的许多游牧部落签订保护商队的协议。另一方面，在这条商道途经的重要城市内设立集市贸易中心，制定税收和集市贸易管理法规，保障贸易活动的正常进行，维护国家从香料等商品贸易中获得的经济利益。

在中世纪之前，波斯是西亚一个传统海上强国，濒临波斯湾的地理位置使波斯商人长期以来扮演着古代东西方贸易中间人的角色。西汉时出使安息的中国使臣已经发现，安息商人在印度洋诸地收购中国丝绸，然后转贩给罗马商人。在波斯帝国强盛时代，今阿拉伯世界东部诸地曾受其统治，西亚的航海贸易完全由波斯商人控制。进入中世纪，阿拉伯帝国建立之后，取代了波斯在西亚的强势地位。阿拉伯人锐意东进，从阿拉伯到中国的航路渐次得到开发，使阿拉伯人在印度洋贸易中占主导地位。尽管如此，中国则是更早地开辟了由中国到阿拉伯的航线。西汉时朝廷使臣曾泛海访问了今南亚斯里兰卡等国，中国人的航迹已涉及太平洋和印度洋广大海域。据《宋书》记载，至迟在南朝的刘宋时期（420—479），中国的远洋帆船已能从印度西南海岸继续向西行，驶抵波斯湾湾头。古阿拉伯著名历史学家马苏第在《黄金草原》一书中记载，早在公元 6 世纪时，即在阿拉伯帝国建立之前，"中国的船只就驶往阿曼、锡拉夫、法尔斯和巴林海岸、乌布拉和巴士拉，而这些地区的人也直接航行中国"[①]。就是说，这时中国的航海范围已从汉朝只航行到南亚为止，进一步发展到航至西亚。当时，西亚的阿拉伯国家已与北非、东非沿岸各国有着经常性的交通往来，借助于这些阿拉伯国家，至迟在唐代以前，中国与北非埃及等地已有了交通往来。唐代开辟了中国至东非沿岸各国的航线，更将海上丝绸之路发展成古代中国与东南亚、南亚、西亚乃至非洲沿岸各国发展经贸往来和文化交流的通道。早在东汉时代，随着海上丝绸之路的开辟，中国和罗马帝国乃至北非已经有了海上来往，到了两晋时代，随着海上丝绸之路的发展，一条以南亚沿岸为中转站的世界性海上交通大动脉就逐渐建立起来了，使以斯里兰卡为中心的，连接北非、西亚与中国的印度洋区域贸易得到了进一步的发展。那时中国与印度、波斯、埃塞俄比亚各国，都是以斯里兰卡为中心的印度洋贸易圈内的重要成员。六、七世纪以后，阿拉伯人开始大量移民东非沿岸各城邦，阿拉伯与非洲之间的交往开始密切起来，于是，西亚成为海上丝绸之路延伸至非洲东海岸的中转站。希腊人科斯麻士生于埃及，少年时代即随舶经商，经年航海至波斯、印度西海岸、斯里兰卡等地，晚年居住埃及亚历山大港，在 545 年（梁武帝大同十一年）著《基督教诸国风土记》一书，书中称中国为"秦尼策国"（Tzinitza），指出中国与索马里，即包括索马里在内的非洲东海岸处于同一大洋，可以海路相通："产丝之国，为秦尼策国（Tzinitza）。大洋海环其左，此洋与环

---

① ［古阿拉伯］马苏第著，耿昇译：《黄金草原》（上），第 168 页，青海人民出版社、人民出版社，2013 年。

巴巴利①右岸者，同一洋也。"又说中国的丝货若要运往巴巴利等遥远国度，需从波斯中转："秦尼策国在左边最远之境。丝货由陆道经历诸国，辗转而至波斯，所需时日，比较实甚短促。若由波斯而经海道往彼，所需时日，实甚久也。"②可见在六、七世纪时，伊朗、阿拉伯诸国以位置适中，因而成为陆、海商道中转地。中国丝货运来这里，再转运其他各国，包括输往欧洲、非洲各地。在这个基础上，到了唐朝，也就是说在 7 世纪时中国从事远洋贸易的商船已由分段航行进入直航全程，它们不需要经印度沿岸国家和斯里兰卡中转，而能由国内港口直航波斯湾，将货物运往阿拉伯乃至非洲沿岸国家。唐代贾耽曾对当时海上丝绸之路亚非全程的航线，以及在这条航线上，帆船所经的港口，转向点和所需要的航行时间，作过如下详细的记载："广州东南海行，二百里至屯门山（在今九龙西南部——引者注，下同），乃帆风西行，二日至九州石（在今海南岛东北角附近）。又南二日行，至象石（即今独珠山，在海南岛东南岸）。又西南三日行，至占不劳山（今越南占婆岛），山在环王国（即林邑）东二百里海中。又南二日行至陵山（今越南燕子岬）。又一日行，至门毒国（今越南归仁）。又一日行，至古笪国（今越南茅庄）。又半日行，至奔陀浪洲（今越南藩朗）。又两日行，到军突弄山（今昆仑岛）。又五日行至海峡（新加坡海峡），番人谓之'质'，南北百里，北岸则罗越国（今马来半岛南部柔佛附近），南岸则佛逝国（即室利佛逝国，在今苏门答腊东南部）。佛逝国东水行四五日，至诃陵国（今印尼之爪哇），南中洲之最大者。又西出峡（马六甲海峡），三日至葛葛僧祇国（今印尼苏门答腊岛东

---

① 索马里的北部古代叫作巴巴利（Barbary），现在索马里北部沿亚丁湾还有一名城仍名柏培拉（Berbera），即为巴巴利的残迹。唐人段成式于公元 860 年成书的《酉阳杂俎》，则较详细地记载了索马里柏培拉（当时称之为拨拔力国，即巴巴利）的情况。

② 张星烺编注，朱杰勤校订：《中西交通史料汇编》第一册，第 156—157 页，中华书局，2003 年。

北伯劳威斯群岛［Brouwers Is］中的一岛），在佛逝西北隅之别岛，国人多钞暴，乘舶者畏惮之。其北岸则箇罗国（今马来半岛西岸之吉打）。箇罗西则哥谷罗国（今马来半岛克拉地峡西南）。又从葛葛僧祇四五日行，至胜邓洲（在今印尼苏门答腊岛北部东海岸棉兰之北日里［Deli］附近）。又西五日行，至婆露国（即婆鲁师洲，在今印尼苏门答腊岛北部西海岸大鹿洞附近巴鲁斯［Baros］）。又六日行，至婆国伽蓝州（今尼科巴群岛）。又北四日行，至狮子国（斯里兰卡），其北海岸距南天竺（南印度）大岸百里。又西四日行，经没来国（今印度马拉巴尔海岸之奎隆），南天竺之最南境。又西北经十余小国，至婆罗门（指古印度）西境。又西北二日行，至拔飓国（在今印度纳巴达河口的布罗奇附近）。又十日行，经天竺西境小国五，至提飓国（在巴基斯坦前首都卡拉奇略东），其国有弥蓝太河（今印度河），一曰新头河，自北渤昆国来，西流至提飓国北，入于海。又自提飓国西二十日行，经小国二十余，至提罗卢和国（在今波斯湾内伊朗西南部的阿巴丹附近），一曰罗和异国，国人于海中立华表，夜则置炬其上，使舶人夜行不迷。又西一日行，至乌剌国（今波斯湾头之奥布兰，在巴士拉的东方），乃大食国之弗利剌河（今幼发拉底河），南入于海。小舟溯流，二日至末罗国（今波斯湾北岸之巴士拉），大食重镇也。又西北陆行千里，至茂门王所都缚达城（今伊拉克首都巴格达）。自婆罗门南境，从没来国至乌剌国，皆缘海东岸行；其西岸之西，皆大食国，其西最南谓之三兰国（今坦桑尼亚首都达累斯萨拉姆［Dar es Saiaam］）。自三兰国正北二十日行，经小国十余，至设国（阿拉伯地理书 Shihr 全图之史赫尔）。又十日行，经小国六七，至萨伊瞿和竭国（阿曼首都马斯喀特或其南部的盖勒哈特［Qulhat］），当海西岸。又西六七日行，经小国六七，至没巽国（为 Mezoen 的译音，即阿蛮海岸名港阿曼首府琐哈尔之古名）。又西北十日行，经小国十余，至拔离歌磨难国（波斯湾西岸之巴林岛）。又一日行，至乌剌国（波斯湾头巴士拉东靠阿拉伯河岸的乌布剌），与东岸路合。"概括地讲，上述航程就是：从广州出发，经过珠江口万山群岛、海南岛东北角、越南东海岸、新加坡海峡、马六甲海峡。由此往南则经苏门答腊东南部至爪哇，往西则出马六甲海峡，经尼科巴群岛到斯里兰卡。然后沿印度半岛西海岸行至卡拉奇。在驶离印度半岛后，西行可有两条航线：一条经过霍尔木兹海峡，进入波斯湾，沿波斯湾东岸到达幼发拉底河口的阿巴丹和巴士拉；另一条沿波斯湾西岸出霍尔木兹海峡，经阿曼湾北岸的苏哈尔和也门民主人民共和国境内的席赫尔，到达亚丁附近，再沿亚丁湾西进，进入东非沿海，经过索马里，继续沿非洲东海岸南下，最南航至坦桑尼亚的达累斯萨拉姆。

　　唐代开辟的从中国经西亚到非洲东岸的航线，对阿拉伯人从西亚到中国的航路得到开发显然具有借鉴的作用。当时一些西方的地理学著作也记述了从波斯湾到广州的航线。如伊本·胡尔达兹比赫（Ibn Khordâdbeh）的《道里邦国志》所记载从波斯湾到珠江口的航线为：从巴士拉出发，经乌尔木兹（Urmūz，今伊朗阿巴斯港一带）出波斯湾，往东沿印度海岸经穆拉（Mulā，即没来国）、塞兰迪布（Sarandib，今斯里兰卡），横渡孟加拉湾抵达艾兰凯巴鲁斯（Alankabālūs，今印度尼科巴群岛），通过马六甲海峡抵达凯莱赫（Kalah，即箇罗国）、巴陆斯（Bālūs，即婆罗洲，今印度尼西亚加里曼丹），再航经加巴岛（今印度尼西亚爪哇）、舍拉黑脱（Shalāhit，今印度尼西亚苏拉威西岛）、海尔赖特（Harlah，今菲律宾和乐岛）、"香料园之国"（即香料群岛，今印度尼西亚马鲁古群岛），到达玛仪特（MāYt，今菲律宾民都洛岛），转而折向梯优麦赫岛（TiYūmah，今地不详）、垓玛尔（今地不详）、栓府（Alsanf，即占婆），到达唐朝第一个港口鲁金（Lūqīn，即龙编，今越南河内），往北就到唐朝最大的港口汉府（Khānfū，即广府，今广州），继续航行到达汉久（Khānjū，今福州，一说杭州）、刚突（Qāntū，即江都，今扬州）等地。贾耽《皇华四达记》所记"广州

234

郑和航海与人类海洋世纪

通海夷道"全程需要 89 天（不计沿途停留时间），而《道里邦国志》所记航线全程需时 87 天，与"广州通海夷道"差不多，这与往返航程都较充分地利用了季风航行有很大关系。自波斯湾东行至马六甲海峡以西的航程，中外两条航线相同。不同的是，自西向东这条航路在穿过马六甲海峡后，不是沿马来半岛沿海北上经越南沿海至中国，而是继续东行，进入爪哇海、苏拉威西海直驶菲律宾群岛，然后才向西折回中南半岛海域，驶向广州等港。贾耽《皇华四达记》所记"广州通海夷道"作于唐德宗贞元年间（785—805），《道里邦国志》所记载从波斯湾到珠江口的航程形成时间至迟在 9 世纪初，说明当时中国与西亚之间的海上交通，不仅在波斯湾、印度洋航路有较大进展，而且在南洋一带有新的拓展，南洋诸国基本上都纳入东西方海洋贸易圈之内。印度洋至西太平洋东西方航线的改进，使西亚在东西方海洋贸易中的地位得到进一步提升。在古代至中世纪的世界航海贸易中，位于东南亚、南亚和西亚的航运中转站，成为亚非之间海洋贸易网络的枢纽，对发展亚非各国的航海贸易起到重要的作用。在郑和航海之前，由中国远航到西亚乃至非洲的全航程中，中国商船在东南亚、南亚和西亚都有货物的中转站和储仓，在东南亚有今马来西亚的马六甲，在南亚有今印度奎隆等地，在西亚有琐哈尔等地。尤其是位于西亚的中转站在发展中国与西亚非洲的海上交往上发挥了举足轻重的作用。据《伊斯兰百科全书》中对琐哈尔的记载，中世纪时琐哈尔为国际著名海港，"中国货物以此地为中转站和储仓，赴中国者也于此准备行装"[①]。唐代开辟了中非航线，这时期中国与非洲之间的贸易基本上是间接贸易，即中国的货物先由中国船只运到东南亚或阿曼，然后再由印度或阿拉伯商船运到非洲北部（以埃及为主）和东部（以今索马里境内诸邦国为主）海岸。同样，非洲国家的货物先由印度或阿拉伯商船运到阿曼、印度或东南亚，然后再由中国船只运回中国。当然，有时印度或阿拉伯商

---

① 《伊斯兰百科全书》（旧版）第 504 页。

人直接把货物由非洲运到中国，又直接把货物由中国运往非洲。

3. 通过海路传播宗教文化

伊斯兰教和佛教等宗教文化传播是与国际贸易相伴而行的，一般商业路线延伸到哪里，伊斯兰教和佛教等宗教就传播到哪里。如元代中国泉州为著名的国际商港，常年居住着为数众多的各国商客，他们保持着各自的生活习俗与宗教信仰，由于来此的外国人以阿拉伯人居多，伊斯兰教也最为流行，同时佛教、景教（基督教）、摩尼教、印度教也盛行一时。这种情形在其他港口也能看到，如广州的怀圣寺建于唐代，至宋代仍然是穆斯林进行宗教活动的场所。东南亚地区的伊斯兰教，也是随着阿拉伯人来此经商而传入。据印度尼西亚史料记载，13 世纪末，马六甲（即满剌加）王国已成为东南亚贸易的中心，在马六甲与以出产香料而闻名的马鲁古群岛之间，形成了一条热闹的商业航线，位于这条航线上的巨港、杜板和革儿昔等港口已发展成为重要的商港，伊斯兰教首先就在这些商港传播开来。关于究竟哪个国家最早在印度尼西亚传伊斯兰教的问题，外国学者斯诺克和莫奎德等人认为，苏门答腊的伊斯兰教，最初是由印度西海岸的甘比——古查拉的穆斯林商人沿着阿拉伯人、波斯人到东方进行贸易的航线，经马来半岛传入苏门答腊北端。其主要依据是信奉伊斯兰教的沙姆德拉国王马立克·阿斯·沙勒等人的墓碑都是来自甘比。至于爪哇岛的伊斯兰教由谁传入，近年逐渐形成并开始引起人们重视的新观点，即认为爪哇的伊斯兰教是由中国传入，而且主要是通过郑和航海传进来的。

在非洲地区，随着阿拉伯人的到来，伊斯兰教也缓慢地在东非沿岸传播开来。公元 7 世纪阿拉伯帝国崛起后不久，帝国内部发生了争执和分裂，那些失败者为逃避战祸和政治迫害，纷纷背井离乡，航渡亚丁湾和曼德海峡，迁居东非沿海地区。这些阿拉伯人大批迁来，同当地居民融合，在北部产生了索马里阿拉伯文化，在南部形成了斯瓦希里文明。8 世纪以后，伊斯兰教开始沿东非海岸传播，并传入科摩罗和马达加斯加岛北部。

伊斯兰教传入非洲后，从 10 世纪起，这些来自阿拉伯半岛的移民开始在东非沿海建立了城邦国家。这些城邦国家的建立和兴起，与当时印度洋贸易的发展是分不开的。自 8 世纪以迄 11 世纪，受中东和南亚贸易需求持续增长的刺激，波斯和阿拉伯穆斯林商人以及南亚的商人以更强劲的势头，持久地挤入了自索马里贝纳迪尔海岸至斯瓦希里海岸的桑给巴尔的海上贸易。此前即存在的本地非洲人沿海贸易网和港口，被纳入更为广阔的印度洋商业体系，同时内地产品出口到更远的市场。非洲人沿海贸易网和港口同印度洋贸易网络的连接，促使由中东来的商人更频繁地绕过非洲之角南下索马里和肯尼亚海岸，并远至季风消失的基尔瓦。从红海之滨的厄立特里亚到贝纳迪尔海岸的摩加迪沙，以至科摩罗及马达加斯加，穆斯林对东非的商业渗透深刻地影响着当地居民的经济活动。在摩加迪沙以南，农业和渔业居民点开始更正式地从事贸易，并自 11 世纪开始与阿拉伯和波斯定居者的社区一道成长为大市镇，它们一般而言由商人王朝统治。在这个过程中，由于穆斯林商人和阿拉伯文化占据优势，所以在这个基础上，一些城邦国家得以建立和兴起。

另外，北索马里早就存在以泽拉为都的阿达尔古国。公元前 3 世纪，来自南阿拉伯的阿布勒移民，将阿达尔古国征服并分割成两国，北半部（位于曼德海峡和提欧港）称为安卡利，其南部仍保留了阿达尔的名称。4—5 世纪，阿克苏姆王国打败阿布勒人，这两国都成了阿克苏姆的属国。从此，在索马里人的历史上，开始了为摆脱埃塞俄比亚人统治而争取独立的斗争。7—8 世纪，阿拉伯穆斯林大批迁入索马里半岛。9—13 世纪，在索马里人部落中兴起了一些以信仰伊斯兰教为主的国家，为了争取独立，它们对信奉基督教的阿克苏姆压迫者展开了"圣战"。这些国家中最强大的是以哈拉尔为都的伊法特苏丹国，它不仅统治着泽拉港的古阿达尔王国，还吞并了塔朱腊湾北部安卡利王国的部分土地。14 世纪早期，伊法特苏丹发动了反埃塞俄比亚的战争。15 世纪初，斗争遭到挫折。1415

年，泽拉港被占，苏丹被杀，其子逃亡至也门。几年后，苏丹之子虽然归来重建了以达卡尔为都的阿达尔国家，但被迫向埃塞俄比亚纳贡。10—15世纪，是东非海岸的桑给帝国时期。"桑给帝国"并不是一个真正统一的国家，在各城邦中长期居于霸主地位的是基尔瓦苏丹国。基尔瓦苏丹国是波斯人哈桑·阿里·伊本于 975 年率七艘大船征服基尔瓦及其邻近岛屿后建立的。它很快就发展为东非海岸的贸易中心。13 世纪后期或 14 世纪初，基尔瓦苏丹国控制了莫桑比克地区黄金集散地索法拉，国家达到极盛，索法拉、安哥舍、莫桑比克、桑给巴尔（"桑给巴尔"是波斯字译音。"桑给"乃黑人或黑色之意。"巴尔"是海岸或土地之意。桑给巴尔即黑人土地或黑人之国）、奔巴、蒙巴萨、马林迪、基斯马尤、摩加迪沙等城邦的苏丹都变成了它的封臣。

随着辽阔内陆生产的发展和内地国家的兴盛，桑给帝国的贸易空前繁荣起来。阿拉伯人和斯瓦希里人的商队深入内陆，运出黄金、象牙、龙涎香和奴隶，运进印度洋、地中海各国的特产以及中国的绸缎、布匹、瓷器、金属制品和玻璃器皿。12 世纪，马林迪、蒙巴萨和布腊瓦的桑给人已开采铁矿，设置炼铁厂，进行熟铁贸易。桑给帝国从这种国际贸易中获得了巨额财富，建筑了华丽的宫殿、雄壮的清真寺和坚固的堡垒。14 世纪，伊本·拔图塔来到东非海岸，记述了各城市国家的富庶繁华情况，他说：基尔瓦是"最美丽、最整齐的城市"，蒙巴萨是"巨大"的城市，摩加迪沙是"特别巨大的城市"。到 15 世纪末，东非沿海已出现了如摩加迪沙、布拉瓦、格迪、基尔瓦、桑给巴尔等 37 个城邦。这些城邦规模都不大，每个城邦人口在数千人至一二万人之间。城邦的经济活动以贸易为主，与埃及、阿拉伯半岛、波斯、印度乃至中国有着频繁的贸易来往，在印度洋贸易圈中扮演重要角色。城邦出口的商品有象牙、香料、玳瑁、兽皮和奴隶等；进口的物品主要有中国的丝绸、瓷器和漆器，中东的丝织品和铁器，印度的宝石、念珠和棉布等。摩加迪沙、布拉瓦等邦国，在明代

以前即与海上丝绸之路沿线各国，包括中国在内，有着商贸往来。伊斯兰教的传播与海洋贸易的密切关系，在15世纪以前东非沿岸一些以信仰伊斯兰教为主的城邦国家的建立和兴起过程中，得到明显的体现。

4.通过海路建立和发展沿海各国间外交关系

亚非沿海国家之间通过海路建立和发展外交关系，东南亚、南亚和西亚的沿海国家姑且不论，就距离中国相对最远的非洲国家而言，早在唐朝就派遣使节不远万里越洋来到中国。据《唐会要》记载："甘棠在大海之南，昆仑人也。贞观十年（636），与朱俱波国朝贡同日至。"①《资治通鉴》对甘棠国来贡也有记载："贞观十年（636）戊寅，朱俱波、甘棠遣使入贡。朱俱波在葱岭之北，去瓜州二千八百里。甘棠在大海南。胡三省注云：'朱俱波亦曰朱俱槃，汉子合国也。甘棠在西海之南，昆仑人也。二国皆在西域。'"②张星烺对此考证说："胡三省此注，明言甘棠国在西域，不在南洋也。又云在西海之南，而又为昆仑之人，其在非洲东海岸已昭然若揭矣。"③上引史料所说甘棠国之人为昆仑人，也就是非洲人；甘棠国在当时被认为是距中国绝远的国家，而能遣使来中国朝贡，曾引起唐太宗君臣的重视。唐贞观年间来中国朝贡的非洲国家还有殊奈国。据《唐会要》记载："殊奈国，昆仑人也。在林邑南，去交趾海行三月余日，习俗文字与婆罗门同。绝远，未尝朝中国。贞观二年（628）十月，使至朝贡。"④殊奈国，有认为在今斯里兰卡，或马来半岛，甚至有人认为在今菲律宾的，但这三处之地并非是距中国"绝远"的国家，而且这三处的国家在唐代以前多次来中国朝贡，也并非"未尝朝中国"，其既为昆仑人，应是位

---

① 《唐会要》卷99。

② 《资治通鉴胡三省注》卷194。

③ 张星烺编注，朱杰勤校订：《中西交通史料汇编》第二册，第572页，中华书局，2003年。

④ 《唐会要》卷98。

于非洲的国家。由于唐时一些非洲国家就通过海路与中国建交，在唐代史料中关于昆仑人的记载陡然增多，唐代传奇故事及笔记小说中也有不少关于昆仑奴的描述，这类有关昆仑奴的引人入胜的生动故事，反映出有不少的非洲黑人曾活跃于唐代社会中。当然，为造船和航海技术水平所限，唐代来华的非洲人不可能是驾驶本国所造海舟来到中国，而只能是搭乘中国或阿拉伯国家的船只，辗转来到中国，并且具有一定的偶然性。至于郑和航海时期非洲和其他亚非沿海国家通过海路与中国建立和发展友好关系的事例，前文多有介绍，这里不再赘述。

三、西方殖民者在人类海洋世纪扮演了反面角色

15 世纪世界性大航海时代的到来，逐渐打破了全球东西方之间，各大洲不同国家和地区之间相对封闭隔绝的状态，致使人类社会日益具有世界性，进入了一个根本性的历史转轨时期。在这个人类社会发展的关键时期，率先发生于东方的郑和航海壮举中，大批中国人顺应历史的潮流，走出国门，走向辽阔的海洋，尝试用中国传统的文化和政治道德理念，去建立一种和平与和谐的国际社会秩序。郑和航海是 15—16 世纪世界性大航海时代的开端，它开创了人类海洋世纪，将以往世界各国走向海洋以发展海外贸易为主要目的的形式，发展为从政治、经济、文化和科学技术各个方面与各国相互借鉴与共同进步，共同走和平发展的道路，代表了人类在开始进入海洋世纪之际的海洋发展的正确方向。但历史发展的道路并不是一帆风顺的，在郑和航海终止之后，即明永乐、宣德朝以后，明代各朝统治阶级在腐败的道路上越走越远，明帝国日趋衰落，再没有出现过永乐盛世的辉煌。明朝政府再没有培养出能够继承郑和航海事业的大航海家，"郑和之后，竟无第二之郑和"[①]。当明帝国由盛而衰，由对外还算是开放转向闭关自守，当"无第二之郑和"再率领庞大的远洋船队让明帝国的旗帜

---

① 梁启超：《祖国大航海家郑和传》，《饮冰室专集》之九。

在西太平洋和印度洋上高高飘扬，中国不幸从海洋的大舞台退出，将海洋发展的空间留给了嗣后在海洋上崛起的欧洲人。欧洲人，主要是那些早期殖民主义者乘虚而入，在郑和航海之后不久，即在16世纪末，西欧殖民主义者也来到郑和航海曾访问过的亚非国家，奉行与郑和航海不同的文化和价值观，其在海洋上的发展，是通过海路掠夺别国的财富而向外扩张，并实行殖民主义政策，其身份不再是以往活跃在海洋上的商旅、传教布道者及和平外交使节，而是变成赤裸裸的西方早期殖民者。他们利用文化与科技的优势，称霸海上，一反郑和航海的宗旨，在各国进行殖民掠夺和实行殖民统治，人类在海洋上发展的正确方向从此发生逆转，形成弱肉强食格局。

在郑和航海之后，西方殖民者何以能主导人类在海洋上的发展，使人类海洋世纪发展方向发生逆转？可以用文化人类学的视角加以解读。"文化人类学"通过分析比较人类各民族、各地区、各群体、各社区文化上的差异，及其对个人和社会的作用和影响，来研究人类社会发展的进程和结局，为我们提供了一把解开人类社会发展史谜团的钥匙。运用文化人类学的原理解读西方殖民者在海洋上发展的历史进程，可以用西班牙殖民者对印加帝国的征服这个比较典型的事例。事件发生的时间在郑和航海结束的100年以后，即1532年。1492年，克里斯托弗·哥伦布"发现"了美洲土著居住的中美洲加勒比海中的巴哈马群岛，即所谓发现了"新大陆"，从此揭开了先进的欧洲（旧大陆）与落后的美洲（新大陆）社会之间冲突的序幕。40年以后，即1532年，发生了西班牙殖民者以较少兵力就轻易征服庞大的印加帝国的历史事件。从征服者和被征服者之间文化上的极大反差，说明了这一极为不平等的历史现象所形成的原因。首先，双方发生冲突时力量对比悬殊：西班牙方面，是由皮萨罗总督率领的168名西班牙士兵，来到印加帝国的领地秘鲁高原城市卡哈马卡，对他们来说这是一个完全陌生的地方，得不到当地居民的任何帮助，距离他们最近的西班牙人远在 1000 英里外的巴拿马，并与之完全失去了联系，根本无法得到及时的增援。印加帝国方面，国王阿塔瓦尔帕却身处拥有数百万臣民的帝国的中心，当时有 8 万之众的军队重重护卫着他。以 168 人来与 8 万人对抗，这样悬殊的力量对比，似乎是以卵击石。但冲突的结果却正相反：

1. 阿塔瓦尔帕国王在和皮萨罗总督见面后不到几分钟即被俘虏，成为阶下囚。

2. 阿塔瓦尔帕被俘后，在不到一天的时间里，168 名西班牙士兵击溃了人数上超过自己 500 倍的印加帝国军队，并杀死了数以千计的印加人，而自己却未损一兵一卒。

3. 在阿塔瓦尔帕被俘 8 个月后，皮萨罗从容得到援军，但总兵力不超过 200 人或 300 人，有时候只有 100 人甚至更少，但却通过 4 次战役而征服了印加帝国。在每次战役中，几十个或最多不超过 110 人的西班牙骑兵便能击溃数以千计，甚至数以万计的印加帝国军队。

导致这种结局的原因，在于两者之间存在巨大的文化差异：

其一，皮萨罗入侵印加帝国的 16 世纪 30 年代，正是西班牙国王查理一世（也称神圣罗马帝国皇帝查理五世）执政时期，这时的西班牙为欧洲最强大的国家，拥有当时最强大的海军力量，通过向海外扩张，经济实力得到进一步加强，社会正处于向资本主义过渡的前夜，其文化发展水平也相应地达到欧洲封建社会时期所能达到的最高水平。而此时的印加帝国虽然是美洲最大、最先进的国家，其版图几乎涵盖了整个南美洲西部，其主体民族印加人也是美洲三大文明印加文明的缔造者，但其社会发展阶段仍处于奴隶制社会，文化甚为落后，甚至还没有书籍出现。当皮萨罗派基督教修士拿着《圣经》去见阿塔瓦尔帕时，"阿塔瓦尔帕把书要过去，他想看一看。于是修士就把书合着递给了他。阿塔瓦尔帕不知道怎样把书打

开，修士就把手伸过去帮忙"①。一个连书籍都没见过的民族，其最高领导人国王竟不知书为何物，其文化落后的程度是可想而知的。

其二，就宗教信仰而言，印加人的信仰包含泛灵论和对自然神的崇拜等特质，认为众神之首为太阳神因蒂，处于原始宗教信仰的阶段。在当时，阿塔瓦尔帕被印加人尊奉为太阳神，对他的臣民行使绝对的权威。西班牙人信仰基督教，信仰上帝。当时，从1492年哥伦布发现新大陆，到1522年9月6日麦哲伦船队返回西班牙，完成了人类首次环球航行，人类社会已开始进入全球化的门槛，基督教开始在全球传播，印加人所信奉的原始宗教，已远远落后于时代。

印加人较之西班牙人在文化上远远落后的状况，对印加帝国的灭亡产生了至关重要的影响：

其一，在决定印加人成败命运的卡哈马卡战役中，西班牙人在双方人数对比极为悬殊的情况下，以智取胜，采取了一系列出奇制胜的战术，而印加人却完全不清楚西班牙人前来的意图，没有任何防备之心，在双方发生冲突时，既不了解对方的战术，更不懂得怎样运用战术迎敌。西班牙人从一开始，就采取"擒贼先擒王"的战术，并把部队埋伏在卡哈马卡的广场周围，只待阿塔瓦尔帕率贴身部队进入广场，以吹喇叭为号发动突袭。而阿塔瓦尔帕却轻信皮萨罗派出的传教士哄骗他请求和他做朋友的谎言，以迎接来宾的姿态，带着一群群身穿五颜六色不同服装、载歌载舞的印第安人和盛装的仪仗队，坐在华美的轿子里，一副神气十足的派头，大模大样地前来会见皮萨罗。奇袭刚开始，皮萨罗迅即带着身边的几个随从，乘对方上下毫无戒备之心，冲进印第安人群，径直冲到阿塔瓦尔帕的轿子

---

① ［美］贾雷德·戴蒙德著，谢延光译：《枪炮、病菌与钢铁：人类社会的命运》，第48页，上海世纪出版集团，2014年。

旁，"不到几分钟，皮萨罗就俘虏了阿塔瓦尔帕"①。与此同时，全副武装的西班牙骑兵和步兵从他们埋伏的地方向广场上挤成一团的手无寸铁的印加人冲去，枪声、喇叭声和缚在马身上用来吓唬印加人的响声器所发出的轰鸣声使印加人陷入一片惊慌之中，互相践踏，形成一个个人堆，许多人因窒息而死。其余未被挤压致死而逃跑的印加人，西班牙骑兵则穷追不舍，把他们撞倒，杀死的杀死，打伤的打伤，或让步兵杀死。要不是夜色降临，这 8 万多人部队中能够活下来的人不知有几个。6000—7000 个印加人死了，更多的印加人被斩去了手臂或受了别的伤。

在这场战役中，印加人落后的文化，使他们即使在遭受突然袭击时，也不懂得利用人数上的巨大优势，采取相应的战术，组织有效的抵抗，结果是毫无招架之力，任人宰割。而西班牙人具有的文化上的优势，使他们懂得并能够运用一系列战术肆意攻击人数众多的印第安人，从而出奇制胜。

其二，在俘虏阿塔瓦尔帕之后，皮萨罗继续用计欺骗他，承诺在得到一大笔赎金后就释放他。在文化落后的背景下，阿塔瓦尔帕及其臣民愚昧无知，以为西班牙人来的目的就是要得到这笔黄金，而压根想不到西班牙人进而还要灭掉整个帝国。更由于在落后宗教信仰的驱使下，阿塔瓦尔帕的臣民在他被俘期间，甚至盲目服从他在敌人胁迫控制下发出的命令，不聚集兵力前往营救，反而在他被关押的 8 个月时间里，只知道如何去交足那"足够装满一间长 22 英尺、宽 17 英尺、高超过 8 英尺的房间"②的黄金。这使得皮萨罗得以从容地从巴拿马调来援军。当赎金交付后，皮萨罗却违背诺言把阿塔瓦尔帕处死，这时印加人再来和西班牙人战斗，不仅

---

① ［美］贾雷德·戴蒙德著，谢延光译：《枪炮、病菌与钢铁：人类社会的命运》，第 43 页，上海世纪出版集团，2014 年。

② ［美］贾雷德·戴蒙德著，谢延光译：《枪炮、病菌与钢铁：人类社会的命运》，第 43 页，上海世纪出版集团，2014 年。

已丧失战机，而且得到增援的皮萨罗的军队更加难以对付了，并且巨额赎金使他们的军事行动能得到充分的财力上的支持，最终导致印加帝国的灭亡。当然，西班牙人拥有枪炮等先进武器，并有印加人没有的骑兵，也是他们得以制胜的重要原因，但落后的文化及由此派生出愚昧的思想意识，则是导致印加帝国一再失误，终至败亡的根本原因。可见文化和宗教的差异，导致了几百万之众的印加帝国，败亡于几百人的西班牙殖民者手中。

文化落后，愚昧无知，使阿塔瓦尔帕天真地相信，只要付了赎金，西班牙人就会释放他并且撤兵。他不可能了解皮萨罗的部队只是一支决心实现永久征服的军队的开路先锋，而不是单单为了一次孤立的袭击。作出这种致命的错误的判断，并非只有阿塔瓦尔帕一人。甚至在阿塔瓦尔帕被俘后，弗兰西斯科·皮萨罗的兄弟埃尔南多·皮萨罗也把阿塔瓦尔帕的第一流将军、指挥着一支庞大军队的查尔库奇马哄骗得自投罗网，令其落入西班牙人手中。查尔库奇马的被俘，标志着印加人抵抗失败，是几乎同阿塔瓦尔帕本人被俘一样的重大事件。"总之，文化修养使西班牙人继承了关于人类行为和历史的大量知识。"皮萨罗"属于一个有文化修养的传统。西班牙人从书本上知道了同时代的许多与欧洲差别很大的文明国度，也知道了几千年的欧洲历史。皮萨罗伏击阿塔瓦尔帕显然是以科尔特斯的成功谋略为样板的……相形之下，阿塔瓦尔帕不但对西班牙人本身毫不了解，对来自海外的其他任何入侵者毫无个人经验，而且他甚至也没有听人说过（或在书本上读到过）在别的什么地方和在历史上以前什么时候对别人的什么人的类似威胁。这种在经验方面的巨大差距，促使皮萨罗去设下圈套而阿塔瓦尔帕走进了圈套"①。而这种在经验方面的巨大差距，正是由于文化方面的巨大差距，即印加人属于一个没有文化修养的传统，而西班牙人属于一个有文化修养的传统，两者存在这种巨大差距所造成的。这就是

---

① ［美］贾雷德·戴蒙德著，谢延光译：《枪炮、病菌与钢铁：人类社会的命运》，第57页，上海世纪出版集团，2014年。

运用文化人类学来理解庞大的印加帝国何以亡于一小撮西班牙人之手，所得出的符合历史事实的结论。

另外，欧亚大陆的传染性流行病入侵美洲，导致大量没有免疫力的印加人死亡，也是皮萨罗之流在"新大陆"获得成功的直接原因。"皮萨罗成功的直接原因包括：以枪炮、钢铁武器和马匹为基础的军事技术；欧亚大陆的传染性流行病；欧洲的航海技术；欧洲国家集中统一的行政组织和文字。"[①]人类对传染性流行病病菌获得免疫力，也是通过对这种病菌根据历史和现实的经验教训进行科学研究，找到战胜这种病菌的途径，从而实现的，而这又是与有文化修养的传统是分不开的，归根结底是一个文化程度的问题。其他欧洲国家的军事技术、航海技术、集中统一的行政组织和文字，也都是以文化程度的有无、深浅和高低为基础的。

郑和航海时代，许多海外国家，特别是远离世界文明发源地的那些南洋国家，文化也是如同印加帝国那样落后，但拥有强大的军事力量和具有很高文化修养的郑和使团来到这些国家，不是以欺骗手段去征服、掠夺他们，而是努力改变他们缺乏文化的状况，提高其文明的程度，所作所为与西班牙等西方殖民者正相反，所以在实践上也产生了与西方殖民者完全相反的进程与结局。在世界进入大航海的时代中，虽然郑和船队和西班牙船队的统领者都具有很高的文化修养，但其航行宗旨却相反，前者是奉行睦邻友好政策，后者是奉行殖民主义政策。这种文化上的差别，决定了郑和航海在人类海洋世纪的地位是代表了人类在海洋世纪发展的正确方向，在历史上产生了极其深远的影响，其精神将一直传承下去。而西方殖民者在人类海洋世纪的地位，不过是扮演了一个反面角色，已为历史所否定。西方殖民者统治殖民地的历史，正如马克思所说，"展现出一幅背信弃义、

---

① ［美］贾雷德·戴蒙德著，谢延光译：《枪炮、病菌与钢铁：人类社会的命运》，第58 页，上海世纪出版集团，2014 年。

贿赂、残杀和卑鄙行为的绝妙图画"。①而郑和航海的历史，展现的却是一幅"天书到处多欢声"②的生动图画，这一鲜明的对比，更显示出郑和航海代表了人类在海洋世纪正确发展方向的历史意义。

---

① 马克思：《资本论》第二十四章《所谓原始积累》，载《马克思恩格斯文选》第5卷，第861—862页，人民出版社，2009年。

② 马欢：《纪行诗》，转引自郑鹤声、郑一钧：《郑和下西洋资料汇编》上册，第535页，齐鲁书社，1980年。

第四节　郑和航海对建设21世纪海上丝绸之路的启示

郑和航海通过广泛地发展与亚非国家间政治、经济、文化和科技各个方面的友好关系与相互交流，在汲取世界各民族的海洋文明和海洋文化的优点及长处的基础上，塑造了海上丝绸之路的新面貌，迎来了海上丝绸之路最繁荣的时代。郑和航海不仅引领着海上丝绸之路的文明走向，创造了海上丝绸之路全新的格局，将古代海上丝绸之路提升至最高的阶段，而且也迎来人类海洋世纪的曙光，引领着人类海洋世纪初期的发展。我们要追寻和探索郑和航海得以开创和引领人类海洋世纪正确发展方向的原因，并研究在大航海时代人类走向海洋发展之际，世界各民族面对终将走向全球化的挑战时所具有的内在共性与差异，以及在开创人类海洋世纪过程中求同存异的历史经验，从而发展出一条通过走向海洋来实现全人类命运共同体和利益共同体互惠共赢的现实可行之路。从历史与现实相结合的研究中，总结人类海洋世纪可持续发展的历史经验，以促进今天传承中华民族海洋文明的优良传统，可以为我国建设海洋强国，与世界各国共建 21 世纪的海上丝绸之路，提供以下十分重要而有益的当代启示。

一、构建和平安宁的海洋秩序，是人类海洋世纪可持续发展的基础

2019 年 4 月 23 日，习近平在青岛集体会见应邀出席中国人民解放军海军成立 70 周年多国海军活动的外方代表团团长时，提出构建"海洋命

运共同体"重要理念。当前,世界各国共建 21 世纪的海上丝绸之路,实际上就是沿着郑和航海开创的人类海洋世纪的正确方向,在新的历史条件下,建设 21 世纪的人类海洋世纪,也就构建新时代的"海洋命运共同体"。郑和航海,致力于构建和平安宁的海洋秩序,清除海洋上各种海盗活动,制止强国欺凌弱国的行为,以及海洋上国与国之间不公正的现象,使"海道由是而清宁,番人赖之以安业"[①]。同样地,各国共建 21 世纪的海上丝绸之路,前提是要有一个和平的海洋环境,也需要构建和平安宁的海洋秩序。当前,海洋秩序的稳定仍面临严峻的挑战。比较突出的问题,一是索马里、西非海盗问题,二是中国南海问题。

1. 索马里、西非海域海盗问题

以索马里海盗为主的海盗活动,对海洋上的交通运输安全构成严重威胁。根据 2010 年国际海事局网站公布的数据显示,截至 2010 年 12 月底,世界范围内共发生 440 起海盗袭击案件,索马里附近的海盗事件总数为 218 起,劫持事件为 47 起,总劫持人质为 1001 人。2011 年全球海域的海盗袭击总数为 421 起,其中劫持事件为 42 起。索马里区域的上报事件总数为 231 起,劫持总数为 26 起,人质为 450 人,其中 15 人被杀害。[②]据国际海事局(IMB)2013 年 1 月 16 日发布年度报告称,2012 年全球共有 297 艘船只遭到袭击,有 585 人被扣为人质,造成 6 人死亡,32 人受伤。几内亚湾的尼日利亚沿海海盗活动日渐猖獗,海盗共发动了 58 次袭击,有 207 名船员被扣为人质,其中在 37 次袭击中海盗使用了枪械。该报告还指出,东非仍是最危险地区,25% 的海盗袭击(75 起)发生在索

---

① 郑和等:《娄东刘家港天妃宫石刻通番事迹碑》,转引自郑鹤声、郑一钧:《郑和下西洋资料汇编》上册,第 40 页,齐鲁书社,1980 年。

② 国家海事局网站:http://www.msa.gov.cn/。

马里沿岸和亚丁湾①，在对赎金贪得无厌的疯狂追求下，索马里海盗尽可能地扩大海洋活动空间，对过往各类船只频繁实施无差别袭击和劫持，大大加剧了世界海洋不安全因素，导致世界海洋安全局势空前严峻。索马里海盗的行为，实质上就是一种恐怖主义活动，只不过这种恐怖活动发生在海上，表现为海上恐怖主义。所以，要像郑和航海打击海盗那样，坚决打击索马里海盗一类的当代海盗。由于索马里海域海盗活动猖獗，联合国安理会 2008 年 12 月通过决议，授权有关国家和国际组织向索马里附近海域派遣军队打击海盗，已经有中国、俄罗斯、意大利、美国、英国、希腊、土耳其、德国等国家向索马里附近海域派遣战舰，为商船提供护航服务，共同打击海盗犯罪。中国于 2008 年年底派出海军舰队赴亚丁湾、索马里海域执行护航任务，至 2018 年 12 月 9 日派出了第 31 批护航舰艇编队，此前连续 10 年派出 30 批护航编队远赴亚丁湾、索马里海域执行护航任务，已圆满完成 1207 批 6600 余艘次中外船舶护航任务，其中大多数为外国船舶或世界粮食计划署船舶。10 年来，中国护航舰艇编队确保了被护船舶和自身的安全，有效维护了国际海上运输秩序，特别是保障了运往索马里的人道主义物资的安全，使饱受苦难的非洲民众及时获得救助，受到国际社会的广泛赞誉。近年来，中国将打击海盗作为海洋战略之一而积极参与，与国际社会密切合作打击索马里海盗，取得显著成效。据美国媒体报道，索马里海盗问题联络小组主席唐娜·莉·霍普金斯在 2013 年 5 月 2 日表示，打击索马里海盗行动取得巨大成功，相关海域已经接近一年没有发生海盗劫持案件。霍普金斯接受采访时说，在索马里附近海域、红海和印度洋面上，海盗袭击起码减少了 75%。上次海盗成功劫持船只是在 2012 年 5 月 21 日，再过十几天，就是海盗在索马里海岸地区未成功劫持任何船只一周年了。霍普金斯认可各国海军在打击海盗方面协作取得的成

---

① 《报告称 2012 年海盗袭击次数将至五年最低水平》，2013 年 1 月 17 日 15:41，来源：中国新闻网。

绩，也称赞相关安保人员的优异表现。国际海事组织提供的数据显示，海盗袭击、劫持事件逐年减少。在 2009 年和 2010 年，索马里海盗分别劫持了 46 艘和 47 艘船只。2011 年发生了 237 起海盗袭击事件，有 25 艘船被劫持。到了 2012 年，共发生 75 起海盗袭击事件，14 艘船被劫持。[①]中国积极参与打击索马里海盗的国际合作，既富有成效，又为实施中国海洋战略、扩大国际海洋合作做出了贡献，积累了宝贵的经验。

各国合作共同打击索马里海盗所取得的成效，导致索马里海盗的"收益"大幅下滑，迫使一些海盗不得不收手。据外媒报道，2013 年，索马里一名绰号"大嘴巴"的著名海盗头子因海盗行动"收益下滑"，决定金盆洗手。据报道，"大嘴巴"的真名是阿布迪·哈桑，已经当了 8 年海盗。联合国监督小组在 2012 年的报告中，形容哈桑是索马里海盗中一名"臭名昭著、颇有影响力的首领"。但在 2013 年，哈桑与其他一些海盗头子决定"金盆洗手"，他们同意停止抢劫行动，并向政府上缴武器。据索马里政府一名相关人士透露，这些海盗们意识到，他们不能再像过去那样肆无忌惮地抢劫而不受惩罚，同时"收益下滑"也是海盗们打算弃恶从善的重要原因。报道称，由于海盗猖獗，商船在通过索马里海域时多配备私人安保，海军在该海域的护航也有所增加，致使索马里海盗 2012 年以来行动成功率陡降。同时，索马里政府为鼓励"大嘴巴"投诚，也赋予他外交身份和护照。[②]所有这些，说明加强国际合作，共同打击索马里海盗，是构建和平安宁的海洋秩序的有效途径。但迄今为止，全球海盗活动依然猖獗，海盗袭击开始由东非索马里海域转移。据国际海事局全球海盗行为报告介绍，2018 年上半年共发生了 107 起海盗事件（2017 年同期为

---

① 《打击索马里海盗取得成效，海盗行为逐年减少》，新华网 2013 年 5 月 3 日，http://news.xinhuanet.com/2013-05/03/c_124661244.htm。

② 《索马里著名海盗头子因"收益下滑"决定收手》，中国新闻网 2013 年 1 月 11 日，http://www.chinanews.com/gj/2013/01-11/4479297.shtml。

87 起），其中西非几内亚湾地区发生了 46 起海盗事件（2017 年上半年发生 16 起），西非尼日利亚领海发生了 31 起海盗事件，两个海域发生的海盗事件占到了全球海盗事件总数的 72%。调查发现，航行至西非海域的船舶，受袭击率最高的是油船 / 游轮等槽罐类船舶，占 48%。其次是海洋石油支持船（OSV）等海工船，占 21%。因为这两类船舶通常干舷低、船速慢，且载有贵重货物。鉴于上述情况，2019 年 1 月 9 日，中国远洋海运集团召开了 2019 年安全工作会暨安委会会议。该集团给出的判断是，2019 年"国际形势复杂多变，船舶防海盗形势依然严峻"[①]。为应对目前西非海域海盗活动陡然加剧的新问题，以往国际合作打击索马里海盗的成功经验同样适用。

2. 南海问题

南海问题实质是中国与越南、菲律宾、马来西亚和文莱等有关声索方，在南沙群岛等领土和海洋管辖权上存在争议，形成的一个地区性的海洋争端。本来争端的性质就是领土主权和海洋划界，但由于域外大国的介入，有关声索方利用域外大国的介入谋求其利益最大化，固化其非法所得，使得南海问题演变成争端国和利益攸关方围绕地缘政治、航道控制和自然资源开发的一个激烈博弈，导致南海问题的性质发生了变化。2009 年以来，美国推进亚太再平衡战略，南海问题成了美国牵制中国，维持美国在亚太地区主导权的一个重要抓手。另外，中国的崛起和发展使其他争端国担心中国在海洋上的实力居优势地位，将有可能采取某种方式来收复为他们非法侵占的岛礁。这些声索国纷纷通过国内立法（有的已经在 2010 年前后完成了国内立法），或通过诉诸第三方仲裁的方式来"合法化"他们的非法主张和所得，使南海问题突然升温。与此同时，南海问题被扩大化，导致南海问题的持续升温。所谓被扩大化，是指原来这些声索国主要是争"岛"，现在已经扩大到争"海域"，"岛争"变成"海争"。原来只

---

① 《2018 年全球海盗事件》，资料来源：信德海事，2019-02-19，13:30。

是南沙有争议，现在被扩大到西沙。越南一向承认西沙群岛属于中国，1975 年后立场发生转变，中越之间在西沙群岛的领土和海洋管辖权上争议不断。2014 年 5 月的 981 钻井平台事件之后，美国开始支持越南的挑衅行为。2016 年 5 月 27 日，七国集团（G7）峰会发表宣言，提及南海有关问题。奥巴马在此前访问越南期间，也多次就南海问题"指手画脚"。南海问题不仅成为国际热点话题，也逐渐成为中美关系中最有代表性的议题之一。在南海问题被国际化的背景下，南沙的争议又扩大到西沙。20 世纪90 年代，菲律宾试图占领黄岩岛，之后仍不断采取各种挑衅动作。黄岩岛是属于中沙群岛的一部分，所以南海问题从南沙扩大到西沙，然后又涉及中沙。2013 年 1 月，菲律宾在没有征得中方同意的情况下，突然炮制了一个"中菲南海仲裁案"，向联合国海洋法庭提出仲裁程序，使南海问题更加复杂化。

特朗普就任总统后，在南海问题上采取强硬立场，屡屡以"航行自由"之名，行海洋霸权之实，加大了介入的力度。2018 年 8 月 13 日特朗普签署了 2019 年度国防预算和《国防授权法案》，其《国防授权法案》虽然是每年的常规操作，但与当下正在进行博弈的中美贸易战相呼应。这次该法案多项内容都剑指南海、台湾等敏感议题，法案 SEC.1259 要求美国国防部定期提供中国在南海的一切重大行动信息，包括新的填海动作、所谓的过度的领土主张和"军事化"事件，如重要的军事部署和军事行动，以及基础设施建设等。法案 SEC.1259 要求美国国防部不得邀请中国军队参加"环太军演"或为此提供便利，除非"中国停止在南中国海的所有填海造陆行动，移除所有相关岛礁上的武器，并持续推动该地区的和平稳定达 4 年以上"。虽然在 2012 年前后，南海即成为美国国会的热门话题，近些年来，美国国会两院也频繁发起有关南海的各种提案，密集开展听证会，但如此明确地将针对中国的南海条款写进美国《国防授权法案》，还是第一次。

中国一直坚持通过对话和协商来妥善解决南海争端，从 20 世纪 90 年代中期，中国和东盟就制定南海行为准则开始磋商，经过 6 年左右的努力，2002 年中国和东盟 10 国达成共识，共同签署了《南海各方行为宣言》（简称 "DOC"），这既是一个信任措施，一定意义上也是一个危机管控机制。2003 年，中国又加入《东南亚友好合作条约》，是第一个加入这个条约的域外国家。2011 年，中国和东盟又制定落实《南海各方行为宣言》的指针，推进南海行为宣言框架下的海上合作，围绕五大领域开展合作。2013 年 9 月，中国和东盟就《南海行为准则》（简称 "COC"）问题进行磋商。2014 年，李克强总理在缅甸出席中国—东盟领导人会议期间又提出 "双轨思路"，即有关争议由直接当事国在尊重历史事实的基础上，根据国际法，通过谈判协商妥善解决，南海地区的和平稳定由中国和东盟国家共同维护。"双轨思路" 旨在解决东盟与域外国家对于南海和平稳定的关切，是中国政府继倡导 "搁置争议、共同开发" 之后，推动南海问题朝着正确解决方向迈出的重要一步。本着与邻为伴和与邻为善的精神，在维护自身在南海的权益方面，中国一直保持克制和忍让的态度。目前众所关注的南沙岛礁建设问题，本属于中国主权范围内的事。在岛礁建设之初中国也向国际社会承诺，这些岛礁设施主要服务于和平目的，尤其是为本地区国家和国际社会提供公共服务产品，比如说海上搜救、助航等。由此可见中国维护南海和平与稳定局势的诚意，说明中国在南海上的每一个动作，都是旨在通过在争议地区推进共同开发，互惠互利，来积累政治互信，从而为最终和平解决南海争端创造条件。随着《南海行为准则》的签署与实施，包括菲律宾、越南等国都主张用和平协商的方式解决南海问题，目前南海地区整体局势已趋于平静。但树欲静而风不止，在美国推行海洋霸权的背景下，美国仍持续强势介入 "南海问题"，逐渐加大在南海的军事存在；近年来，以美国为首的区域外大国甚至罔顾中国的严正声明，多次派遣军舰闯入中国南海岛礁周边 12 海里范围内，一次次被中国

军舰逐出，使本已趋于平静的南海局势不时发生动荡。在南海问题上，中国致力于与东盟国家共同维护好南海的和平发展大局，并对域外大国的海洋霸权及在南海的军事存在进行针锋相对的斗争。这与郑和航海致力于同东南亚国家共同维护好东南亚海洋上和平发展的局势，正是一脉相承的。这同样是人类海洋世纪向着正确方向持续发展的基础。

二、发扬中国传统文化，对推动人类海洋世纪可持续发展具有重大意义

郑和航海，航迹所至，传播中国传统文化，践行中国睦邻友好的和平外交理念。郑和航海之时，中国是世界上最强盛的国家。在长达 28 年中，郑和船队遍历亚非沿岸 30 余国，却没有占领外国的一寸土地，没有掠夺他人一分钱财，没有贩卖非洲一个奴隶，没有威胁任何一个国家。所到之处以德服人，与人为善，弘扬中华民族几千年的文化科技成果，加强与亚非各国的经济文化往来，力求与各国"共享太平之福"，显示了中华民族崇高的浩然正气，以及中国传统文化以和为贵、以和为美、和谐包容的博大精神。因此，中国在海外享有崇高的威望，得到海外诸国广泛的拥护，"自是海外诸蕃，益服天子威德，贡使载道"[1]，"来者日多"[2]。这说明郑和航海以中国传统文化为纽带，与亚非各海洋国家形成利益共同体，给海外诸国带来各种实实在在的利益，从而使海外各国向往与中国加强联系，而海洋为他们提供了来中国的捷径，这使他们增加了对海洋的认识，也使人类与海洋的关系空前密切。郑和航海将中国传统文化广泛传播到海外，在历史上产生了深远的影响，郑和航海因此也成为世界文化不可或缺的宝贵遗产。正是因为如此，郑和在世界上享有崇高的地位。例如，在新世纪和新千年到来之际，美国著名的《生活》杂志把郑和列为全世界的

---

[1]　《明史》卷 326《锡兰山传》。

[2]　王鸿绪：《明史稿》列传第 178《宦官上·郑和传》。

千年一百位大人物之一，而且在入选的六个中国千年人物中排第一位。①
这个评价来自美国一些中国学专家的看法，反映出西方国家对郑和航海这
一历史事件越来越重视的趋向。郑和的入选，很大程度上也是因为郑和航
海通过海上丝绸之路向海外诸国传播和发扬中国传统文化做出了卓越的
贡献。

　　郑和航海传播中国传统文化的可贵之处，还在于同时对其他国家的
传统文化兼容，也崇扬所至国家的优秀文化。如郑和第二次航海来到佛教
古国锡兰山，由于锡兰山国人民多信仰佛教，并以本国有着悠久的传统佛
教文化而自豪，所以郑和这次访问锡兰，特别崇扬佛祖的功德，对锡兰山
佛寺布施丰厚的香礼，同时崇扬明成祖朱棣治理天下的功绩。郑和当时立
石碑以记其事，以永其传，是刻上中文、泰米尔文、波斯文三种文字，其
中泰米尔文是当时南洋地区通用文字，波斯文是西亚地区通用文字，这两
种文字在东南亚、南亚和西亚地区流行较广，容易为当地居民和过往商旅
读懂，能更广泛地实现纪念和宣传的效果。这也反映了郑和航海对各国文
字和文化的尊重，对中外文化兼收并蓄的精神。这种精神产生了深远的历
史影响，迄今仍在延续，使建设 21 世纪海上丝绸之路的倡议更能得到郑
和航海到访过国家和地区的支持。2014 年 9 月 17 日，习近平主席访问斯
里兰卡（古称锡兰山）期间，和斯里兰卡总统拉贾帕克萨共同为斯里兰卡
中国文化中心和 2014 年科伦坡书展中国主宾国揭牌。习近平向拉贾帕克
萨赠送中国文化典籍，拉贾帕克萨向习近平赠送郑和碑拓片和斯中关系画
册。②这里说的郑和碑，就是上述用三种文字镌刻的石碑。在中国与斯里
兰卡文化交流的盛典上，拉贾帕克萨通过向习近平赠送郑和碑拓片，表达
了斯里兰卡追寻郑和航海的足迹，以崇扬、传播两国优秀的文化为契机，

---

① 《美国〈生活〉杂志选千年百大人物，中国六人上榜》，中国新闻网，2000 年 1 月
　　3 日 07：29。

② 《习近平访问斯里兰卡，获赠郑和碑拓片》，中国新闻网，2014 年 9 月 17 日 03：08。

积极响应中国提出的建设 21 世纪海上丝绸之路倡议，共同推进海上丝绸之路复兴，造福两国人民。郑和航海致力于传播和发扬中国传统文化，显示出中国传统文化对推进海上丝绸之路发展具有无穷无尽的正能量。将郑和航海与建设 21 世纪海上丝绸之路对接，就能更好地在全世界宣传中国传统文化，用历史事实传播中国和平外交理念，对促进 21 世纪海上丝绸之路的健康发展，推动人类海洋世纪可持续发展，构建海洋命运共同体具有重大意义。

三、人类海洋世纪发展就是要建立合作共赢的和谐的海洋

郑和航海在当时亚洲地区海洋不靖、动乱迭起的形势下，尝试用中国传统文化追求和谐、天人合一、兼容并蓄、共生共存的"世界大同"思想理念，去实现中国与海外各国"共享太平之福"的崇高理想。一个各国"共享太平之福"的海洋，就是和谐的海洋。以郑和为代表的一大批中国人，肩负营造和谐海洋的历史使命，在抑制强暴，扶助弱小，促进"静海"局面形成的同时，将中国与海外各国的经济利益，通过中国与海外各国间广泛开展经济交流，进行区域间贸易整合，互通有无，发展互利互惠的贸易来实现，而不是借助于欺凌掠夺弱小国家和民族。在人类走向全球化的历史进程中，人类刚面临进入海洋世纪这一新的历史发展机遇之际，首开先河的郑和航海壮举，在没有任何历史经验可资借鉴的情况下，为先辈们向往世界大同的崇高理想所感召，在面向海洋，面向海外各国共同的经济利益诉求的过程中，创造性地采取了这样的发展模式，适应了各国发展经济的需要，也推动了海外各国社会的发展。这是以和平的方式促发展，也需要有一种国际和平与和谐的海洋环境来保障这种发展。郑和等一大批中国航海者为此始终以和平使者的身份活跃于海洋这个大舞台之上，这一性质决定了郑和航海本身的文化内涵，在当时而言，也就蕴含了"和平发展"的意义，即在坚持中国自身和平发展的同时，持续、大规模、广泛

地与各国进行互惠互利的经贸往来，以共同利益为杠杆，推动海外各国的和平发展。这种以和平发展方式建设共享太平、共享和谐海洋的战略选择和价值取向，代表着人类海洋世纪发展的正确方向。只有坚持这个方向，才能建立起海洋上和平稳定的局面。只有这样，才符合海外国家和人民的根本利益，才能得到海外诸国的拥护，中国在海外的威望才能建立起来。

郑和航海以海洋为纽带，通过传播和发扬中国传统文化、与海外各国间广泛开展经济交流等，初步构建了中国与海外国家间的利益共同体，对人类海洋世纪的形成起到了决定性的作用，产生了巨大的影响。美国当代著名的海洋史专家林肯·佩恩在 2012 年出版的《海洋与文明》这部巨著中，也肯定了郑和航海在这方面的贡献。他指出："郑和的远航对区域经济、政治联盟甚至宗教发展都产生了巨大影响，在一定程度上刺激了区域商业的扩张，使印度洋吸引了欧洲商人关注的目光。铸币的引入对东南亚的经济增长而言是一个重要的影响因素。通过稳定地注入大量铜钱，中国更多地促进以货币为导向的经济转型，其影响尤其体现在马来半岛、苏门答腊岛、爪哇岛和苏拉威西岛的贸易国家身上。在最后一次宝船远航之后，当地统治者开始自行铸造货币，一般为锡制而非铜制。如果不考虑货币介质，用于小额支付的流通货币的增加，有利于商业贸易的和谐发展，而由此增加的税收，也为统治者带来了更多可自由支配的财富。"[①]郑和航海对海外诸国经济转型、经济增长和财富增加所做出的贡献，显示出海洋对于满足各国的经济诉求的重要性，同时也使各国认识到海洋对于"政治联盟甚至宗教发展"的巨大作用，在此巨大影响之下，海洋对各国展现了其所具有的世界性的意义，打破了以往人类对海洋眼界的局限性，即不局限于以一种孤立的眼光来看待海洋，而是从整体上把海洋看作是世界各国共有的海洋，这种观念上的转变，人们这种海洋意识的觉醒，也是人类

① ［美］林肯·佩恩著，陈建军、罗燚英译：《海洋与文明》，第 376—377 页，天津人民出版社，2017 年。

海洋世纪形成与发展的必要条件之一，对海洋命运共同体的构建与发展也具有极其重要的意义。

人类进入 21 世纪以来，海洋对于满足各国的经济诉求比以往任何时候都显得更加重要。海洋占地球面积的 70%，当今世界上众多城市和人口分布在沿海，大多数的发达城市也分布在沿海；大部分经济活动集中在沿海，一半以上的对外贸易量依靠海运，一半左右的石油通过海上运输。遍布各大洋、连接各大洲的众多航线构成了全球经济一体化的大通道，海洋承载着国际贸易最活跃的部分，海洋交通运输业成为世界海洋经济发展的支柱产业之一。另外，海洋蕴藏着丰富的石油资源，而陆地上的石油资源随着长期和过度的开采，已出现资源短缺的危机，开发海洋石油资源便成了解决这个危机的重要出路。随着各国工业化和城市化进程的加快，对能源的需求越来越大，海洋油气资源便成为各国竞相开发的目标。在这种形势下，维护海上航行自由与通道安全，保障海洋石油资源的合理有序的开发，对于世界的和平发展是至关重要的，加以当今世界各国各地区以海洋为载体和纽带的市场、技术、信息、文化等互联互通的重要性日益彰显，这就更需要各国加强合作，共同建设一个和谐的海洋。郑和航海在营造和谐的海洋方面，曾做出过历史性的贡献，给我们的启示是：

1. 将海洋营造成为不同文明间开放兼容、交流互鉴的桥梁和纽带，对构建和谐海洋具有重要意义

郑和航海所到之处，面对海外各国不同的宗教信仰、不同的习俗和文化，都能以开放包容的态度对待，对一些国家的伊斯兰教和佛教信仰给予尊重和崇扬，对一些国家落后的原始宗教信仰和不文明的习俗则以先进的中国文化进行教化。海洋不再是隔断各国沟通联系的障碍，而成为不同文明间交流互鉴的桥梁和纽带，从而带来了"和谐海洋"的吉祥气象。当郑和第四次航海之际，由于与亚非各国都建立起友好互惠的良好关系，一个"和谐海洋"的局面呈现在世人面前。其重要标志之一，就是从来不通中

国，远在非洲的麻林国能以跨洋越海来中国献上"麒麟"。当时儒臣金幼孜曾用"恢宏鸿化，覃暨无外，和气融朗，嘉应叠臻"①的颂词，来赞扬郑和航海所取得的这一具有历史意义的成就。这 16 个字，也可看作是对当时"和谐海洋"的颂扬。

中国当前积极推行建设 21 世纪海上丝绸之路的发展倡议，致力于构建"海洋命运共同体"，首先就要像郑和航海那样，努力营造一个"和气融朗"的和谐海洋。为此，中国应该让海洋成为不同文明间开放兼容、交流互鉴的桥梁和纽带，以全人类共同的利益为重，本着和谐和包容的精神，同相关国家加强沟通与合作，完善双边和多边机制，求大同，存小异，尽可能地避免某些分歧的扩大化和激化，共同维护海上航行自由与通道安全，共同打击海盗、海上恐怖主义，共同应对海洋灾害，共同致力于海洋资源合理有序的开发，实现人类海洋世纪的和谐发展。

2. 通过郑和航海与建设 21 世纪海上丝绸之路的对接，促进海外有关国家对郑和航海和中华文化的关注和重视，有助于和谐海洋的实现

郑和航海所访问的亚非各国，包括了海上丝绸之路沿线各国，这些国家不仅在郑和航海时期同中国有着可圈可点的睦邻友好关系，而且这种关系迄今仍在延续。习近平主席近年访问了海上丝绸之路沿线许多国家，所到之处，各国都纷纷表示要发扬郑和航海所缔造的传统友谊，同中国共建 21 世纪海上丝绸之路。各国之所以有这个愿望，是因为郑和航海体现了开阔的视野，崇尚多元文化和重交流的理念，为各国之间道路相通、民心相通做出了历史性的贡献，影响深远，以至于今。持续扩大这种影响，更好地将郑和航海与建设 21 世纪海上丝绸之路的对接，建设 21 世纪海上丝绸之路倡议必将更能得到郑和航海到访过国家的支持。

郑和航海实质上是中华传统文化的精华向海洋传播的体现，显示出中华文化所具有的无穷无尽的正能量。正因为中华文化具有如此强大的

---

① 金幼孜：《瑞应麒麟赋（有序）》，载《金文靖集》卷 6。

生命力，在中华文明、印度文明、埃及文明、古巴比伦文明、阿拉伯文明及欧洲文明这古代六大文明中，唯独中华文明在数千年的历史长河里持续不断，独立地屹立于世界的东方。郑和航海不仅在海外发扬中华文化，而且在汲取世界各民族的海洋文明和海洋文化的优点及长处的基础上，塑造着海上丝绸之路的新面貌，展现郑和航海为古代海上丝绸之路的最高阶段。郑和航海不仅引领着海上丝绸之路的文明走向，而且也迎来人类海洋世纪的曙光，引领着人类海洋世纪初期的发展。郑和航海与建设21世纪海上丝绸之路的对接，必将引起与建设21世纪海上丝绸之路有关国家对郑和航海和中华文化的关注和重视，将大大推动中华文化在这些国家的传播，提升中国在这些国家的影响力，增强中国在国际社会中的竞争力。中国在国际上影响力的提升，将有利于推动各国继续努力建设一个有强大文化认同、共同遗产、共享价值观和道德观的新的海洋世界。在这个过程中，各海洋国家合作共赢的意识将整体得到提升，从而加快实现和谐海洋、构建海洋命运共同体的进程。

四、必须经过各国持续不断的努力，才能促进人类海洋世纪健康持续发展，才能确保建设21世纪海上丝绸之路构想的实现

15世纪初，郑和航海所访问的海外诸国，特别是南洋群岛诸国，固然社会发展程度远低于中国，有的还处于聚落状态，但都已超越了原始部落状态，具备国家形态，都有自己的政教制度和军队，一般至少都进入奴隶制时代。事实上每个国家就是以自己为中心，行使自主的权利，当时作为"世界中心"的国家是根本不存在的。正因为如此，尽管明帝国仍抱着传统的"帝王居中"的政治观念，然而海外诸国并不把明帝国看作是世界的中心而自然归顺，所谓"蛮夷之情，由来叛服不常"①，正反映了这一事实。在这种情况下，明帝国通过派遣郑和下西洋，对海外国家实行怀柔

---

① 《明成祖实录》卷50。

政策，虽然能达到"四海宾服"的目的，在亚非国家中建立起以中国为主导的国际和平局势，但由于郑和航海所做的巨大努力，所执行的外交方针和政策所取得的种种成功，是建立在事实上并不存在的以中国为世界中心的政治观念之上的，是中国的政治权力和国家综合实力借助郑和航海对各国施加影响所致。另外，郑和航海向海外国家传播中华文化，虽然取得了一定的积极的效果，但由于这些海外国家整体上文明程度不高，经济落后，缺乏让中华文化深植其中的土壤，缺乏中华文化与当地文化相互深入融合，并保留中华文化元素的社会和经济基础。因而郑和航海所营造的海洋区域间和平安定的局面，所开创的人类海洋世纪最初那种和谐海洋的境界，离不开郑和航海常年在海外的经营。这种只存在于郑和航海期间，由郑和航海位于国际道义的制高点上而形成的和谐海洋局面，就像建筑在沙滩上的高楼大厦那样，只能存在于一时，即郑和航海之时，昙花一现而已。在郑和航海时期，南洋诸岛国尚能心仪于中国，维持各国之间的和平局面，"及郑和之战舰，由南洋撤回时，诸小国及散居各处之岛屿，亦皆立即瓦解，而恢复其往昔互相内讧之状态焉"[1]。远的且不说，就满剌加与暹罗的关系而言，在郑和航海之前，满剌加一直遭受暹罗的掠夺和欺凌，永乐年间郑和航海数访满剌加与暹罗，帮助满剌加赢得独立，并对暹罗的不义之举加以谴责，使暹罗不敢肆意欺凌满剌加国。自洪熙元年（1425）郑和船队停航数年以后，中国对海外诸国的影响随之减弱。南洋各国不见了郑和船队的踪影之后，暹罗不再感到有什么压力，又故态复萌，并阻止满剌加国王及使臣来中国朝贡。满剌加国王不堪欺凌，令使臣三人秘密搭乘苏门答剌国贡舟，于宣德六年（1431）二月抵京，向明宣宗朱瞻基陈诉暹罗肆意欺凌等状，要求给予制止。正好此时郑和航海重新启动，在郑和的帮助下，满剌加与暹罗的关系才又恢复正常。郑和航海的这种作用，在郑和第一次下西洋不久即显示出来。永乐五年（1407），即郑

---

① ［美］奚尔恩：《远东史》第 16 章《十五世纪时中国与马来西亚之交通》。

和航海两年之后，朱棣询问礼部诸臣："四夷之情何如？"礼部诸臣回答说："蛮夷之情，由来叛服不常，数年陛下怀之以恩，待之以礼，今皆悦服，无复反侧之意。"①可以设想，如果郑和航海事业由中国人一代一代地传承下去，那由郑和航海而形成的和谐海洋局面也会随之得到延续。

自古代乃至近现代的世界历史上，凡属强国派遣大军出国远征，多数是对所至各国实行侵略和奴役，给各国人民带来深重的灾难。在郑和航海之后不久，即在16世纪末，西欧殖民主义者也来到郑和航海曾访问过的亚非国家，推行殖民政策，导致郑和航海所开创的人类在海洋上发展的正确方向发生逆转，形成弱肉强食格局。马克思指出，西方殖民者在殖民地犯下了背信弃义、残杀等各种罪行，最有代表性的是，荷兰人为了使爪哇岛得到奴隶而在苏拉威西岛实行盗人制度。为此目的训练了一批盗人的贼。"他们走到哪里，哪里就变得一片荒芜，人烟稀少。爪哇的巴纽旺宜省在1750年有8万多居民，而到1811年只有8000人了。"英国殖民者侵入印度后，"在1769年到1770年间，英国人用囤积全部大米，不出骇人听闻的高价就拒不出售的办法制造了一次饥荒。1866年仅奥里萨一个邦就饿死了100多万印度人。尽管如此，有人仍力图以高价把粮食卖给那些快要饿死的人，借此来充实印度的国库"②。历史事实充分说明，人类海洋世纪存在着正义与邪恶、光明与黑暗两种势力的较量。如果代表着正义的势力控制了海洋，人类海洋世纪则呈现光明的前景；如果代表着邪恶的势力控制了海洋，人类海洋世纪则为黑暗所笼罩。人类进步的力量如不去占领海洋，并坚守海洋，则人类反动的力量势必去占领海洋，奴役海洋上弱小的国家和民族。自人类海洋世纪形成以来，海洋长期为强权和霸权所控制，海洋上的军备竞赛和战争愈演愈烈，曾给各沿海国家人民带来深重的灾难。当代和平发展成为人类海洋

① 《明成祖实录》卷50。

② 马克思：《资本论》第二十四章《所谓原始积累》，《马克思恩格斯文选》第5卷，第861—863页，人民出版社，2009年。

世纪的主流，是各国人民长期与海洋上的强权和霸权进行坚决斗争的结果，来之不易。

现在超级大国并没有放弃在海洋上推行强权和霸权的战略。冷战后，美国把在全球推行政治自由、人权和民主制度作为其国家安全战略的主要目标，特别是在非洲，积极推行政治民主化，企图通过"多党民主"输出西方的社会制度、经济模式和价值观念，把非洲完全纳入美国主导的世界新秩序之中。奥巴马政府上台执政以来，特别是近些年来，美国对非外交更加积极主动，2013 年奥巴马政府发起了对非密集的高层外交攻势，这年 3 月奥巴马邀请塞拉利昂、塞内加尔、马拉维和佛得角四国领导人在白宫进行会晤，7 月奥巴马出访非洲塞内加尔、南非和坦桑尼亚三国，12 月奥巴马又偕同布什、克林顿和卡特三位美国前总统出席曼德拉葬礼，被外界认为是搞"葬礼外交"；美国国务卿克里则出席非盟成立 50 年庆典活动。2014 年 8 月 4 日，奥巴马"召集"非洲 54 个国家中 50 国领导人，在华盛顿召开了首次"美非峰会"。奥巴马政府将此次"美非峰会"视为重返非洲的标志性盛会。2015 年 7 月 24 日，奥巴马又先后访问了肯尼亚和埃塞俄比亚，成为美国历史上首位任内访问这两个国家的总统，通过此次访问，美国与肯尼亚和埃塞俄比亚的关系得到加强。由此可以看出美国对非洲的重新关注及其对非战略的新变化。这种变化，源自 2012 年 6 月奥巴马政府公布的对撒哈拉以南非洲的新战略。撒哈拉以南非洲横跨南北半球，西临大西洋，东临印度洋，北隔地中海及直布罗陀海峡与欧洲相望，东北为红海和亚丁湾，并以红海和苏伊士运河与亚洲分界。该地区包括南非等重要的沿海国家，特别是南非南部的好望角航道战略意义十分重大，是世界上最繁忙的海上航道。还包括印度洋最大岛屿马达加斯加岛等一些重要岛屿。由撒哈拉以南非洲的海陆位置，可以看出该地区对人类在海洋上的发展有着举足轻重的作用，对美国在世界上推行海洋霸权具有极其重要的战略意义。因此，近些年来根据对撒哈拉以南非洲的新战略，奥巴马政府加紧了对该地区政治、经济和军事等方面的渗透。

经济和军事等方面姑且不论，在政治方面，奥巴马政府的撒哈拉以南非洲新战略明确表示，美国会采取更多的主动推进和介入战略来推动非洲的民主与良政。为此，美国在非洲大力推行"价值观外交"，奥巴马总统以及前国务卿希拉里在挑选非洲出访国时一般把"民主"和"良政"标准列入首选，希望通过高层出访传递美国在支持和推动非洲民主和良政方面的立场与决心。根据新战略，如果非洲国家领导人威胁到当地的民主进程时，美国将不再袖手旁观。同时，美国还强调要深入推进非洲民主机构的建设，特别是要着眼于非洲的新生代领导人，密切与非洲未来领袖的关系。美国政府为此已特别推出了总统年轻非洲领袖计划，为非洲地区培养未来的接班人，迄今为止奥巴马政府已经在该领域开展了 2000 多项活动。执行这个总统年轻非洲领袖计划，显然就是以美国的文化、美国的意识形态和价值观来为非洲地区培养未来的接班人，目的是在未来通过他们，为美国获取撒哈拉以南非洲所处海陆位置在世界海洋所占的重要份额，为美国未来实现控制海洋的全球战略创造条件。

从 2009 年以来，美国推进亚太再平衡、重返亚洲海洋的新战略，到 2012 年 6 月提出撒哈拉以南非洲的新战略，在东西两端向亚非区域海洋扩展势力范围，其目的显然是要把海洋纳入美国主导的世界新秩序之中，让 21 世纪的人类海洋世纪向着美国主导的方向发展。特朗普就任美国总统后，又将"亚太再平衡战略"拓展延伸为"印太战略"，企图以美、日、澳、印核心四国安全合作机制来强化美国在亚太和印太地区的影响力和控制力，进一步扩大在印度洋和太平洋上的势力范围。2017 年 11 月初特朗普首次东亚之行，即宣示"印太战略"成为美国新政府的亚太战略。"印太战略"具有四个显著特点：

第一，政治上以西方民主价值观为纽带。美、日此前提出过"民主价值观共同体"构想，而"印太战略"的主要参与国美、日、印、澳，均是标榜西方民主价值观的西方政体国家。特朗普一再宣称，"印太"地区近年来发生的翻天覆地变化，源于各国独立自由的发展方式，源于法制、公正和对私人商业的保护。美国作为西方民主价值观的"带头羊"，必须保护这些作为"自由与繁荣"基石的地区盟国。这实质上是通过维护美国的主导地位，来主导 21 世纪的人类海洋世纪。"平衡"是美国政客喜欢用的词语，唯有平衡才能稳定，这是常识，所以美国政客乐于披上"平衡"的伪装来掩饰其实质并不平衡的霸权战略，达到其海洋霸权稳定的目的。可见，美国战略家口口声声的平衡，其实就是以美国为主导的平衡。特朗普在 APEC 峰会的演讲中，虽然避免用"领导者""领导地位"等来形容美国在"印太"的角色，但他举出了历史上的很多事例来证明美国是这一地区秩序的主要维护者，其实质仍然是强调美国的主导地位，其避而不用"领导"一词，在明眼人看来恰恰是欲盖弥彰。

第二，经济上以特朗普商人风格的美式行为准则为立足点，实行单边主义，以所谓"美国优先"加强贸易保护壁垒。贸易是贯穿特朗普东亚之行的核心议题，在日本、韩国、中国访问时，特朗普指责到访国在对美贸易上采取不公平手段。在 APEC 峰会的演讲中，特朗普也非常强硬地指责"有些国家不对等开放市场""不遵守贸易规则""盗窃知识产权"等，表示美国将不再容忍此类行为，也希望"印太"盟国共同反对这种行为。特朗普近来发动一场又一场剑指多国的贸易战，正是将他表示的所谓"不再容忍"付诸实施。

第三，军事上以美军现有"印太"军事存在为基础，以日、印为两翼，以新加坡、印度尼西亚为要点，以强化美军在"印太"区域的军力和加强日本自卫队作用为主要手段，压缩我国在东海、钓鱼岛海域、南海，以至印度洋和太平洋交汇地区、东印度洋等海域的行动空间；以频密的各种组合、联合军演提升多国联合作战能力，从而抵消和削弱我国在"印太"地区的活动能力和影响力。

美国在印度洋以及日、韩、澳美军基地的驻军，是二战后美国全球安

全体制的重要支撑。基于应对中国崛起的需要，以朝鲜核导发展为由头，美军已经不断增加了在这一区域的军事存在。基于希望日本在地区安全机制中发挥更大作用的考虑，美国默许安倍于2014年解禁了日本自卫队的集体自卫权。以部署先进战机、加强联合军演为标志，美军在东亚地区的军事力量仍在持续加强。与此同时，对那些对中国具有潜在军事威胁的中国周边国家和地区，通过军售加强其与中国抗衡的军力。

第四，外交上以"印太战略"拉帮结派。在"印太战略"的美、日、印、澳核心四国中，美国是"盟主"，日、澳在美国亚太同盟体系中被称作"北锚"和"南锚"，而印度则是美、日正在大力拉拢的对象。这一战略切合了一些区域国家对中国发展的焦虑和不适，从而引发了一系列反应。美国拉拢的对象国还有新加坡、印度尼西亚、越南等。新加坡扼西太平洋与印度洋海上交通孔道，地缘政治与战略位置十分重要。印度尼西亚是"印太战略弧形"的外切拐点，其国土分布涵盖望加锡、龙目、巽他海峡等多个海峡，它们是联通太平洋和印度洋的重要水道。越南在南海拥有狭长的海岸线，对于在南海牵制中国具有重要作用，因而被美日所重。与中国固有领海岛礁相邻的国家和周边地区，是美国"亚太再平衡"和"印太战略"两大战略的政治和军事战略支撑点，也是美国为实施"印太战略"拉帮结派的目标。

总之，美国实行"印太战略"的目的，即在印度洋—太平洋区域，采取包括政治、经济、军事、外交等综合手段，遏制中国的崛起，削弱中国影响力，防范中国成为地区支配性国家，并持续对中国进行制约和围堵，以维持、巩固和确保美国在海洋上的霸主地位。

近年来中国实施"一带一路"倡议，特别是实施共建21世纪海上丝绸之路倡议所取得的巨大成功，使美国推行"亚太再平衡战略"遭遇极大障碍，特朗普上台后加紧实施的"印太战略"，就是企图扭转这种不利局面。从美国惯有的海洋霸权思维出发，其大力实施"印太战略"的势头，随着中国21世纪海上丝绸之路倡议的进一步实施，在未来只会得到加强，将会给推进建设 21 世纪海上丝绸之路倡议增加阻力，对此我们要有清醒的认识。如果国际社会对此放松警惕，不加防范，郑和航海之后人类在海洋上发展的正确方向发生逆转的局面重现的可能性依然存在，对此我们切不可掉以轻心。郑和航海之后，人类海洋世纪形成弱肉强食格局的历史教训，正可引为今天人类在海洋上发展之殷鉴，提醒我们必须通过各国持续不断的努力，更好地共建 21 世纪海上丝绸之路，抑制海洋强国在海洋上的侵略扩张和霸权，将全球海洋治理作为全球治理的重中之重，才能促进人类海洋世纪健康持续发展。

　　国务院总理李克强 2014 年 6 月 20 日在雅典与希腊总理萨马拉斯共同出席中希海洋合作论坛并发表题为《努力建设和平合作和谐之海》的演讲（以下简称演讲），首次系统阐述了中国海洋观，并将其概括为："我们愿同世界各国一道，通过发展海洋事业带动经济发展、深化国际合作、促进世界和平，努力建设一个和平、合作、和谐的海洋。"[1] 由此可见，新提出的中国海洋观的精髓，就是"努力建设一个和平、合作、和谐的海洋"。我们看待郑和航海与人类海洋世纪的关系，就是要将郑和航海，与努力建设一个和平、合作、和谐的海洋，紧密联系在一起。李克强总理演讲关于"共同建设和平之海"的论述中强调，"对维护海上和平秩序的行为，我们都会坚定支持；对破坏海上和平秩序的行为，我们都会坚决反对。中国坚定维护国家主权和领土完整，致力于维护地区的和平与秩序。我们愿同相关国家加强沟通与合作，完善双边和多边机制，共同维护海上航行自由与通道安全，共同打击海盗、海上恐怖主义，应对海洋灾害，构建和平安宁的海洋秩序。"郑和航海曾为构建和平安宁的海洋秩序做出了巨大的贡献，开创了人类海洋世纪正确的发展方向，我们今天仍然要沿着郑和航海的轨迹进行持续努力，推动人类海洋世纪向着正确的方向发展。

---

[1] 《李克强在中希海洋合作论坛上的演讲（全文）》，新闻网 2014 年 6 月 21 日 06：47：57，http://news.xinhuanet.com/world/2014-06/21/c_126651068.htm。

李克强总理演讲关于"共同建设合作之海"的论述中，提出"中国愿同海洋国家一道，积极构建海洋合作伙伴关系，共同建设海上通道、发展海洋经济、利用海洋资源、探索海洋奥秘，为扩大国际海洋合作做出贡献"。郑和航海通过多次打击破坏海洋安宁的海盗行为，使海上通道畅通无阻，除了拥有强大的军事实力，还在于面临险境，临危不惧，以智取胜，并得力于得到当地人的帮助，这些成功的历史经验，都可以借鉴。李克强总理演讲关于"共同建设和平之海"的论述中，强调"海洋是全人类的共同财富，应当建成绿色家园。人类已经进入21世纪，海洋不仅不是隔断各国沟通联系的障碍，而且日益成为不同文明间开放兼容、交流互鉴的桥梁和纽带"。郑和航海之所以能够开创人类海洋世纪的正确方向，正因为是把海洋作为不同文明间开放兼容、交流互鉴的桥梁和纽带。今天中国政府提出"海洋是全人类的共同财富，应当建成绿色家园"的理念，也正是要继承郑和航海发扬中华优秀文化，发挥海洋桥梁和纽带的作用，让人类海洋世纪展现出一幅人类"绿色家园"的壮美画卷。

郑和航海的全过程，都是建立在中国与海外诸国应共享利益这一理念的基础之上，其实就是在构建中国与亚非国家利益共同体，所以能在形成人类海洋世纪的过程中，开创中国为众望所归的新局面。郑和一行在古里国刊立碑刻中所表达的对"大同风俗"的颂扬，[①]既表达了郑和航海群体对"天下大同"理想境界的追求，也体现了对"大道之行也，天下为公"梦想的向往。习近平总书记指出："'大道之行也，天下为公'，和平、发展、公平、正义、民主、自由，是全人类的共同价值，也是联合国的崇高目标。""当今世界，各国相互依存、休戚与共，我们要继承和弘扬联合国宪章宗旨和原则，构建以合作共赢为核心的新型国

---

① 马欢:《瀛涯胜览·古里国》，冯承钧校注:《瀛涯胜览校注》，中华书局，1955年版，第43页。查继佐:《罪惟录》传三十六《古俚国》。

际关系，打造人类命运共同体。"①中国倡导各国共建 21 世纪海上丝绸之路，也是中国为打造人类命运共同体而做出的一种努力，正成为构建人类命运共同体的重要实践平台。郑和航海对于建设 21 世纪海上丝绸之路的启示，就是从历史与现实的对接，总结人类海洋世纪可持续发展历史经验，以促进今天传承中华民族海洋文明的优良传统，发扬郑和航海那些具有全人类的"共同价值"的海洋文化遗产，早日将我国建设成海洋强国，一方面要更好地与世界各国共建 21 世纪的海上丝绸之路，另一方面要与友好国家携手共同抑制超级大国在海洋上的侵略扩张和霸权；与此同时，立足于打造人类命运共同体，从政治、经济和文化各个方面全方位地去推进人类海洋世纪持续健康发展，与各国共同持续地增进海洋福祉，最终将海洋建设成人类美好的绿色家园。

---

① 习近平：《携手共建合作共赢新伙伴，同心打造人类命运共同体》，《习近平谈治国理政》第二卷，第 522 页，外文出版社，2017 年版。